Eckhard W. Kuhn

Krisenkompetenz

Kreative Lösungen in der Psychotherapie

Wem das Wasser bis zum Hals steht,
sollte den Kopf nicht hängen lassen.

Eckhard W. Kuhn

Krisenkompetenz

Kreative Lösungen in der Psychotherapie

borgmann

D - 44139 Dortmund
Edition: borgmann publishing

Bestell-Nr. 8325 ISBN 3-86145-247-2

Inhalt

*„Nicht die Dinge an sich beunruhigen uns,
sondern die Bedeutung, die wir ihnen geben“
EPIKTET*

1. Einleitung

Die Evolution hat den Menschen mit zahlreichen Fähigkeiten ausgestattet, selbst die schlimmsten Bedrohungen oder Ereignisse erfolgreich zu überstehen, seien diese nun körperlicher oder psychischer Art. Und schon lange bevor es Notärzte, Psychotherapeuten, Sorgentelefone oder Kriseninterventionszentren gab, wurde Menschen in bedrohlichen oder traumatischen Situationen dadurch geholfen, dass sich jemand um sie kümmerte und ein schützendes Umfeld schuf. Was den Betroffenen half, war in erster Linie eine ganz praktische Unterstützung und eine ganz natürliche psychologische Hilfe in Form von emotionaler Wärme und Fürsorge.

Viele Schwierigkeiten in unserem Leben werden nicht mit therapeutischer Hilfe gelöst, sondern durch Gespräche mit anderen Menschen. Taxifahrer, Friseure, Kellner etc verfügen in dieser Hinsicht über einen reichhaltigen Erfahrungsschatz. Auch gute Freunde, Familienangehörige oder Nachbarn helfen weiter. Häufig mobilisiert der Mensch in der Krise aber seine eigenen Fähigkeiten, um aus seinem Tief heraus zu kommen

Die wenigsten Ereignisse im Leben sind genau vorhersehbar. Manche Menschen neigen jedoch dazu zu glauben, dass einmal getroffene Entscheidungen für den Rest des Lebens Bestand haben müssten. Sie möchten Sicherheit und Verlässlichkeit, was in Zeiten immer schneller sich gestaltender politischer, technischer und gesellschaftlicher Entwicklungen durchaus verständlich ist.

Trotz vieler Umbrüche und Unwägbarkeiten lebt jeder Mensch in einer Art emotionalem Gleichgewicht. Geschieht nun etwas Außergewöhnliches im positiven wie im negativen Sinne, so kann – vorübergehend oder auch langfristig – eine Störung dieses Gleichgewichts eintreten. Der betreffende Mensch wird jedoch bestrebt sein, die Balance zu wahren oder wiederherzustellen. Allein oder mit fremder Hilfe.

Sich langsam anbahnende Krisen versuchen wir jedoch häufig zu ignorieren, weil sie mit unangenehmen Gefühlen und Desorientierung verbunden sind. Genau wie auch Krankheiten irgendwie zum menschlichen Leben dazu zugehören scheinen, so sind Krisen ein wohl immer wiederkehrender Bestandteil gesellschaftlicher wie persönlicher Entwicklung. Die entscheidende Frage ist jedoch, **wie konstruktiv** wir sie nutzen können, welche

Erfahrungen und Kompetenzen uns zu ihrer Bewältigung zur Verfügung stehen.

Altes zurücklassen und Neues in Angriff nehmen ist nicht so einfach.

2. Was Klienten in Krisen hilft – oder die Suche nach Ressourcen

Die Motivation, sich als Therapeut näher mit diesem Thema zu beschäftigen, resultiert meistens aus der Tatsache, dass die Krisensituation eines Klienten[1] auch eine gewisse Herausforderung an die Kompetenz des Therapeuten darstellt. Dies gilt ganz besonders für jemanden, der sich am Anfang seiner therapeutischen Tätigkeit oder noch in der studentischen Ausbildung befindet.

Eine Krisensituation ist oftmals ein hochdramatisches Geschehen, in dem es heißt, den Überblick zu gewinnen oder zu behalten, um nicht mitzuagieren. Jede Krise ist eine Ausnahmesituation und verläuft ganz unterschiedlich, sodass auch eine individuelle Vorgehensweise angezeigt ist. Trotzdem gibt es verschiedene Phasen im Lösungsprozess, die hier aufgezeigt werden sollen. Um so etwas wie eine therapeutische Souveränität zu bewahren, ist es wichtig, auf ein gewisses Repertoire therapeutischer „tools" zurückgreifen zu können.

Der Brief einer ehemaligen Klientin, der mir nach einigen Jahren zufällig wieder in die Hand fiel, bestätigte mich in dem Vorhaben, kein wissenschaftlich abgehobenes Lehrbuch zu schreiben, sondern größtmöglichen Einblick in die Praxis zu geben, Interventionen transparent zu machen, und den Leser lebendig am gemeinsamen Entwicklungsprozess teilhaben zu lassen.

Er verdeutlicht auch, wie wichtig in Krisensituationen eine gezielte therapeutische Unterstützung sein kann und bisweilen auch eine längere Begleitung in diesem Veränderungsprozesses angezeigt ist. Zum Zeitpunkt, als sie mir ihre Reflexionen zu der Therapie schickte, ist sie 27 Jahre alt. Mit freundlicher Genehmigung der Klientin gebe ich einige ihrer Gedanken über die Therapie hier wieder, woraus auch deutlich wird, was für sie in besonderem Maße hilfreich war.

„ ... Obwohl ich gelernt habe, dass es wenig Sinn macht, rückwärts zu schauen, wandern meine Gedanken doch immer wieder einmal zurück

---

[1] Ich werde beide Begriffe „Klient" und „Patient" verwenden. Bei jemand, der stationär behandelt wird, werde ich von Patienten sprechen, da dieses gängige Praxis in der Klinik ist. Außerdem wird im Praxisteil sofort deutlich, ob es sich um eine ambulante oder stationäre Krisenintervention handelte.

und dann stehe ich recht fassungslos vor der Person, die einmal in B. (Ort der Klinik) angekommen ist. Es fällt mir recht schwer zu erfassen, wie und warum ich im Laufe der Zeit zu einem derart handlungsunfähigen Menschen habe werden können – ohne die Kraft oder den Willen, gegen diese Entwicklung anzukämpfen.

Auch wenn ich mich anfangs doch heftig gegen die stationäre Therapie gewehrt habe, weiß ich mittlerweile sehr genau, dass diese meine eigentliche Chance für die Zukunft gewesen ist, die freier von Depressionen, Ängsten, Selbstzweifeln und Lebensunlust verlaufen sollte.

Mit der Behandlung in der Klinik und der anschließenden ambulanten Therapie hat sich sehr viel für mich verändert – sowohl in privater wie auch in beruflicher Hinsicht. Veränderungen verlaufen nie so ganz einfach und sind wiederum mit vielen Ängsten und Unsicherheiten verbunden. Manchmal erscheint es dann zunächst einfacher, an **alten Mustern** und Gewohnheiten festzuhalten – das „Alte" ist – wenn auch nicht beliebt, positiv oder etwa gesund – so doch **wenigstens bekannt**!

Noch viel schwieriger ist es wohl zu lernen und zu erfahren, dass die notwendigen Veränderungen stets bei und mit mir selbst beginnen und damit auch die Verantwortung für das eigene Leben oder auch das eigene Scheitern wiederum in den eigenen Händen liegt. Dennoch denke ich, dass diese „Erkenntnis" die Basis für den Mut ist, „Altes" zurückzulassen und „Neues" in Angriff zu nehmen – trotz aller Bedenken, Zweifel und Ängste. (...)

Ihnen möchte ich an dieser Stelle jedenfalls ganz herzlich danken, dass Sie die notwendige Geduld und Beharrlichkeit aufgebracht haben, um mich durch die verschiedenen Höhen und Tiefen zu begleiten!

Ihre „Mixtur" hat sich als sehr effektiv erwiesen und ich würde wohl heute nicht an dieser Stelle in meinem Leben stehen, wenn ich nicht die Chance zu dieser Therapie bekommen hätte. (...) Ich weiß jetzt, dass es durchaus lohnenswert sein kann, sich für das eigene Leben etwas anzustrengen und vor allen Dingen: dieses Leben kann sogar trotz allem Spaß machen! Ich bin froh, dass ich damals nicht aufgegeben habe und dass Sie mir durch Ihre „Beharrlichkeit" in der Therapie diesen Neuanfang ermöglicht haben! ...."

Aus den Worten dieser jungen Frau wird ein erstaunlicher Entwicklungsprozess deutlich. Die Ausgangsbedingungen dieser Veränderung waren jedoch äußerst schwierig. Sie selbst sah zu jenem Zeitpunkt „kein Licht mehr am Horizont".

Die Klientin wurde seinerzeit aufgrund von Suizidgedanken mehrfach in die Psychiatrie eingewiesen, wo sie vorwiegend hochdosiert Medikamente erhielt. Um anschließend ihr Studium fortsetzen zu können, war es notwendig, die Medikamente kontinuierlich weiter einzunehmen. Sie bewegte sich von Krise zu Krise, ohne dass sich grundlegend etwas änderte.

Sie kam dann auf Empfehlung ihres Hausarztes eher durch Zufall in eine Psychotherapieklinik, in der auch lösungsorientiert gearbeitete wurde. Vor allem stand dort das ressourcenorientierte Vorgehen im Vordergrund, das vorsah, zunächst die „gesunden Anteile“ zu stärken und die eigenen Potentiale aufzuspüren. Dieses waren Grundvoraussetzungen, um bestimmte Lösungen zu finden und neue Lebensperspektiven zu entwickeln. Anschließend an die stationäre Psychotherapie wurde die Begleitung noch über einen sehr langen Zeitraum ambulant fortgeführt.

Die richtige „Mixtur“

In der Psychotherapie allgemein und speziell in der Krisenintervention gibt es keine rigiden Lösungsschemata. Jede akute Interventionsstrategie oder auch ein länger dauernder Therapieprozess wird daher möglicherweise eine „Mixtur“ sein – wie die Klientin diese auf sie abgestimmte therapeutische Begleitung nannte.

In diesem Buch sollen einige Grundmuster therapeutischen Vorgehens vermittelt werden, die sich gerade bei der Krisenintervention bewährt haben. Darauf aufbauend kann sich dann die Kreativität der jeweiligen Therapeutin oder des Therapeuten entfalten. Dieses Basiswissen gibt eine gewisse Sicherheit, die sich auch dem Klienten gegenüber mitteilt.

Nicht jeder, der im therapeutischen Bereich tätig ist, hat seine Ausbildung mit lösungsorientierter Therapie begonnen. Er bringt aber, wenn er sich jetzt in die mehr lösungsfokussierte Krisenintervention einarbeiten möchte, Vorerfahrungen von anderen therapeutischen Schulen mit. Seminarteilnehmer, die sich in lösungsorientierter Therapie fortbilden, meinen oftmals, dass sie jetzt alles vorher Gelernte vergessen müssten. Im Gegenteil, das bisherige Wissen stellt eine gute Ergänzung zu diesem Ansatz dar. So wie es eine Bereicherung für die Klienten ist, ihre Wahlmöglichkeiten zu erhöhen, so gilt dieses auch für die Therapeuten selbst.

Für die Krisenintervention sind solide therapeutische Grundkenntnisse gefragt, aber auch Lebenserfahrung und spontane Lösungsideen. So wird sich im Laufe der Zeit bei jedem Kollegen daraus ein ganz persönlicher Interventionsstil entwickeln. Wichtig bei dieser Entwicklung sind die Rückmeldungen der Klienten darüber, wie hilfreich und unterstützend sie die therapeutische Begleitung erlebt haben.

I. Teil

Krisenkompetenz und Ressourcenaktivierung

3. Kompetenzen der Klienten entdecken

Wer zwei Hungersnöte überwand,
der hat etwas, was ihm hilft.
– Afrikanisches Sprichwort –
Aus mancher Krise gehen wir gestärkt hervor.

Die gesunden Anteile stärken

In der lösungsorientierten Therapie geht es zunächst darum, die „gesunden Anteile" einer Person zu stärken. Was aber sind gesunde Anteile? Wahrscheinlich sehen diese für jeden Menschen unterschiedlich aus. Darunter können Fähigkeiten und Ressourcen subsummiert werden, die einem Menschen trotz der momentanen Belastungen noch eine gewisse Stabilität geben oder sie befähigen, diese in absehbarer Zeit wieder zu erlangen. Diese Anteile zunächst wahrzunehmen und ihnen dann Entfaltungsmöglichkeiten zu geben, bedeutet, die betreffende Person zu stärken. Es bedeutet damit auch, eine gewisse Energie für den Lösungsprozess zu mobilisieren.

In den Eingangsbemerkungen dieses Buches wurde darauf hingewiesen, dass nicht jeder in einer Krisensituationen therapeutische oder nicht-therapeutische Hilfe in Anspruch nimmt. Er überwindet die Krise sozusagen aus eigenen Stücken. Die Frage, die mich noch vor allen Interventionsstrategien interessierte, war folgende: Gibt es möglicherweise Eigenschaften, Verhaltensweisen oder Einstellungen, die als besonders wirkungsvoll zur Überwindung von Krisen oder schwierigen Lebenssituationen angesehen werden können? Gibt es vielleicht „gesunde Anteile", die **Krisen verhindern** oder besonders dazu angetan sind, die Krise **abzumildern**, um sie gar nicht erst existenzbedrohend werden zu lassen? Und **wie genau** gehen diese Personen dabei vor? Sind ihre Handlungen und Entscheidungen zur Lösung der Krise geplant, unbewusst oder spontan? Das kann uns möglicherweise Hinweise darauf geben, diese Fähigkeiten auch bei Klienten in Not zu fördern, um therapeutisch noch wirkungsvoller zu sein.

Beispielsweise gibt es Menschen, die von der Diagnose einer schweren oder gar lebensbedrohlichen Krankheit vollkommen aus der Bahn geworfen werden, während andere die Diagnose relativieren und prüfen, ob sie trotzdem noch ein einigermaßen lebenswertes Leben führen können. Welche Faktoren sind dafür ausschlaggebend?

Kompetenz-Check statt Problem-Analyse

Üblicherweise gehen Menschen, die etwas systematisch lösen wollen so vor, dass sie den Ist-Zustand genau analysieren. Das läuft in vielen Fällen jedoch auf eine Problem-Analyse hinaus. Eine andere, vielleicht sogar effektivere Vorgehensweise ist, sein Augenmerk auf die noch zur Verfügung stehenden Kompetenzen zu richten, sozusagen eine Bestandsaufnahme zu machen, welche Möglichkeiten oder Fähigkeiten zur Neugestaltung zur Verfügung stehen. Diese sind oftmals im Augenblick der Krise durch das Leid überlagert oder aus dem Blickfeld geraten.

Bevor ich damit beginne, wie Therapeuten ihr Instrumentarium an Interventionsmethoden verfeinern können, soll das Augenmerk zunächst auf den Klienten gerichtet werden. Welche Persönlichkeitseigenschaften, Verhaltensweisen, Sichtweisen oder auch Lebensumstände sind besonders hilfreich, eine Krise zu bewältigen oder gar nicht erst so tief in eine solche hineinzugeraten?

Um Antwort auf diese Frage zu bekommen, habe ich, ganz ohne wissenschaftlichen Anspruch, einfach Menschen interviewt, die ein langes, sehr bewegtes Leben geführt haben und so manche Krise überwinden mussten. Diese Befragung hat nicht den Anspruch einer empirische Studie, sondern soll einfach ein paar Erfahrungswerte übermitteln. Sie soll dem Therapeuten, der sich durch dieses Buch noch intensiver der Unterstützung seiner Klienten in Krisensituationen widmen möchte, gewisse Anhaltspunkte geben, auf welche Aspekte im Krisenbewältigungsprozess zu achten ist. Das, was als Kompetenz zur Wiedererlangung des inneren und äußeren Gleichgewichts angesehen werden kann, ist sehr breit gefächert. Die folgenden Beispiele von Nicht-Klienten sind quasi als Einstimmung auf das Thema „Förderung von Ressourcen in der Krisenintervention" gedacht.

Die Kunst des Hinhörens

Üblicherweise erzählt jemand, der anlässlich einer Krise in die Beratung kommt, recht viel, weil er unter einem gewissen inneren Druck steht. Meistens sind diese Informationen jedoch ungeordnet. Der Betreffende möchte sich erst einmal emotional entlasten, möchte sich „etwas von der Seele reden".

Beim Prozess des Aufspürens von Lösungspotentialen ist es außerordentlich wichtig, ganz aufmerksam hinzuhören[2], was der Klient sagt. Nicht nur

[2] Ich verwende ganz bewusst das Wort „hinhören", weil es eher einen aktiven Prozess bezeichnet. Mit dem Wort „zu"-hören könnte man eher einen passiven Vorgang assoziieren, manchmal auch ein gewisses Sich-verschließen.

das Hören ist wichtig, sondern eine parallel dazu verlaufende innere Auswertung. Oftmals sind dem Klienten selbst seine Fähigkeiten oder erste Ansätze zur Lösung noch gar nicht bewusst.

Die Aufgabe des Therapeut ist es nun, dieses zunächst für sich zu strukturieren, zu sortieren und zu gewichten und dann in das Therapiegespräch mit einzubeziehen. Es ist nicht immer ganz leicht, alles, was der Klient sagt, im Hinblick auf die Ressourcen und Lösungsansätze auszuwerten. Das erfordert viel Konzentration und manchmal ein Denken auf mehreren Ebenen. Der Therapeut muss entscheiden, was wichtig oder unwichtig ist, was jetzt oder später aufgegriffen werden sollte.

Ich möchte jetzt einige konkrete Beispiele geben, wie man als Therapeut aus den Mitteilungen des Klienten dessen Ressourcen, Coping-Strategien und auch bereits vorhandene Lösungsansätze „heraus-hören“ kann.

Beispiel 1: Regine Hildebrandt – Lebensfreude trotz Krebs

Regine Hildebrandt bekleidete von 1990 bis 1999 das Amt der Sozialministerin im Land Brandenburg. Schon während ihrer Amtszeit erkrankte sie an Brustkrebs, was jedoch nur sehr wenigen Menschen zu Beginn der Krankheit bekannt war. Sie arbeitete trotz dieser schweren Erkrankung weiter und engagierte sich für die Menschen im ganzen Land. Sie wirkte bis zuletzt lebenslustig und voller Energie. Ein paar Monate vor ihrem Tod sagte sie in einem Fernsehinterview[3] auf die Frage der Journalistin, wie sie auf die Mitteilung der Diagnose „Brustkrebs“ reagiert habe, Folgendes:

„Also, wenn Sie die Diagnose ‘Krebs’ hören, müssen Sie als erstes sehen: Ist es im Anfangsstadium? Dann ist es heilbar. Oder ist es fortgeschritten? Dann ist es risikohaft und ist lebensverkürzend. Und damit ist auch klar, dass Ihre Lebensjahre gezählt sind und vermutlich auch deutlich kürzer, als es der normalen Lebenserwartung entspricht. Also, der Gedanke ist da: Die Frage ist, wie Sie damit umgehen können. Und ich muss Ihnen ehrlich sagen, damit hatte ich keine Schwierigkeiten. Wenn ich als Arbeits- und Sozialministerin in Brandenburg in Behinderteneinrichtungen, in Krankenhäusern und in Altenpflegeheimen bin, wo Menschen wirklich Jahre ihres Lebens zubringen, in einem Zustand, dass Sie sich sagen: ‘Das ist doch gar kein Leben mehr, das ist ja furchtbar, es ist doch eigentlich nur noch eine Qual und ein Leid’, oder wenn Sie erleben, dass Menschen schwerst mehrfach behindert sind und eine Persönlichkeitsentwicklung in ganz minimalem Maße nur überhaupt möglich ist. Oder viele chronische Krankheiten, die Kinder schon kriegen, – ich habe zu DDR-Zeiten in der Diabetiker-

[3] mit dem Fernsehsender n-tv

betreuung gearbeitet und eben auch mit Kindern – die haben nun wirklich eine verkürzte Lebenserwartung und haben Sekundärerkrankungen. Die meisten Blinden in Deutschland sind nicht blind, weil sie andere Erkrankungen haben, sondern durch Diabetes usw. Dann sagen Sie sich natürlich: 'Wenn ich nun Mitte Fünfzig Krebs kriege und es geht mit mir so weiter, das ist ja furchtbar für mich und meine Familie', aber es relativiert sich doch durch das Leid, was Sie gesehen haben. Und deswegen war es kein Aufbäumen in dem Sinne: 'Es ist ja unerhört, warum trifft *mich* das?' Das habe ich einmal in meinem Leben gehabt, als mit drei Jahren meine jüngste Tochter Leukämie bekam – also auch Krebs. Da dachte ich: 'Das kann doch nicht sein!' Mit drei Jahren, und dann soll das Leben praktisch schon zu Ende sein. Das war für mich furchtbar! Dies jetzt wurde relativiert. Es ist deswegen natürlich auch Leid, aber es ist überhaupt nicht so existenziell."

Lässt man die ersten Sätze ihrer Antwort einmal auf sich wirken, so wird man vielleicht verblüfft sein, wie nüchtern Frau Hildebrandt auf diese eher brisante Frage antwortete. Manche Leser würden sagen, dass sie ihre Emotionen – ihre Ängste, die Trauer und vielleicht auch die Wut – verdränge, weil sie den Tatsachen nicht in die Augen schauen möchte. Und – nebenbei gefragt – ist es eine schlechte Lösung, sich emotional abzuschirmen, um sich nicht vom Leid überfluten zu lassen? Schauen wir uns aber etwas genauer an, welche persönlichen Stärken durch ihre Antwort sichtbar werden.

- In dem, was sie über den Zeitpunkt der Diagnosestellung sagt, hat sie zunächst nüchtern analysiert – soweit man angesichts einer lebensbedrohlichen Krankheit nüchtern denken und handeln kann. Das hängt natürlich auch davon ab, wie stabil jemand emotional ist. Umgekehrt ist aber **eine Panik nicht unbedingt ein besserer Ratgeber**.
- Manchmal kann auch das „Verdrängen-Können" eine wichtige Ressource sein, kann einen gewissen Schutz bieten, um nicht ganz aus dem Gleichgewicht zu geraten.
- Das Einholen von Informationen kann wichtig sein oder das Rekapitulieren, was man als Betroffener über eine Sache schon weiß, in diesem Fall über die Krebserkrankung. Frau Hildebrandt war Biologin und konnte auf ihr Fachwissen zurückgreifen. Es ist jedoch keine Gewähr, dass man auch als Fachfrau/Fachmann in einer solchen, möglicherweise sehr aufwühlenden Situation dazu in der Lage ist. Wenn man selbst über Sachinformationen nicht verfügt, ist es hilfreich, entsprechende Informationen einzuholen.

- Frau Hildebrandt stellte dann ihre Krankheit in einen größeren Zusammenhang: in den Zusammenhang ihres bisherigen eigenen Lebens. Bis Mitte Fünfzig konnte sie ein Leben ohne Krebs führen. Aber sie stellte es auch in einen mitmenschlichen Zusammenhang. Wie geht es anderen, welches Leid haben andere zu ertragen? Das ist eine große Gabe. Gewöhnlich ist es doch so, dass uns beispielsweise unsere eigenen Zahnschmerzen wichtiger sind als eine Hungersnot in Indien oder der Krieg in einem fernen Land. Sie betreibt also **keine** Nabelschau ihres eigenen Leids.

- Frau Hildebrandt hat aus vollen Zügen gelebt, wie sie oftmals kund tat. Wahrscheinlich hat sie sich schon vorher mit der Tatsache intensiv auseinander gesetzt, dass das Leben **endlich** ist, was in vielen Fällen dazu führt, es bewusster zu gestalten.

- Aus ihren Sätzen spricht auch eine gewisse Dankbarkeit, dass sie bis zu ihrer Erkrankung ein eher erfülltes und relativ gesundes Leben führen konnte. Weiterhin ist ihre Sichtweise wohl äußerst hilfreich im Hinblick darauf, welches Leben man **trotz** der Erkrankung noch führen kann. Also eine übergeordnete Sichtweise, die erkennt, **welches Leiden** einem trotz der schlimmen Erkrankung **erspart** wurde.

- Sie hat auch schon in jüngeren Jahren eine Krise durchgemacht – den Verlust ihrer dreijährigen Tochter, die ebenfalls an Krebs erkrankt war. Sicher ist diese Erfahrung, eine der schlimmsten in ihrem Leben gewesen. Sie scheint daher ihr eigenes akutes Leid zu relativieren. Außerdem hat diese Erfahrung möglicherweise auch Fähigkeiten geschaffen, mit neuen Krisen anders umgehen zu können.

- Sie spricht in diesem Interview auch davon, wie die berufliche Aufgabe oder Herausforderung dazu beigetragen hat, die Krise zu bewältigen. Den Beruf sieht sie als wichtige Stütze. Er vermittelt 1. so etwas wie **Normalität inmitten dieser Ausnahmesituation** und 2. schafft er eine **gewisse Ablenkung** von den Problemen oder der bedrohlichen Krankheit. Aber diese Sichtweise hat keine Allgemeingültigkeit. Was für den einen eine willkommene Ablenkung ist, kann für den anderen eine zusätzliche Last sein.

- Auch die Verantwortung, die Frau Hildebrandt für die Mitarbeiter und die Menschen im Land empfand, rückte die Krise wohl etwas aus dem Zentrum ihrer Aufmerksamkeit. Es ist ähnlich wie das Beispiel einer kranken Mutter, die drei kleine Kinder zu versorgen hat und deshalb ihre eigene Befindlichkeit zurückstellt, um sich um ihre Kinder zu kümmern.

- Jemand, der eingebunden ist in eine Familie, die weitgehend intakt ist und die als Rückzugsmöglichkeit dienen kann, wird dieses wahrscheinlich als einen Ort empfinden, um Kraft zu tanken. Frau Hildebrandt berichtete vom einem geglückten Zusammenleben mehrerer Generationen unter einem Dach.

Lachen ist eine heilsame Medizin.

Beispiel 2: Krisen meistern mit Humor

Bei einem Vortrag lernte ich eine rüstige, lebenslustige alte Dame kennen. Ihr Alter, 81 Jahre, erstaunte mich, da man es ihr nicht ansah. Mich interessierte, was sie so jung, lebendig und geistig frisch gehalten habe. Sicherlich sei ein solch langes Leben nicht nur eitel Sonnenschein gewesen, vermutete ich. So bat ich sie um ein Interview, zu dem wir uns einige Wochen später trafen.

Ich erfuhr, dass sie bald nach dem Krieg geheiratet hatte, kurz nach der Rückkehr ihres späteren Ehemanns aus russischer Gefangenschaft. Innerhalb von sechs Jahren seien dann drei Kinder geboren worden. Ihr Ehemann, ein wahres Organisationstalent, sei im Versicherungswesen tätig gewesen. Er erkrankte später an den Folgen der Kriegsgefangenschaft. Ein Jahr Krankenhausbehandlung folgte. In jener Zeit habe alle Verantwortung auf ihren Schultern gelegen. Sie habe ihren Ehemann fast täglich im Krankenhaus besucht und die drei Kinder so gut versorgt, dass diese so wenig wie möglich unter der schlimmen Situation litten.

Der Mann überwand die Krankheit, stieg wieder in seinen Beruf ein und habe sich geradezu aufgeopfert. So kam es, dass er aufgrund seines körperlich schlechten Zustandes bereits mit 61 Jahren pensioniert wurde.

In dieser Zeit erkrankte der erwachsene Sohn an einem Rückenmarkstumor. Zahlreiche Operationen und ein Aufenthalt in der Reha-Klinik schlossen sich an. Sie beschreibt ihre maßlose Trauer und Hoffnungslosigkeit nach einem Besuch des Sohnes in der Klinik mit den Worten: „Der Regen tropfte und meine Tränen tropften auch. Es war eine fürchterliche Zeit". Sein Gesundheitszustand besserte sich wieder, bis auf eine geringe Restsymptomatik.

Als sie selbst 71 Jahre alt war, verstarb ihr Ehemann an den Folgen eines Tumors. Sein Tod sei für sie nicht nur emotional ein gravierender Einschnitt gewesen. Er hatte auch in der Vergangenheit alle wichtigen Dinge organisatorisch geregelt, was nun selbst auf sie zu kam. „Es war, als fällt man in ein Loch“, beschreibt sie den Verlust. Sie musste sich in vielerlei Hinsicht umstellen und neu dazu lernen.

„Das ist dann noch ein neuer Lebensabschnitt. Und den habe ich aber insofern gut bewältigt. Ich ging schon vorher zur Gymnastik und auch zum Schwimmen bin ich gegangen. Und dann habe ich so verschiedene Leute angesprochen, ob sie nicht mal mit zur Gymnastik kommen wollen. Und da habe ich eine ganz liebeswürdige, ganz bemerkenswerte Dame kennengelernt. Also, ich habe dadurch wieder neue Freunde kennengelernt und neue Aktivitäten unternommen.“

Sie habe sich einer kirchlichen Bildungsstätte angeschlossen, die Ausflüge machte und Vorträge anbot. „Dadurch habe ich auch ein ziemlich ausgefülltes Leben. Und dann sind da noch meine Enkelkinder.“

Vier Jahre nach dem Krebstod des Ehemannes wurde bei ihr selbst ein Tumor in beiden Brüsten festgestellt, der sich damals schon im fortgeschrittenen Stadium befand. Und wie habe sie darauf reagiert, als ihr diese Diagnose mitgeteilt wurde? „Das war schon ganz heftig“, sagt die jetzt 81-Jährige, „Ich bin erst einmal erschlagen gewesen. Und da hatte ich eigentlich auch **Glück,** dass mich mein Internist ins XY-Krankenhaus empfohlen hatte. Als ich ins Krankenhaus kam, sagten die beiden Chirurgen – die waren da ganz nüchtern – die sagten ‘da müssen beide Brüste ab’. Ich sagte daraufhin: ‘Das ist ja nun ein starker Tobak’.“

Als Interviewer war ich tief beeindruckt, dass sie sich trotz der vielen Schicksalsschläge offenbar nie habe unterkriegen lassen. „Nein, ich habe auch im Krankenhaus, als die Operation vorbei war, bei der Visite schon wieder gelächelt. Mit dem einen Chirurgen, – ein junger Türke, ein ganz netter – habe ich immer noch gescherzt. Die Schwestern wunderten sich und freuten sich, wenn ich eine Tasse Kaffee verlangte. Es ging mir gut! Und als ich nach Hause kam und in meinem Bett lag, da war es so, als wenn alles über mir zusammenstürzte. Das war aber eigentlich auch nicht lange, denn dann hatte sich meine jüngere Tochter um mich gekümmert.“

Sie berichtet, dass sie sich nicht in ihrem Kummer vergraben habe. Sie habe versucht, wieder am Leben teilzunehmen. „Ich bin dann zum Friseur und zur Kosmetik gegangen. Ich wollte ja keinem zeigen, was da los war.“

Manche Frauen erleben so einen Eingriff als eine wirkliche Verstümmelung und reagieren mit Aggression, häufiger jedoch mit einer tiefen Depression. Über den Zustand, dass beide Brüste amputiert wurden, sagt sie: „Man bekommt dann sehr schöne Prothesen und schöne BHs dazu. Und das brauche ich auch, um mich wieder wohl zu fühlen.“

Mich interessierte in diesem Gespräch sehr, welche Fähigkeiten sie wohl ihrer Ansicht nach immer wieder mobilisieren konnte, um die vielen Schicksalsschläge so erfolgreich zu überwinden.

„Ich glaube, das ist ein Geschenk. Vielleicht ist das auch genetisch bedingt. Eigentlich bin ich eine Frohnatur und ich lache gerne, wir machen auch gerne Scherze. Man soll doch auch mal ein bisschen Unsinn machen. Wir haben eine Gymnastiklehrerin, die sagt uns immer: 'Nun lass uns ein bisschen albern sein im Alter'. Wenn man Musik hört und sich danach bewegt – und das mache ich ja gerne – ach so, ich gehe ja auch noch zum Volkstanz schon seit vielen Jahren." Dieses erzählt sie sehr lebendig und amüsiert sich dabei.

„Ich bin da jetzt wieder neu eingestiegen", sagt sie mit einer gewissen Koketterie. „Sich nach der Musik zu bewegen, ist etwas Wunderbares. Und man lernt da auch so nette Menschen kennen. Beim Volkstanz ist es ja so, das muss ja immer vom Kopf in die Füße. Manchmal klappt das nicht so ganz, aber es ist immer wunderschön. Ich mache das sehr gerne." Und sie gerät geradezu ins Schwärmen. Und weiter berichtet sie, dass sie außerdem noch ein Theaterabonnement habe und regelmäßig Konzerte besuche.

Soweit ein paar Auszüge aus dem Gespräch. Welche Kompetenzen hören wir nun aus den wörtlichen Zitaten heraus? Es ist schon bewundernswert, wie sie ihr Schicksal bewältigt hat und ein so fröhlicher Mensch geblieben ist. Manch anderer an ihrer Stelle wäre unter der Last zusammengebrochen oder hätte die Krisen nicht ohne fremde Hilfe bewältigen können. Und genau darum geht es, herauszufinden, was wir von dieser alten Dame lernen können.

Es geht auch darum, auf welche Aspekte ein Therapeut bei seinen Klienten achten sollte, welche Kompetenzen schon vorhanden sind und hilfreich eingesetzt werden können, „um wieder auf die Beine zu kommen". Es geht nicht nur um Interventionsstrategien des Therapeuten, sondern auch darum, welche Einstellungen und welche Art zu denken einen Klienten bei der Bewältigung seiner Krise unterstützen.

Lassen wir die Sätze der alten Dame noch einmal Revue passieren. Was hören wir an wertvollen Kompetenzen heraus?

- **Eigene Interessen, Hobbys**:

Sie erzählt, dass sie nach dem Tod des Ehemannes weiter zur Gymnastik und zum Schwimmen gegangen sei. Es kann hilfreich sein, Gewohnheiten nicht zu unterbrechen, selbst wenn man in einer schweren Krise ist. Ihre sportlichen Aktivitäten sind 1. auch eine Ablenkung und 2. verändern sie durch die körperliche Bewegung den Stoffwechsel (ich will gar nicht so weit gehen, hier die Endorphin-Hypothese zu bemühen).

- **Auf Bewährtem aufbauen**:

Es ist hilfreich, nicht erst in Krisenzeiten neue Aktivitäten zu suchen. Schon vor dem Tod des Ehemannes sei sie zur Gymnastik und zum Schwimmen gegangen. Es ist von Vorteil, auf Bewährtem aufbauen zu können, schon **vor** einer Krise Hobbys oder Aktivitäten zu praktizieren, die man dann fortführen kann. In Krisenzeiten fühlt der Betreffende sich oftmals wie gelähmt. Auch das Denken ist eingeengt, sodass einerseits neue Ideen gar nicht aufkommen (Tunnelblick) und andererseits die Krise auch Kraft raubt, die nötig ist, um neue Aktivitäten zu beginnen.

- **Kontakt aufnehmen**:

„Ich habe verschiedene Leute angesprochen", sagt die Dame, „ob sie mit zur Gymnastik kommen". Sie hat sich nicht eingeigelt, nicht in ihr Leid vergraben. Es gehört schon sehr viel Überwindung dazu, in einer solchen Situation wieder auf Menschen zuzugehen.

- **Den Blick wieder mehr nach außen richten**:

Zunächst kann es wichtig sein, alte Gewohnheiten, also Hobbys oder andere Aktivitäten in gewisser Weise fortzuführen, soweit dieses in der Krisensituation möglich ist. Vielleicht ist aber auch eine Abwechslung angezeigt. Man kann neue Interessen entwickeln, neuen Aktivitäten nachgehen. Das bedeutet, den Blick wieder mehr nach außen zu richten, herauszufinden, was einen interessieren könnte. Dazu ist es nötig, Informationen zu sammeln, sich nach Angeboten umzuhören. Die Dame hat sich einer kirchlichen Bildungsstätte angeschlossen, geht zu Vorträgen und macht die angebotenen Ausflüge mit.

Vier Jahre nach dem Tod des Ehemannes wird bei ihr selbst eine lebensbedrohliche Krankheit festgestellt. Sie ist zu diesem Zeitpunkt bereits über Siebzig. Jemand anderes würde angesichts der vielen Schicksalsschläge vielleicht resigniert haben. Gerade hatte sie sich aus einer Krise befreit, was auch bedeutete, ihr Leben in vielen Bereichen noch einmal umzustellen. Sie musste sich jetzt um Dinge kümmern, die ihr Ehemann ihr vorher abgenommen hatte. Sie musste neue Dinge dazu lernen. Gerade wieder ins Gleichgewicht gekommen, da ereilt sie der nächste Schicksalsschlag. „Ich bin erst einmal erschlagen gewesen", sagte sie dazu. Zu diesem Zeitpunkt hätte sie sich auch sagen könne, „So, jetzt wird es wohl bergab gehen. Ich werde sicherlich nicht mehr sehr lange zu leben haben". Welche Genesungsstrategie oder welche Krisenkompetenz kommt aber im

Verhalten und Denken der alten Dame zu diesem Zeitpunkt zum Ausdruck?

- **Nicht gegen sich selbst kämpfen**:

Sie fügt sich in gewisser Weise in ihr Schicksal, nimmt dieses auch an und kämpft auf eine ganz besondere Art. Sie kämpft **nicht gegen sich selbst,** indem Sie sagt „Warum gerade mir dieses Schicksal?" Sie fügt sich in das, was sie nicht mehr ändern kann und mobilisiert jetzt das, was noch an Gesundheit vorhanden ist, um das Beste aus dieser Situation zu machen. Es klingt nicht nach einer bewusst zurechtgelegten Überlebensstrategie, sondern nach einem tief verankerten Muster. Sie ist kooperativ in der Bekämpfung des Tumors. Sie unternimmt die notwendigen Schritte, geht ins Krankenhaus und lässt sich operieren.

- **Im Unglück auch noch die verbliebenen Werte sehen**:

Sie resignierte nicht, sondern sagt den verblüffenden Satz: „Da hatte ich eigentlich auch **Glück**". Sie sieht nicht nur das Leid und die Belastung. Sie kann auch die Aspekte wahrnehmen, **die das Schicksal ihr erspart hat.** Das ist eine große Fähigkeit, um mit Krisen besser fertig zu werden.

- **Humor als Elixier der Heilung**:

Aus dem Gespräch ist auch herauszuhören, dass die alte Dame sehr viel Humor besitzt. Eine Portion Humor hilft, manche Krise leichter zu überwinden. Sie erzählt, dass sie schon bei der Visite, gleich nach der Operation wieder gelächelt und mit den Ärzten gescherzt habe. Sie antwortet auf die Frage, wie sie es bewerkstelligt habe, die Krisen so gut zu meistern, dass sie eine Frohnatur sei und gerne lache.

Was ist daraus für die Therapie abzuleiten? Natürlich kann man nicht die Persönlichkeitsstruktur des Klienten umkrempeln und aus einem eher nachdenklichen oder ängstlichen Menschen einen lebensfrohen und optimistischen machen. Aber auch dieser Mensch wird hoffnungsvolle und fröhliche Anteile besitzen. Und diese gilt es zu reaktivieren.

- **Heilungsfördernde Sichtweisen**:

Beim Entwurf von gedanklichen Lösungsmodellen geht es auch darum, eine andere Sichtweise auf die Tatsachen zu entwickeln. Das ist etwas anderes, als eine leidvolle Situation „schön zu reden". Darauf würde jeder sehr „allergisch" reagieren. Der Betreffende würde sich nicht verstanden, ja vielleicht sogar verspottet fühlen.

Aber manche Menschen haben die Gabe – vielleicht auch „Not-gedrungen" – eine neue Sichtweise auf das gleiche Problem zu entwickeln, die in der betreffenden Situation äußerst hilfreich sein kann. Die alte Dame sagte nach der Operation, die sehr stark ihre weibliche Identität betraf, Folgendes: „Man bekommt dann sehr schöne Prothesen und schöne BHs dazu. Und das brauche ich auch, um mich wohl zu fühlen." Sie hätte aber beispielsweise auch anders reagieren können, sagen können: „Man bekommt so schreckliche Prothesen. Ich empfinde sie als Fremdkörper. Das bin nicht mehr ICH. Und die BHs erinnern mich täglich daran, dass mir etwas weggeschnitten wurde. Ich bin jetzt nichts mehr wert." Diese Sichtweise wirkt wahrscheinlich auf unser Immunsystem genauso wie eine schleichende Vergiftung.

- **Sich selbst verwöhnen**:

Die alte Dame berichtet, dass sie wieder zum Friseur gegangen sei und zur Kosmetik. Sie habe das gebraucht, um sich wohl zu fühlen. Sie vernachlässigt sich nicht, sondern sorgt für sich, verwöhnt sich sogar ein bisschen.

Wenn man nicht mehr so elend aussieht, so berichteten Patienten häufig, fühle man sich auch psychisch gleich besser. Auch werden Freunde und Bekannte den Betreffenden nicht gleich mit den Worten begrüßen: „Du siehst aber schlecht aus". Denn das ist durchaus eine zweifelhafte Form des Mitgefühls. Der Betreffende mag sich vielleicht endlich etwas besser fühlen und möchte eher, dass die Umwelt dieses auch registriert. Eine Bemerkung über seinen elenden Gesundheitszustand würde wohl genau das Gegenteil bewirken.

Die alte Dame hat wieder an frühere Aktivitäten angeknüpft. Sie sei, wie sie berichtete, wieder eingestiegen in die Volkstanzgruppe. Sie habe Freude an der Bewegung und lerne dort nette Menschen kennen. Auch sieht sie sich selbst mit einer gewissen Selbstironie „das muss ja immer vom Kopf in die Füße". Alle Aktivitäten zusammen beflügeln ihre Lebensfreude. Zusätzlich unternimmt sie Theater- und Konzertbesuche. Und das alles im Alter von 81 Jahren. Es gibt junge Erwachsene, die verfügen nicht über soviel Energie und Lebensfreude wie diese leidgeprüfte alte Dame.

Vor dem Hintergrund der vielen emotionalen Tiefschläge, die die Krisen ihr zufügten, ist es bewundernswert, wie sie ihr Leben immer wieder ins Gleichgewicht bekam.

Fazit:

Warum habe ich diese Beispiele hier vorgestellt? Ich denke, dass Klienten und Therapeuten von ihnen einiges lernen können, um Krisen besser zu überwinden oder überhaupt, um besser durchs Leben zu kommen.

Lösungsorientierte Strategien in der Krisenbewältigung sind Vorgehensweisen, die den Ratsuchenden wieder zu mehr geordnetem, zukunftsgerichtetem Denken führen und ihre Handlungskompetenzen erweitern. Die vorgestellten Personen praktizierten diese Strategien bereits von sich aus, ohne therapeutische Unterstützung.

Neben allen noch so ausgefeilten therapeutischen Strategien wird es aber darum gehen, das, was hier beispielhaft an ganz unspektakulären Menschen beschrieben wurde, auch bei Krisenklienten zu fördern. Es sind Beispiele dafür, aus wie viel unterschiedlichen Elementen sich Krisenkompetenz zusammensetzen kann. Der wichtigste Schlüssel aber zur Bewältigung einer Krise ist, die Ressourcen des Betreffenden aufzuspüren und ihm dann Hilfestellung zu geben, diese ziel- und zukunftsgerichtet einzusetzen.

4. Wirkfaktoren in der Krisenintervention

Im vorangegangenen Kapitel wurde herausgearbeitet, welche Einstellungen, Verhaltensweisen und Fähigkeiten dazu beitragen können, eine Krise auch ohne fremde bzw. ohne psychotherapeutische Hilfe bewältigen zu können. Es zeigte sich, dass diese Kompetenzen den Betreffenden oftmals gar nicht bewusst sind. Aber in vielen Fällen übersehen auch Therapeuten diese Kompetenzen, an die sie eigentlich in der Krisenintervention gut anknüpfen könnten. Zunächst sollte das Augenmerk darauf gelenkt werden, dass es eine Vielzahl von Einflussfaktoren zur Krisenbewältigung gibt. Dabei standen zunächst die **Kompetenzen der Klienten** im Vordergrund.

Die Tatsache allein, dass Fähigkeiten vorhanden sind, führt nicht automatisch dazu, diese auch zur Bewältigung von Schwierigkeiten einzusetzen. Jeder Psychotherapeut wird schon bei Klienten erlebt haben, dass bei diesen in krisenhaften Situationen manchmal eine Art „Betriebsblindheit" für die eigenen Stärken und Fähigkeiten vorhanden ist. An dieser Stelle nun geht es um die **Kompetenzen des Therapeuten**: wie er bestimmte Einflussfaktoren so gestalten kann, dass sie zu einer erfolgreichen Krisenintervention führen.

Bei jeder Therapie sollte sich der Therapeut die Frage stellen, welche Effekte seine Intervention haben wird bzw. welche er erzielen möchte. Er sollte sich aber auch die Frage stellen, welche Effekte wird er möglicherweise **nicht erzielen** können, weil das Bedingungsgefüge für eine erfolgreiche Therapie noch nicht geschaffen ist. Wenn beispielsweise der Klient in der akuten Krise emotional stark aufgewühlt und sein Denken desorganisiert ist, wird er den Klienten innerlich vielleicht gar nicht erreichen. Es fehlt noch die Kommunikationsebene, auf der bestimmte Lösungen erarbeitet werden können.

Die Therapieforschung der letzten Jahre befasst sich deshalb mit der Frage, welche Aspekte für eine erfolgreiche Therapie bedeutsam sein können. Klaus Grawe (1994) hat vor einigen Jahren mit seiner groß angelegten „Meta Studie zur Wirksamkeit von Psychotherapie" eine sehr fruchtbare Diskussion zu diesem Thema angestoßen und das Augenmerk auf den Effektivitätsnachweis in der Therapie gelenkt.

Derselbe Autor weist darauf hin, dass mit dem Begriff des Wirkfaktors auch ein Prozess gemeint ist, welcher „den Akteuren weder bewusst noch von ihnen intendiert sein muss. Wesentlich ist allein seine tatsächliche Wirkung" (Grawe, 1999, S. 189).

Grawe spricht in seiner Studie u.a. von vier Wirkfaktoren in der Psychotherapie, denen eine große Bedeutung zukommt. Diese sollen hier kurz angedeutet und in Bezug auf die Krisenintervention kommentiert werden.

Prinzip der realen Erfahrung

Im Zusammenhang dieses Wirkfaktors wird auch von „Problemaktualisierung" gesprochen. Es ist die Aktualisierung von Erlebnissen und Emotionen gemeint, die mit einer problematischen Situation verbunden sind.

Das, was verändert werden soll, sollte demnach in der Therapie real erlebt werden. Zwischenmenschliche Schwierigkeiten können beispielsweise in der Gruppentherapie erfahren und bearbeitet werden, Eheprobleme durch die Einbeziehung des Ehepartners, Schwierigkeiten in bestimmten Situationen (z.B. Klaustrophobie oder Agoraphobie) durch Aufsuchen solcher Situationen unter Einbeziehung therapeutischer Hilfe. Man kann in diesem Zusammenhang vielleicht am besten von einem Umlernen bereits im therapeutischen Setting sprechen. Dieser Prozesserfahrung kommt somit eine große Bedeutung zu.

In der Krisenintervention jedoch, um die es hier geht, steht die Aktualität des Problems ohnehin ganz im Vordergrund. So ist manchmal im therapeutischen Vorgehen das Gegenteil intendiert, nämlich das brisante Geschehen zu entaktualisieren, um einen gewissen Abstand zu ihm zu bekommen.

Es geht also nicht um das Erleben des Problems, sondern um das **Erleben einer neuen Erfahrung,** dass sich bereits kurzfristig in der Krisenintervention etwas zum Positiven verändern kann. In diesem Zusammenhang werden wir später häufiger den Begriff „Gegenerfahrung" verwenden.

Der zentrale Unterschied der Krisenintervention zum allgemein postulierten Wirkfaktor „Problemaktualisierung" ist somit eine bereits in Ansätzen **erlebte Lösung oder Verbesserung**. Für die therapeutische Wirkung ist entscheidend, dass der Klient eine reale Erfahrung macht, wie er besser im Sinne seiner Ziele mit der betreffenden Situation umgehen kann.

Aktive Hilfe zur Problembewältigung

Mit diesem Wirkfaktor ist gemeint, dass der Therapeut den Patienten durch geeignete Maßnahmen aktiv darin unterstützt, die vorhandenen Schwierigkeiten zu überwinden. Dieses Wirkprinzip kommt in ganz unterschiedlichen therapeutischen Vorgehensweisen zur Geltung, wie beispielsweise im Selbstsicherheitstraining, im Stressbewältigungstraining, in der Reizkonfrontation der Verhaltenstherapie oder auch in der Vermittlung von Entspannungsverfahren.

Die ursprüngliche Bezeichnung dieses Wirkfaktors wurde zwischenzeitlich jedoch umbenannt in „Intentionsrealisierung“ und meint die Verwirklichung einer Intention auf der Basis eines definierten Ziels. Insofern wird der Fokus auf das gelenkt, was der Klient als bedeutsam für eine positive Veränderung betrachtet.

Das Wirkprinzip der Intentionsrealisierung wird auch im lösungsorientierten Ansatz sichtbar, jedoch nicht so sehr unter dem Aspekt der Problembewältigung als unter dem der Zielerreichung.

Therapeutische Klärung

Es gibt Therapieformen, die gerade das nicht tun, was unter aktiver Hilfe zur Problembewältigung beschrieben wurde. Ihre Wirkungen treten ein, obwohl diese Therapeuten dem Klienten *keine spezifischen Maßnahmen* zur Überwindung konkreter Schwierigkeiten anbieten. Als prototypisches Beispiel dafür steht die non-direktive Gesprächsführung nach Rogers. Diese bewirkt nachweislich Symptomveränderungen, Befindlichkeitsverbesserungen und positive Veränderungen im zwischenmenschlichen Bereich bei Klienten mit ganz unterschiedlichen Störungen (vgl. Grawe et al., 1994).

Dieses wird von den Autoren der Studie auch als der Wirkfaktor „Intentionsveränderung“ bezeichnet. Es geht dabei um ein Hinterfragen und Klären der Beweggründe des Klienten, manchmal auch um die Klärung von Ursachen.

Im Praxisteil dieses Buches zur Krisenintervention wird es jedoch weniger um die Suche nach Erklärungen oder die Erforschung von Ursachen gehen, als vielmehr um Klärungen von Einstellungen, Absichten, Wünschen, Werten und Zielen der Klienten. Bei dieser Klärungsarbeit bzw. Intentionsveränderung geht es um den Entwurf der Lebenssituation des Klienten für die nahe Zukunft.

Ressourcenaktivierung

Ein empirisch breit abgestützter Wirkfaktor ist der der Ressourcenaktivierung. Demzufolge kann man, unabhängig von den verschiedensten Therapieformen, Klienten besonders gut helfen, indem man an ihre positiven Möglichkeiten, Eigenarten, Fähigkeiten und Motivationen anknüpft und die Art der Hilfe so gestaltet, dass der Klient sich in der Therapie auch in seinen Stärken und positiven Seiten erfahren kann. Wie breit gefächert hier Ressourcen oder Kompetenzen zu verstehen sind, wurde versucht weiter oben anhand von Beispielen zu verdeutlichen.

In der Untersuchung über die Wirkfaktoren ist die Ressourcenaktivierung die am deutlichsten ausgeprägte Wirkkomponente. Die Befunde bestätigen die Bedeutung, die Grawe der Ressourcenarbeit beimisst:

„Man kann psychopathologische Zustände auch ohne störungsspezifische Vorgehensweisen erfolgreich ändern (...), aber man bewirkt überhaupt nichts Positives, wenn es nicht gelingt, die Ressourcen des Patienten für den Veränderungsprozess zu mobilisieren" (Grawe, 1997, S. 145).

Weitere Wirkfaktoren

Von nicht zu unterschätzender Bedeutung für ein gemeinsames therapeutisches Vorankommen ist das Anschließen an die aktuelle Befindlichkeit des Klienten (joining). Der Therapeut sollte seinem Klienten das Gefühl vermitteln, akzeptiert und verstanden zu werden und den Emotionen, die ihn zur Therapie geführt haben, Raum geben (vgl. Lipchik, 1994).

Im Mittelpunkt des therapeutischen Prozesses sollte dann das Bemühen stehen, persönliche und soziale Fähigkeiten und Stärken des Klienten deutlich zu machen und gemeinsam Lösungen herauszuarbeiten, d.h. Alternativen zu dysfunktionalen Gedanken-, Gefühls- und Handlungsmustern zu finden.

Das sich meist erst damit entwickelnde Vertrauen in den Therapeuten spielt wiederum eine wichtige Rolle dafür, dass sich der Klient aktiv am therapeutischen Prozess beteiligt.

Die Frage ist nun, wodurch ist ein Gespräch oder eine Intervention therapeutisch? Pfeiffer (1991) nennt in diesem Zusammenhang einige Punkte:

- Mobilisierung von Zuversicht
- das Aufnehmen einer emotional bedeutsamen Beziehung
- ein „Auftauen" verfestigter Erlebnis- und Verhaltensmuster
- das Interpretieren des Lebens nach einem dem Klienten plausiblen Konzept
- korrigierende emotionale Erfahrungen.

Auf sehr viel mehr Wirkfaktoren soll im weiteren Verlauf des Buches aufmerksam gemacht werden: Sowohl die jeweiligen persönlichen Voraussetzungen und situativen Gegebenheiten auf Seiten des Klienten als auch gewisse Bedingungen auf Seiten des Therapeuten, wie beispielsweise seinem Engagement und seinen Fähigkeiten, spielen in der Krisenbearbeitung eine wichtige Rolle. Ein optimales Vorgehen ist demnach immer abhängig von der jeweiligen Konstellation diverser Komponenten.

Negative Wirkfaktoren

In der Psychotherapie gehen wir oftmals stillschweigend davon aus, dass alle Rahmenbedingungen so gestaltet sind, dass sie den oben genannten Wirkfaktoren bestmöglich zuarbeiten. Das ist jedoch keineswegs der Fall und besonders in der Krisenintervention nicht ganz einfach, da noch keine Therapeuten-Klienten-Beziehung aufgebaut ist und eine hohe Erwartungshaltung aufgrund starker innerer Anspannung seitens des Klienten besteht.

Somit muss parallel zur inhaltlichen Krisenintervention die Gestaltung dieser Rahmenbedingungen sozusagen als Hintergrundsprogramm laufen, um zufriedenstellende Resultate für den Klienten erreichen zu können.

Zu fragen ist, welche Einflussgrößen können die guten Absichten des Therapeuten oder ein positives Bedingungsgefüge insgesamt, in dem effektive Krisenintervention möglich wird, unterlaufen? Nur ein paar Beispiele, um den Blick hierfür zu schärfen.

- Ungeduld des Therapeuten.
- Abwertung des Klienten durch den Therapeuten.
- aggressive Gegenübertragung von Seiten des Therapeuten.
- Kommunikationsgefälle aufgrund unterschiedlicher Sprachebenen zwischen Klient und Therapeut.
- eine rein intellektuelle Diskussion, die die Gefühlsebene des Klienten nicht mit einbezieht.
- therapeutische Interventionen/Fragen zum ungeeigneten Zeitpunkt. (z.B. eine zu früh gestellte Frage nach langfristigen Zielen kann in der akuten Krise den Betreffenden noch überfordern).
- Angstgefühle des Klienten aber auch Angst des Therapeuten (z.B. über nicht genügend Handwerkszeug für den Umgang mit Krisen zu verfügen).
- Übersehen, dass manchmal eine andere Problematik (z.B. Sucht) hinter der akuten Symptomatik steckt.

- Nebenwirkungen oder Über- bzw. Unterdosierungen von bestimmten Medikamenten, was dann fälschlicherweise auf psychische Ursachen geschoben werden kann (z.B. Schilddrüsen- oder Herzmedikamente).
- und vieles mehr.

Diese Einflussgrößen **nicht** zum Tragen kommen zu lassen, stellt somit eine **aktive** Leistung des Therapeuten in einer schwierigen Situation dar. Die Schaffung positiver Rahmenbedingungen ist jedoch keine Selbstverständlichkeit, was an dieser Stelle gewürdigt werden sollte.

Fazit

Mit diesem Kapitel haben wir versucht, die Aufmerksamkeit für sehr unterschiedliche Einflussfaktoren zu schärfen, die im Veränderungsprozess der Krisenintervention eine Rolle spielen können. Es sind die vielfältigen, oftmals verborgenen Fähigkeiten der Klienten selbst, die es zu entdecken und für die Gestaltung neuer Ziele nutzbar zu machen gilt. Es sind aber auch die professionellen Fähigkeiten des Therapeuten, die schnelle und gezielte Hilfe möglich machen.

Was letztendlich wirklich wirkt in einem therapeutischen Veränderungsprozess, wird wohl nie ganz zu erfassen sein. Es gibt jedoch Komponenten, die, wenn sie Berücksichtigung finden, ein therapeutisches Vorgehen erfolgreicher machen als ein anderes.

Von besonderer Bedeutung sind auch vielschichtige Mikroprozesse in der Interaktion zwischen Klient und Therapeut, die manchmal über Erfolg oder Misserfolg einer Krisenintervention entscheiden können. Diese sollen später im Praxisteil dieses Buches aufgeschlüsselt werden.

Mit diesen Ausführungen sollte das Augenmerk auf diese bestimmten Komponenten gelenkt werden, um sie in der Krisenintervention gezielt berücksichtigen zu können. Gleichzeitig möchten wir damit dem Leser auch Kriterien an die Hand geben, die im Praxisteil zitierten Falldarstellungen kritisch prüfen zu können. Es kann daher eine sehr spannende Frage sein, welche einzelnen Komponenten letztendlich zu einer erfolgreichen Krisenintervention beigetragen haben.

II. Teil

Systematische Anleitung zur Krisenintervention

5. Theoretische Grundlagen

Der Einzelne erlebt sich als hilflos und der Krise ausgeliefert.

Kennzeichen der Krise

Von einer Krise sprechen wir dann, wenn für einen oder mehrere Menschen ein Ungleichgewicht zwischen der Größe eines Problems und den ihm/ihnen zur Verfügung stehenden Bewältigungsstrategien besteht. Der Einzelne erlebt sich als *hilflos*, als dieser Situation *ausgeliefert*, die zudem für ihn als *ausweglos* erscheint. Er glaubt, kaum noch Einflussmöglichkeiten auf seine aktuelle Lebensgestaltung zu haben. Der Mensch in der Krise erlebt starke Gefühle der *Angst und Verzweiflung*, was auch zu Suizidgedanken führen kann. Oft sind die Denkmuster eingeengt bis hin zu allgemeiner Desorientierung. Der Blick für Gestaltungsmöglichkeiten engt sich ein (Phänomen des Tunnelblicks). Auf der Handlungsebene reicht das Spektrum von *blindem Aktionismus* bis hin zu *Erstarrung*. Nehmen diese Menschen in einer Krise professionelle Hilfe in Anspruch, werten sie dieses, gemäß ihres eigenen Glaubenssystems, oftmals als zusätzliches Eingeständnis ihrer eigenen Unfähigkeit und Schwäche.

Von Vorteil ist natürlich, wenn sich der Notleidende in einer Überforderungssituation möglichst frühzeitig an einen anderen Menschen wendet, der noch über mehr Gestaltungsmöglichkeiten verfügt als der Betreffende selbst. Das kann die eigenen Spannungen reduzieren. Der Betreffende kann sich besser auf neue Perspektiven einstellen. Hier jedoch kommt noch ein anderer wesentlicher Aspekt der Krise zum Tragen. Vielen Menschen ist es in einer solchen Notlage nicht mehr möglich, andere Personen um Hilfe anzusprechen.

Differenzierung von Krisen

Der Begriff „Krise“ wird sehr umfassend verwendet. Selbst innerhalb des psychosozialen und medizinisch-therapeutischen Rahmens gibt es eine große Bandbreite des Krisengeschehens. Auch hinsichtlich der Dramatik und seines Ausprägungsgrades gibt es Unterschiede, ebenso über die Dauer einer Krise.

Wenn wir also von Krise sprechen, sollten wir deren ganz unterschiedliche Ausgestaltung im Hinterkopf haben und uns bei der Krisen-*Intervention* auf den konkreten Fall beziehen. Einige Merkmale, die eine Krise differenzieren, lassen sich durch folgende Fragen klären.

- Ist die Krise akut hereingebrochen in einen sonst relativ stabilen Lebenslauf?
- Gab es vorher schon ähnliche krisenhafte Verläufe? Wenn ja, was war der Auslöser und wie wurden sie bewältigt?
- Tritt die Krise innerhalb einer psychotherapeutischen Behandlung oder psychosozialen Betreuung auf?
- Erfolgt eine solche Behandlung stationär oder ambulant?
- Ist der Klient dem Therapeuten bekannt (während der Psychotherapie) oder nimmt der Hilfesuchende erstmals therapeutische Unterstützung in Anspruch?
- Handelt es sich um eine eher schleichend sich anbahnende oder um eine akut einbrechende Krise?
- Welchen Stellenwert nimmt die Krise im gegenwärtigen Leben des Betreffenden ein? Wie groß ist also ihr Ausmaß?
- Ist von einer Lebenskrise zu sprechen oder eine eher umschriebene Zuspitzung (z.B. in einem Konfliktgeschehen oder auch innerhalb eines Therapieprozesses)?
- Handelt es sich um Krisen, die als posttraumatische Belastungsstörungen zu sehen sind, z.B. nach Katastrophen, Vergewaltigung, Folter, Krieg, Flugzeugabsturz, Entführung etc.?
- Ist die Krise als extreme Trauerreaktion zu verstehen, beispielsweise nach Todesfällen oder der Diagnoseübermittlung einer lebensbedrohlichen Krankheit (bei dem Betreffenden selbst oder ihm nahe stehender Personen)?
- Ist die Krise ausgelöst durch Gewalt (Kindesmisshandlung, Gewalt in der Ehe, schulische Gewalt, Attentat etc.)?
- Geht die Krise mit Rollen- oder Statusveränderung (z.B. Geburt eines Kindes oder Pensionierung) einher?
- Ist von der Krise eine Einzelperson, eine Familie oder eine ganze Gruppe (z.B. Unternehmen, Jugendgruppe, Gefängnisinsassen etc) betroffen?
- Geht die Krise mit der Einnahme von Drogen, Alkohol oder anderen Rauschmitteln oder auch Medikamenten einher?
- Liegt eine Suizidgefährdung oder eine akute Gefahr für andere vor?

In all diesen Fällen ist Krisenintervention zunächst **Soforthilfe**, um eine weitere Destabilisierung des Betreffenden zu verhindern. Wenn wir uns in diesem Kapitel mit den Interventionsmöglichkeiten in Krisen befassen, dann steht die **Interaktion** zwischen Klient und Therapeut im Vordergrund. Wir möchten in diesem Buch speziell die lösungs- und ressourcenorientierte Vorgehensweise näher betrachten, und darlegen, wie diese kompetent und effektiv zu einer Entlastung des Patienten und schließlich zur Überwindung der Krise genutzt werden kann.

„Krise ist ein produktiver Zustand, man muss ihm nur den Beigeschmack der Katastrophe nehmen".

Max Frisch

Krisen als Entwicklungschance

Unser Leben ist gekennzeichnet dadurch, dass es sich permanent weiterentwickelt, verändert und erneuert. Viele Prozesse vollziehen sich jedoch so unspektakulär, dass wir diese Veränderungen als **Stabilität** erleben. Erst bei näherer Betrachtung erkennen wir, dass sich Veränderungsprozesse vollziehen. Auf der biologischen Ebene beispielsweise erneuern sich die Blutzellen oder die Zellen der Haut komplett nach einer relativ kurzen Zeitspanne. Auch unsere sozialen Beziehungen entwickeln sich, sind Veränderungsprozessen unterworfen.

Wir sind Menschen, deren Leben von Übergängen geprägt ist. Viele dieser Übergänge vollziehen sich geradezu in ganz natürlicher Weise, so dass wir sie erst in der Retrospektive als vielleicht bedeutend wahrnehmen. Ein Kleinkind verlässt das Krabbelalter und macht die ersten Schritte selbständig ins Leben. Es macht einen qualitativen Sprung in seiner Entwicklung. Es hat Spaß daran, seinen Aktionsradius zu erweitern, die Welt schrittweise zu erkunden.

Weitere Übergänge sind der Eintritt in die Schule, die Pubertät, der Eintritt ins Berufsleben, die erste partnerschaftliche Beziehung, Heirat, die Elternschaft, Wechsel des Arbeitsplatzes, vielleicht ein Umzug, Tod von Angehörigen, Eintritt ins Rentenalter. Das sind ganz natürliche Lebensübergänge. Sie sind sozusagen für jeden ganz offen-sichtlich.

Es gibt jedoch auch Übergänge und Ereignisse, die nicht so glatt verlaufen. Sie können einen Menschen erheblich irritieren und aus seiner gewohnten Lebensbahn werfen. Dieses können ganz unterschiedliche Anlässe sein. Eine schwere Krankheit bricht ins Leben ein und bedroht es. Die so sicher geglaubte Partnerschaft erhält Risse, weil die persönliche Entwicklung in unterschiedliche Richtung geht oder weil einer der Partner sich neu verliebt. Ein beruflicher Wechsel kann erzwungen werden, weil das Unternehmen, das den Gesetzten des Marktes unterliegt, selbst in einer Krise steckt.

Das Leben verläuft also streckenweise nicht so, wie wir es quasi für uns „hochgerechnet" haben oder wie wir es gerne hätten. Etwas Unvorhergesehenes bricht in unser Leben ein. Nun sind alle Fähigkeiten zur Lösung diese Problems gefragt, die der oder die Betroffene zur Verfügung hat. Oftmals sind es jedoch Lebensereignisse, die zum ersten Mal ins Leben treten, und für die man somit kein erprobtes Verhaltensrepertoire erworben hat. Im positiven Sinne wird jemand eine solche Situation als Herausforderung erleben. Es gilt Neues auszuprobieren, zu improvisieren und seine Stärken zu entfalten. Im negativen Sinne können solch unvorhergesehene Situationen und krassen Übergänge einen Menschen heftig erschüttern. Diese Entwicklung kann sich bis zu einer ernsthaften psychischen Krise zuspitzen, wenn die zuvor bewährten Bewältigungsmechanismen versagen.

Aber Übergänge, auch wenn sie mit Krisen einhergehen, werden manchmal sogar zu wertvollen Lebensereignissen, bisweilen zu Meilensteinen in der eigenen Entwicklungsgeschichte, wenn sie bearbeitet und neue Fähigkeiten entdeckt werden. Das ist leichter gesagt als getan. Denn krisenhafte Zustände sind häufig verbunden mit Gefühlen der Unsicherheit, starker Angst oder gar Verzweiflung. In einem solchen Zustand wird der Betroffene seiner Krise nicht unbedingt etwas Positives abgewinnen können. Er wird eher versuchen, sie zu vermeiden. Und doch wird vielleicht bei mancher Krise erst im Nachhinein ein gewisser persönlicher Wert erkennbar. Denn die Krise zwingt in vielen Fällen zu einer Neu-Bewertung der Lebenssituation und darüber hinaus zu einer Neu-*Entscheidung.*

Die bedeutende Schweizer Psychotherapeutin Verena Kast (2000, S.10f) schreibt dazu „... dass in schwierigsten Krisensituationen immer auch wieder Ressourcen gefunden werden können, dass durch das bewusste Gestalten von Umbruchssituationen auch neue Perspektiven auf das eigene Leben gefunden werden können, vor allem aber auch, dass Aspekte der Persönlichkeit, die im Laufe des Lebens verloren gegangen sind, durch die Herausforderungen eines Lebensübergangs wieder ins Leben hereingeholt werden können."

Frau Kast ist Analytikerin und Dozentin am C.G.Jung-Institut sowie Professorin an der Universität Zürich. Wir erkennen in ihren Äußerungen interessanterweise eine Übereinstimmung mit der lösungsorientierten Therapie von Steve de Shazer und Insoo Kim Berg. Die Betonung der Ressourcen und Kompetenzen ist Grundlage dieses Ansatzes und soll in diesem Buch speziell für die Bewältigung von Krisen dargestellt werden.

Das Wort „Krise“ leitet sich ab von *griech.* krísis[4] „Entscheidung, entscheidende Wende“. Im allgemeinen Sprachgebrauch wird sie aber mit „Katastrophe“ gleichgesetzt. Interessant in diesem Zusammenhang ist auch ein Blick über die Grenzen unserer westlichen Kultur hinaus. John F. Kennedy nahm in einer Ansprache im Jahr 1959 Bezug auf die chinesischen Schriftzeichen und erwähnte, dass sich das chinesische Wort für Krise aus den beiden Schriftzeichen für „Gefahr“ und für „Chance“ zusammensetze (Kennedy, 1959 zit. n. Aguilera, 2000).

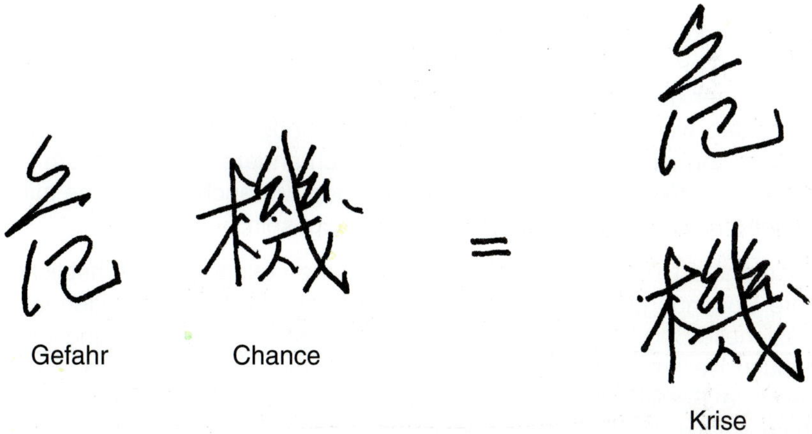

Eine Krise stellt somit einerseits eine „Gefahr“ für den Betreffenden dar, die das Individuum oder seine Familie zu überwältigen droht mit dem Risiko einer psychischen Dekompensation oder gar Selbsttötung. Andererseits beinhaltet sie aber auch eine „Chance“ mit der Möglichkeit, in der Krise persönlich zu wachsen.

Wir erwähnten bereits, dass sich Krisen gehäuft in Übergangsphasen ereignen. Auch der Mensch, der sich in einer ambulanten oder stationären Psychotherapie befindet, ist in einer solchen Phase der Veränderung. Das ist zudem ein Lebensabschnitt erhöhter Sensibilität und Verunsicherung. Die Werte und Lebensentscheidungen, die zuvor noch gültig und verlässlich erschienen, sind zwischenzeitlich vielleicht brüchig geworden und

---

[4] daraus auch *lat.* crisis.

müssen überdacht werden. Unzufriedenheit breitet sich aus, aber auch Unruhe. Einerseits wird das Vertraute misstrauisch hinterfragt oder als leidvoll bis unerträglich erlebt, anderseits wird am Bestehenden auch festgehalten, weil der nächste, der notwendige Schritt in eine noch ungewisse Zukunft führt. Neue Zielvorstellungen zeichnen sich in dieser Phase noch nicht ab. „In eine Krise geraten wir unter anderem dann, wenn etwas Neues in unser Leben will und wir diesem Neuen keinen Raum geben wollen oder können" (Kast, 2000, S. 29).

Krisen haben oft auch mit Abschied-Nehmen zu tun, mit Loslassen-Müssen und dieses nicht zu können: Abschied nehmen von bewährten Denkmustern, Abschied nehmen von Wünschen oder Illusionen, Abschied nehmen auch von ganz bestimmten Menschen, etwa bei einem Wechsel des Arbeitsplatzes, einer Scheidung oder bei einem Todesfalles.

In Krisen können auch alte Wunden neu aufbrechen. Bei psychotischen Patienten beispielsweise kann dieses zu einem erneuten Krankheitsschub führen, der dann neben der Psychotherapie auch vielfach medikamentös behandelt werden muss. Alkoholiker, die wieder anfangen, exzessiv zu trinken, können nicht nur sich, sondern auch andere in erheblichem Maße gefährden. Medizinische Rückfallbehandlung wie auch Gespräche mit den Angehörigen können in diesem Fall angezeigt sein.

Krisenhafte Übergangsphasen sind meistens gekoppelt an erhebliche innere Spannungen, an Selbstzweifel und Angst. In dieser Situation ist professionelle Begleitung oft hilfreich, damit die Krise als Entwicklungschance genutzt werden kann und nicht zur Gefahr für den Betroffenen oder das jeweilige Familiensystem wird. Wie schon erwähnt, geht es in diesem Buch um Krisenintervention besonders unter lösungsorientierten Gesichtspunkten. Diese sollen nun konkret dargestellt werden.

Praxisrelevante theoretische Annahmen

„Probleme ergründen versus Lösungen finden". So könnte die Überschrift zu diesem Kapitel auch lauten. Der lösungsorientierte Ansatz, um den es hier geht, unterscheidet sich von anderen therapeutischen Vorgehensweisen, bei denen die **Analyse des Problems** im Vordergrund steht. Einige Beispiele dazu. Da heißt es:

„Je genauer das Problem bestimmt werden kann, desto wahrscheinlicher ist es, dass nach der 'richtigen' Antwort gesucht wird" (Aguilera, 2000, S. 67) oder „Der Therapeut formuliert anhand der vom Klienten erhaltenen Informationen das Problem und führt es diesem vor Augen. Durch dieses Vorgehen wird das Problem verdeutlicht und der Klient dazu gebracht, sich auf die unmittelbare Situation zu konzentrieren. Anschließend erforscht der Therapeut alle alternativen Möglichkeiten zur Lösung des Problems und zur Beseitigung der Krisensymptome.“ (Aguilera, 2000, S. 69).

Diese Annahmen sind nicht grundsätzlich falsch, unterscheiden sich jedoch in wesentlichen Punkten vom ressourcen- und lösungsorientierten Vorgehen. Es kann unter Umständen deutlich länger dauern, eine Lösung zu finden, weil man erst einmal das Problem ergründen und umfassend analysieren muss. Menschliches Verhalten ist aber zu komplex, als dass man es mit einer Maschine gleich setzten könnte. Wenn beispielsweise in einem Fahrzeug etwas kaputt ist, wird man erst die Ursache suchen, um vielleicht ein Ersatzteil auszutauschen. So einfach ist das mit Menschen und sozialen Systemen jedoch nicht.

Eine Kernaussage der lösungsorientierten Therapie ist deshalb, dass es ein großer Irrtum der Psychotherapie sei, zwischen einem Problem und seiner Lösung ein unmittelbarer Zusammenhang herzustellen (vgl. de Shazer, 1989b, S. 12).

An anderer Stelle fasst de Shazer die Prinzipien seines Ansatzes zusammen: „Wir haben gelernt, dass die Aufgabe der Kurzzeittherapie nicht darin besteht, das Problem zu lösen, sondern vielmehr herauszufinden, was die Klienten anstelle des Problems möchten, wenn das Problem verschwunden ist, und dann den Klienten dabei zu helfen, dieses Ziel zu erreichen“ (de Shazer, 1997, S. 71).

In der Psychotherapie geht es aber nicht unbedingt um die Wiederherstellung des Zustandes, der vor der Krise bestand, eines Zustandes, der möglicherweise gerade in die aktuelle Bedrängnis geführt hat. Es geht durchaus um die Wiederherstellung der emotionalen Balance und des klaren, umsichtigen Denkens, aber das menschliche Leben ist naturgemäß ein Prozess der Weiterentwicklung. Somit ist auch eine gedankliche Neuorientierung notwendig, ebenso wie modifizierte Verhaltensweisen in einem komplexen Netzwerk menschlicher Beziehungen. Manchmal zwingt die Krise den Menschen auch, einen Schritt in ein für ihn unbekanntes Terrain zu tun. Somit kann auch die Lösung manchmal ungewöhnlich aussehen und überhaupt nichts mit dem ursprünglichen Problem zu tun haben.

Die Reorganisation zu klarem Denken und umsichtigem Handeln steht im Vordergrund.

Wertschätzende therapeutische Haltung

Kehren wir noch einmal zu den oben genannten Aussagen zurück und betrachten einmal die therapeutische Haltung, die in diesen Zitaten zum Tragen kommt. Der Satz „der Therapeut führt ihm die Probleme vor Augen“ stimmt eher bedenklich. Dieses spiegelt ein deutliches Beziehungsgefälle im therapeutischen Dialog wider.

Dem Klienten, der ohnehin sein Problem ständig vor Augen hat, was ihm geradezu die Aussicht auf Lösungen versperrt, wird dieses damit auch noch zentral in sein Blickfeld gerückt. Eine wertschätzende, akzeptierende Haltung des Therapeuten scheint eher angebracht, aus der heraus man gemeinsam nach Lösungen Ausschau halten kann. Für den Klienten kann durchaus das Gegenteil hilfreich sein, nämlich die **Abkehr** vom Problem, um neue Sichtweisen zu eröffnen. Einmal alles das anzuschauen, was er im Leben gut gemacht hat und über welche Bewältigungsstrategien er im Grunde verfügt, ist oftmals sehr viel wertvoller.

Dass der Therapeut alle „alternativen Möglichkeiten erforscht“ erweckt den Eindruck, als wenn der Klient eher eine passive Rolle in der Krisenbewältigung einnimmt. Auch dieses ist grundlegend anders bei der lösungsorientierten Vorgehensweise.

Obwohl de Shazer (1989a, S. 101ff) seinem Ansatz keine explizite Theorie zugrunde legt, so entspricht doch die Haltung eines lösungsorientierten Therapeuten in großen Zügen der Persönlichkeitstheorie von Carl Rogers (1987, S. 21), wonach dem menschlichen Organismus die Tendenz zur Entwicklung all seiner Möglichkeiten innewohnt, und zwar so, dass sie der Erhaltung oder Förderung des Organismus dient. Die wichtigsten Prinzipien dieses Konzeptes gehen von der eigenen Verantwortlichkeit und der Selbstbestimmung der Person aus sowie dem Vertrauen in deren selbstregulierende, selbstaktualisierende und selbstheilende Kräfte. Nimmt man diese Prinzipien als Arbeitsgrundlage der lösungsorientierten Intervention, so eröffnet sie die Chance, konsequent die persönlichen Ressourcen eines Menschen zu reaktivieren und für ihn selbst nutzbar zu machen. Wie kann dieses gelingen?

Der Klient wird ermutigt und angeregt, neue theoretische Möglichkeiten zu suchen und dann auch in die Tat umzusetzen. Wenn das keinen befriedigenden Fortschritt erzielt, wird nicht analysiert, warum es nicht funktionierte, sondern es wird etwas Neues überlegt. Umgekehrt ist eine Grundannahme: „Mache mehr von dem, was funktioniert." Seine Schwierigkeiten liegen oftmals auch darin begründet, dass er sich wie bei einem depressiven Rückzug quasi gelähmt fühlt und gerade nicht handelt.

Nicht ganz unwichtig für den Therapieprozess ist das, was der Therapeut selbst mit dem Begriff „Krise" verbindet. Hier sind u.a. zwei Dinge besonders wichtig:

1. Wird die krisenhafte Entwicklung beim Klienten eher als Bedrohung oder als Chance zur Veränderung gesehen? Fühlt der Therapeut sich selbst kompetent genug, der Krise souverän zu begegnen? Seine Kompetenz oder Unsicherheit, seine Ruhe oder Aufgeregtheit werden sich auch beim Klienten widerspiegeln.

2. Welches Selbstverständnis hat der Therapeut? Hat er die Einstellung, dass er wissen müsse, was für den Klienten gut und hilfreich ist? Oder geht er davon aus, dass sein Gegenüber bereits über einen Großteil an Ressourcen verfügt, die zur Bewältigung der Krise notwendig sind.

Da das krisenhafte Erleben einer Person von starken Emotionen begleitet ist, von Angst und Verzweiflung bis hin zu Suizidgedanken, steht die **Reorganisation zu klarem Denken und umsichtigem Handeln im Vordergrund.** Da die Betreffenden oftmals auch große Hilflosigkeit verspüren, die bis zur Apathie reichen kann, könnten private wie professionelle Helfer dieses als Einladung verstehen, vorschnell Entscheidungen für diesen zu treffen. In Ausnahmefällen muss der Therapeut jedoch für den Klienten entscheiden. Dieses ist ein Extremfall, nämlich, wenn Eigen- oder Fremdgefährdung vorliegt und eine zwangsweise Einweisung in eine psychiatrische Klinik erfolgen muss. Dieses kommt jedoch äußerst selten vor. Somit sind die therapeutischen „Interventionen" sehr behutsam abzuwägen. Boxbücher und Egidi (1996, S. 12) sprechen lieber von Krisenbegleitung: „Unser Erfahrung nach ist 'Intervention' häufig mit der Vorstellung besetzt, dass Außenstehende besser wissen, was in der jeweiligen Situation wirksam und hilfreich ist. Indem sich Menschen in Krisensituationen als besonders hilflos und inkompetent erleben, laden sie ihrerseits natürlich auch dazu ein, die Entscheidungsverantwortung für sie zu übernehmen."

Bei der Verwendung des Begriffs „Krisenintervention" wollen wir diese therapeutisch begleitende Haltung zugrunde legen. Auch besagt der Begriff „Intervention" nicht unbedingt, dass Außenstehende etwas unternehmen, vielmehr kann es auch einfach die Notwendigkeit zum Handeln in der Krise verdeutlichen, dass jetzt eine Unterbrechung des sich zuspitzenden

Geschehens notwendig ist, um Schaden abzuwenden.

Zusammenfassend noch einmal die wichtigsten Unterscheidungsmerkmale zu anderen therapeutischen Grundannahmen:

1. In der systemischen Praxis, – worin wir die lösungsorientierte therapeutische Vorgehensweise eingebettet sehen –, ist die rein individuumzentrierte Sichtweise zugunsten einer mehr kontextbezogenen Betrachtung erweitert worden.
2. Die Fokussierung auf Wechselwirkungen und weniger die Analyse linearer Ursache-Wirkungs-Prinzipien steht im Vordergrund.
3. Die Betonung von Kompetenzen und Ressourcen und weniger die Orientierung an Defiziten oder Pathologischem ist handlungsbestimmend.
4. Die Gestaltung des Therapieprozesses als eher gleichrangige Kooperation zwischen Klienten und Therapeuten ist angestrebt.

Der Vorteil des lösungsorientierten Vorgehens ist, dass der Therapeut, der sich von seiner Grundhaltung als „lösungs- und ressourcenorientiert" definiert, die Kompetenzen und Ressourcen des Klienten fokussiert und damit an schon vorhandene Lösungsmuster und Entscheidungskompetenzen des Klienten anzuknüpfen versucht.

Ziele der Krisenintervention

Wie in jeder Therapie kommt der Klärung der Ziele, die in der therapeutischen Begegnung angestrebt werden, eine besondere Bedeutung zu. Klienten kommen aber in der akuten krisenhaften Phase in einem Zustand in die Beratung, in der sie vielfach psychisch noch ganz durcheinander sind und demzufolge eine ruhige Zielklärung noch gar nicht möglich ist. Deshalb kommt auch unausgesprochenen Zielen eine besondere Bedeutung zu, dem nämlich, was der Therapeut demzufolge als seinen Auftrag definiert. Er selbst steckt damit seinen Handlungsrahmen ab.

Ich spreche an dieser Stelle einmal ganz persönlich von den Zielen, die mir bei einer Krisenintervention wichtig sind. Dabei geht es mir weniger darum, das „Problem", das zur Krise geführt hat, genau zu „verstehen". Die Klienten verstehen häufig selbst gar nicht, worum es geht und haben Mühe, anderen zu vermitteln, was sie so stark bewegt. Im nächsten Kapitel werden wir diese Konfusion, in der sich Klienten dann befinden, an einem Beispiel erläutern.

Pragmatische Ziele des Therapeuten für die akute Intervention:

- **Zuhören**, den in der Krise befindlichen Menschen annehmen.
- Ihm durch das Zuhören und soweit möglich durch das Verstehen **Entlastung geben**, bis zu einem gewissen Grad die **Dramatik entschärfen.**
- Ihm **Sicherheit geben**, in einer Phase in der vieles bröckelt und er vielleicht von Selbstzweifeln durchdrungen ist.
- **Zuverlässigkeit** des Kontaktes vermitteln. Das Gefühl geben, dass man als Therapeut den in der Krise befindlichen Menschen durch die akuten Schwierigkeiten begleitet.
- Das **Selbstwertgefühl stärken.**
- Die Einengung der bisherigen **Perspektive ausweiten.**
- Wiedergewinnung der **Entscheidungsfähigkeit**, was manchmal auch bedeutet, sich Klarheit darüber zu verschaffen, dass ganz akute Entscheidungen (z.B. über Scheidung oder Abbruch der stationären Therapie, weil zu Hause etwas passiert ist) nicht in diesem Moment getroffen werden müssen.
- **Aktivierung der Fähigkeiten** des Klienten, Eröffnung von **Handlungsmöglichkeiten**
- **Eigen- und Fremdgefährdung** abklären.
- **Weitere Kontaktmöglichkeit** benennen: Personen, an die sich der Betreffende wenden kann, wenn der Therapeut nicht zu erreichen ist, z.B. bei stationären Patienten sich an den diensthabenden Arzt, die Nachtschwester oder an Mitpatienten wenden, die dann Informationen weitergeben können.
- Wenn nötig und möglich, **weitere Vertrauenspersonen** des Klienten einbeziehen, z.B. Familienangehörige.

Ganz allgemein formuliert ist das Ziel der Krisenintervention die Entschärfung oder Auflösung der psychisch äußerst angespannten Situation und mindestens die Wiederherstellung des Funktionsgrades, den die betreffende Person vor der Krise aufwies. Ideal wäre es, wenn ein inneres Gleichgewicht auf einem höheren Niveau erreichbar wäre.

6. Phasen der Krisenbewältigung

In jedem Entwicklungsprozess sind bestimmte Phasen von einander mehr oder weniger deutlich von einander abgrenzbar. So kann es nicht nur für den Therapeuten von Bedeutung sein, über dieses sich *phasenhaft* vollziehende Geschehen besser Bescheid zu wissen, sondern auch für den Patienten.

Der Problemlösungsprozess im Rahmen der Krisenintervention beginnt zunächst mit der Einschätzung des Klienten selbst und seiner Schwierigkeiten. Es schließt sich die Planung der Intervention und die eigentliche Bearbeitung an, was zur Auflösung der Krise und damit einer Zukunftsplanung führt.

Die vier Phasen, die unseres Erachtens nach den krisenhaften Verlauf bzw. deren Bearbeitung kennzeichnen, sollen nun näher erläutern werden. Sie gliedern sich in folgende Abschnitte:

1. Ausgangslage: psycho-physischer Alarmzustand

2. akute Entlastung durch Sofortmaßnahmen

3. Bearbeitung der Krise

4. Neuorientierung

Wie ein Edelstein ohne Reibung nicht geschliffen wird, kann ein Mensch ohne Prüfungen nicht vollkommen werden.

Chinesisches Sprichwort

1. Phase: Ist-Zustand vor der Krisenintervention

Kognitive Desorientierung und emotionales Chaos

Auf welche Weise eine Person eine bestimmte Situation wahrnimmt, beeinflusst ihre Gefühle, die sie in Bezug auf das Geschehen hat. Diese Emotionen wiederum entscheiden darüber, welche Lösungen auf der kognitiven Ebene gefunden und wie diese dann in Verhalten umgesetzt werden. Wir definieren, wie bereits dargestellt, eine Krise dadurch, dass bei der betreffenden Person das Missverhältnis zwischen den Anforderungen und den zugänglichen Bewältigungsstrategien als nicht lösbar erlebt wird. Wichtig in diesem Zusammenhang ist, dass die Betonung auf „nicht zugänglich" liegt. Selbst wenn jemand in der Vergangenheit bereits zahlreiche Fähigkeiten im Umgang mit Krisen erworben hat, so können diese jedoch in der akuten Notsituation aufgrund der starken Emotionalität, die wiederum begleitet ist von körperlichen Stressreaktionen, zu Denk- und Handlungsblockaden führen.

Ein konkretes Beispiel soll dieses verdeutlichen. Wir geben hier die Originalabschrift des Beginns einer Krisenintervention wieder. Eine Patientin, Mitte vierzig, die sich in stationärer Psychotherapie befindet, fühlt sich verzweifelt und sucht den Therapeuten auf. Wir geben an dieser Stelle zunächst keine Hintergrundinformation über die Biographie und die Schwierigkeiten, weshalb die Klientin sich ursprünglich in stationäre Therapie begab. Aus diesem original getreu wiedergegebenen Text, kann der Leser versuchen, die für das Krisenmanagement wichtigen Informationen herauszufiltern.

Fallbeispiel

Th: *Vielleicht schildern Sie einmal, was Ihnen durch den Kopf geht, wie Ihre Situation ist.*

Pat.: *Ja, was soll ich sagen. Also..., ich möchte eigentlich hier..., dadurch bin ich schon allein angespannt, weil ich hier eigentlich viel für mich arbeiten will.*

Th.: *Ja.*

Pat.: *Und..., auch wenn man eben drüben im Haus lebt und..., na, hier der Tagesablauf..., man ist doch irgendwie..., na, also mehr mit seinen Problemen beschäftigt. Immer wieder geht einem das durch den Kopf und..., ja, und... Ich sagte ja schon, die Situation zu Hause ist ja im Moment nicht so gut, aber dann denke ich wieder..., also, gestern habe ich eigentlich Sorgen von meinem Mann..., wieder was abgefangen, also, womit ich überhaupt gar nicht gerechnet hätte. Also, er hat ja regelrecht darauf gedrungen, dass ich jetzt fahre. Und als ich damals im November von der Entgiftung kam, also, da wollte ich das auch unbedingt. Und die Situation änderte sich ja schlagartig zwischen Weihnachten und Neujahr. Und ich hatte eigentlich das erste Mal, seitdem wir zusammen sind, in den ganzen Wochen, wo er krank war, das Gefühl, also..., dass ich selbstständig was machen kann, und das Gefühl, auch gebraucht zu werden. Und als es ihm dann so sehr schlecht ging, also..., also..., ich kann ja nicht einschätzen, was er gefühlt hat. Da hat er oft darüber gesprochen, dass ihm das so leid tut, was in den letzten Jahren passiert ist, und..., und..., und dass er mich auch immer falsch behandelt hat und eigentlich..., also, es tat wohl gut, das zu hören, aber eigentlich habe ich dann immer gleich gesagt, also: 'Das brauchst du nicht sagen, und das ist jetzt ja sowieso alles ganz anders und dann machen wir das in Zukunft besser.' Und da war ich eigentlich immer..., also, innerlich so voll Angst, dass ihm was passieren könnte.*

Th: *Und daraufhin?*

Pat.: *Also, dass er eben die Krankheit nicht überlebt. Und..., ja, was..., was eben gewesen ist. Und als ich im November von der Entgiftung kam, war mir eigentlich schon klar, dass ich an meiner Lebenssituation was ändern möchte. Aber all diesen Mut, den ich hatte, und..., und..., und die Klarheiten, die in meinem Kopf waren, die waren mit seiner Krankheit..., das war einfach... Da habe ich dann wieder gedacht: du darfst überhaupt nicht jetzt an dich denken, wichtig ist* ***er*** *jetzt und das Kind. Ja, und das wurde mir natürlich auch gesagt von vielen Seiten, also..., dass ich jetzt erst mal zurückstecken muss, also..., weil da ja..., das wussten sie schon in meiner Verwandtschaft, dass ich diese Therapie geplant hatte. Und..., und das hätte mir keiner sagen müssen, also, das habe ich ja ganz von alleine gemacht. Ja, und dann hatte ich auch während der Therapie..., da war ich manchmal erschrocken. Also, ich will meinen Mann überhaupt nicht schlecht machen, aber es war immer so, dass..., dass er..., was er gesagt hat, wurde eigentlich gemacht, und das..., das ist dann auch so bei mir so gewesen. Also, vielleicht habe ich mich auch ein Stück selbst da rein manövriert, das..., ich habe keine eigenen Entscheidungen mehr getroffen. Und..., also..., und..., und wenn es nur Kleinigkeiten waren, habe ich eben gefragt. Und..., und plötzlich stand ich eben da und musste alleine Entscheidungen treffen, und ich bin ja auch mit meinem ersten Sohn schon alleine gewesen, und ich habe das ja immer alles in den Griff gekriegt, und dann hat es vielleicht eine Woche gedauert, 14 Tage, wo ich noch Unsicherheit hatte, und dann lief das alles zu Hause. Und..., ja, ich konnte ihm das dann alles verzeihen, was eigentlich vorne weg gewesen ist, und hatte eigentlich nur noch Angst, dass ich ihn verliere. Und daran habe ich geglaubt, weil ich all die Jahre geglaubt habe immer wieder: also, das ist bestimmt das letzte Mal, dass er das mit dir gemacht hat. Und das..., das wird sich –*

Th.: *Was denn genau?*

Pat.: *Also, wenn er mich geschlagen hat, oder..., dann, bis mein großer Sohn einmal gesagt hat, also...., er sich da eingemischt hat, also:*

wenn er mich noch mal anfasst, ja, dann würde er nicht mehr ruhig dazu sein, und... –

Th: *Kurze Unterbrechung. Einiges von dem, was Sie gerade erzählt haben, kann ich noch gar nicht so recht einordnen. Das zeigt mir, dass Ihnen ganz viele Dinge gleichzeitig durch den Kopf gehen, auch gleichzeitig viele schwerwiegende Dinge. Und vielleicht können Sie diese selbst im Moment gar nicht einordnen.*

Dieses kurze Textbeispiel soll genügen, um die Konfusion und emotionale Spannung der Klientin zu verdeutlichen. Die Sätze sind unvollständig und zerhackt. Die Inhalte sind kaum verständlich, in ihren Gedanken springt sie hin und her. Die Klientin ist, wenn sie sich nicht in diesem psycho-physischen Ausnahmezustand befindet, eine Frau, die sich gewöhnlich sehr gut und klar artikulieren kann. Was in den Textauszug deutlich wird, ist ihre Konfusion. Auf dieses Beispiel werden wir im nächsten Abschnitt „Entlastung" noch einmal eingehen.

Physiologische Alarmreaktion

In einer Krise befindet sich nicht nur die Psyche im *Alarmzustand*, sondern eben der ganze Mensch, was auch zu erheblichen körperlichen Reaktionen führt. Ein Teil der physiologischen Prozesse gerät aus dem Gleichgewicht, was zu einer erhöhten Ausschüttung von Stresshormonen und Neurotransmittern führt. Zu den wichtigsten Begleitreaktionen gehören eine gesteigerte Herzfrequenz, erhöhter Blutdruck, beschleunigte Atmung, verminderter Speichelfluss, angespannter Muskeltonus, eventuell erweiterte Pupillen, erhöhter Blutzuckerspiegel und kalte Hautoberfläche. Diese Stressreaktionen führen dann zu *physiologischen* Denkblockaden. Dies ist wichtig zu wissen, da in dieser Phase psychotherapeutische Interventionen alleine manchmal nicht das gewünschte Resultat erzielen.

Eine ganze Reihe von Klienten leidet unter erheblichen Schlafstörungen, zum Teil mit Albträumen. Die mangelnde nächtliche Erholung verstärkt nicht nur die körperliche Symptomatik, sondern auch die psychische Belastung. Es können sogar hochgradige Erregungszustände daraus resultieren. Wir kennen dies bei Klienten mit einer Psychoseerkrankung, bei der Dekompensation einer Borderline-Persönlichkeit, bei Alkoholikern mit starker Rückfallgefährdung, ebenso bei Klienten mit Suizidgedanken. Diese können bisweilen den Einsatz eines Medikamentes und ärztliche Unterstützung dringend erforderlich machen.

Kommen diese physiologischen Überreaktionen nicht rasch wieder ins Gleichgewicht, können sich daraus physische und psychische Krankheiten entwickeln. Wir wissen inzwischen, dass anhaltende Krisen oder Traumata zu einer Schwächung des Immunsystems führen und somit weitere Gefährdungen nach sich ziehen können.

Der suizidgefährdete Mensch hat bereits für sich ein bestimmtes Lösungsmuster ins Auge gefasst, wenn auch ein sehr destruktives.

Einschätzung der Suizidalität

Eine extreme Ausnahmesituation bei der Krisenintervention stellt wohl die Suizidalität eines Klienten dar. Dankenswerterweise gibt es zu diesem Thema eine Fülle entsprechender Fachliteratur, seit Ringel 1952 diese Problematik ausführlich dargestellt hat. An dieser Stelle sollen nur einige wenige Punkte aufgegriffen werden, die einen ersten Handlungsrahmen abstecken können und dazu anregen sollen, sich an anderer Stelle intensiver mit diesem Thema zu befassen.

Gerade bei jungen Leuten ist eine alarmierende Entwicklung in dieser Hinsicht zu verzeichnen. Die Suizidrate hat sich beispielsweise in den USA bei den 15- bis 24-Jährigen in den letzten 30 Jahren mehr als verdreifacht. Und es gibt Belege dafür, dass auf jede tatsächliche Selbsttötung außerdem zwischen 50 bis 100 Selbsttötungsversuche kommen (vgl. Aguilera, 2000, S. 235).

Den jungen Leuten geht es materiell so gut wie nie zuvor, doch die emotionalen Schwierigkeiten scheinen eher zuzunehmen. Es mag vielleicht mit den zunehmenden Leistungsanforderungen, der erheblichen Konkurrenz am Arbeitsplatz, dem Zerbrechen von Familien und dem Verlust an Sinn in Zusammenhang stehen. Hier werden zukünftig nicht nur Krisenintervention, sondern auch in erheblichem Umfang vorbeugende Maßnahmen gefragt sein.

Ob Suizidgedanken bei einem Klienten vorliegen, ist unbedingt abzuklären. Suizidgedanken sind in diesen Notsituationen besonders bei Personen zu finden, bei denen der Krise auch noch der Zerfall eines stützenden Netzwerkes an sozialen Beziehungen vorausgegangen ist. Dann steht der Suizid am Ende einer solchen dramatischen Entwicklung. Der suizidgefährdete Mensch hat bereits für sich *ein bestimmtes* Lösungsmuster ins Auge gefasst, wenn auch ein sehr destruktives, um aus einer existentiellen Notsituation mit tiefer Verzweiflung zu entkommen. Seine Ausweglosigkeit gründet sich darauf, das bisherige Leben so nicht länger erleiden zu wollen und der Überzeugung, dass er das ersehnte Bessere aus eigener Kraft nicht zu gestalten vermag.

Besonderes Kennzeichen von suizidgefährdeten Menschen ist, dass sie im Kontakt zu anderen verschlossen sind und ihre Suizidabsichten meistens nicht direkt mitteilen. Daher sollte man von therapeutischer Seite, wenn man den Eindruck hat, der Betreffende trage sich möglicherweise mit Suizidgedanken, – wofür es einige professionelle Erfahrungshinweise gibt, wobei aber auch die eigene Intuition hilfreich ist –, ihn direkt auf dieses Thema hin ansprechen. Häufig erleben es die Betroffenen als große Erleichterung, das dieses nicht länger ein Tabu für sie darstellt.

Suizidale Menschen drücken ihre Wünsche und Ängste in der Kommunikation meistens nicht direkt aus. Was sie eigentlich sagen wollen, formuliert Verena Kast (2000, S. 185) so: „Ich will weggehen, halte du mich fest, sage mir, dass ich wichtig bin und dass du mich brauchst."

Wie geht man als Therapeut mit einer Offenbarung der Selbstmordabsicht um? Welche persönliche Haltung habe wir selbst dem Leben gegenüber? Die eigenen Werte des Therapeuten werden gerade in diesem Punkt in die Therapie mit einfließen. Sind wir als Therapeut geschockt und selbst hilflos oder bieten wir dem Ratsuchenden die nötige Ruhe, genügend Zeit und den direkten menschlichen Kontakt, damit er sich selbst mit dieser inneren Bedrohung auseinander setzten kann.

Ein Selbstmord bricht das Leben vorzeitig ab. C.G. Jung äußerte sich zu diesem Thema einmal in einem Brief. Seine Ausführungen in Bezug auf die eigene ethische Grundhaltung sind außerordentlich nachdenkenswert. „Die Idee des Selbstmords, so menschlich begreiflich sie auch ist, erscheint mir nicht als empfehlenswert. Wir leben, um ein möglichst großes Maß an geistiger Entwicklung und an Bewusstwerdung zu erreichen. So lange das Leben irgendwie auch nur in geringstem Maße möglich ist, sollte man daran festhalten, um es zum Zwecke der Bewusstwerdung auszuschöpfen. Vor der Zeit das Leben zu unterbrechen, heißt, ein Experiment zum Stillstand bringen, das wir nicht angelegt haben" (Jung, C.G. 1946 zit. n. Kast, 1987, S. 73f).

Bei erheblicher Selbstgefährdung ist ohne Zweifel eine Einweisung in die Psychiatrie auch gegen den Willen des Klienten angezeigt. Letztendlich wird man als Therapeut dem Klienten die Entscheidung, sich zu töten oder weiter zu leben, nicht abnehmen können. Man kann jedoch sein ehrliches Bedauern ihm gegenüber zum Ausdruck bringen, wenn er nicht mehr weiterleben wolle und ihm anbieten, sich genügend Zeit zu nehmen, um herauszufinden, ob es nicht Alternativen gibt.

Eine Formulierung von Verena Kast (1987, S. 59) hat uns in diesem Zusammenhang gut gefallen, die wir gerne als Anregung weitergeben möchten: „Ich kann Sie nicht davon abhalten. Wenn Sie es tun wollen – letztlich ist das dann Ihr Entschluss. Es gibt dann nur kein Zurück mehr. Und da muss man schon sicher sein, dass das Experiment Leben nichts mehr hergibt."

Ein großer Schritt in Richtung Krisenbewältigung ist getan, wenn wir zu dem betreffenden Menschen einen Kontakt herstellen können und seine Bedrohung und Verzweiflung verstehen. Dann ist schon einmal sehr viel erreicht.

Von der Höhe eines Berges sehen alle Probleme etwas kleiner aus.

2. Phase: Akute Entlastung

Für die therapeutische Begleitung in der Krisenbewältigung gilt es, eine Atmosphäre zu schaffen, in der neue Lösungsräume betreten werden können. Es ist daher angezeigt, zunächst etwas Abstand zu den dramatischen Ereignissen zu bekommen, sozusagen innerlich einige Schritte zurückzutreten. Auch gilt es zu prüfen, ob genügend Zeit zur Verfügung steht, oder ob Sofortmaßnahmen erfolgen müssen.

Greifen wir noch einmal das Beispiel der oben dargestellten Patientin Frau Th. auf. Für sie wird ein Telefonat mit dem Ehemann zur Krise, weil viele gleichzeitig bestehende Probleme wieder akut werden, geradezu übermächtig auf sie einstürzen. Es zeigt sich ihre Angst, die eigenen Bedürfnisse zu artikulieren. Wieder aktuell wird auch, dass ihr Ehemann schon immer *für* und *über* sie entschieden hat. Sie fühlte sich geradezu manipuliert. Er untergrub durch sein Handeln ihr Selbstwertgefühl.

Aktuell wird wieder die Angst vor neuen Gewalttätigkeiten, die bei einem „Wohlverhalten" ihrerseits eher geringer zu sein scheinen. Aktuell wird der Hass auf den Ehemann, aber auch ihre Angst, ihn aufgrund seiner Krebserkrankung verlieren zu können. Schuld und Scham werden wieder ein aktuelles Thema, weil sie ihm vor langer Zeit „eine böse Krankheit gewünscht hatte", die nun eingetreten ist. Aktuell ist wieder ihre eigene Alkoholabhängigkeit und die Angst, nicht abstinent bleiben zu können. Sie befürchtet, in der Krise wieder zu dem einfachen Lösungsschema des Sich-Betrinkens Zuflucht nehmen zu müssen. Ihre frühere Magersucht und auch der sexuelle Missbrauch werden wieder reaktiviert. In diesem Fall war es wichtig, Abstand zu den sie überflutenden Emotionen zu bekommen, um die einzelnen Schwierigkeiten nach Dringlichkeit und Schweregrad gewichten zu können.

Zu diesem Zeitpunkt ist die Frage: „Was braucht die Patientin am dringlichsten? Zunächst braucht sie die Aufmerksamkeit einer Vertrauensperson. Dabei ist es zweitrangig, ob wir als Therapeut das „Problem" genau verstehen. Die Patientin scheint von Emotionen überwältigt zu sein, fassungslos und gleichzeitig auch aggressiv. Sie scheint sich auch ungerecht behandelt zu fühlen. Sie ist verletzt. Wir versuchen zunächst ihre *Emotionen zu verstehen* und nicht das Problem zu analysieren. Während sie erzählt, entwickeln wir verschiedene Hypothesen, die wir jedoch zu diesem Zeitpunkt noch nicht überprüfen können.

Der Therapeut fragt zunächst wenig nach. Hinhören ist erst einmal wichtiger. Alte Verletzungen scheinen sich mit akuten Schwierigkeiten zu überlagern. Lange Vergessenes kommt wieder ins Bewusstsein. Für den Therapeuten stellt sich die Frage, zu welchem Zeitpunkt und an welchem Punkt soll er intervenieren, konkret nachhaken, um präzisere Informationen zu erhalten? Aber ist es überhaupt wichtig, das Problem genau zu verstehen oder deren Ursachen aufdecken zu wollen?

Wir haben oft die Erfahrung gemacht, dass Klienten dann unablässig in ihren Erinnerungen graben, um die „wirkliche" Ursache des Problems zu ergründen. Mit dieser Vorgehensweise haben sie jedoch gerade in der Krise sehr viele frustrierende Erfahrungen gemacht, denn sie produziert immer mehr Fragezeichen.

Wir können davon ausgehen, dass im Leben eines jeden Menschen einmal Dinge irgendwie falsch laufen. Es stellt indes ein äußerst schwieriges Unterfangen dar, herauszufinden, welche dieser Fehlschläge nun das Problem verursachen. Und woher kann man sicher sein, dass der gefundene Sachverhalt nun der entscheidende ist? Man wird daher vernünftigerweise als Therapeut versuchen, den Blick des Klienten auf seine Zukunft zu richten. Diese gilt es nun zu gestalten, um aus der Krise herauszufinden.

Die Klientin braucht weiterhin das Gefühl, angenommen zu sein. Es ist wichtig, ihr zu vermitteln, dass sie ihre momentanen Gefühle haben darf – im Gegensatz dazu scheint der Ehemann über die Zulässigkeit ihrer Gefühlswelt zu bestimmen. Es ist auch wichtig, der Patientin zu vermitteln, dass sie in diesem Moment nicht unverzüglich handeln oder entscheiden muss (z.B. ob sie sich trennt, ob sie nach Hause fährt, ob sie ihren Mann wieder anrufen soll). Entscheidend ist zunächst vielleicht nur, ihr einfach zu signalisieren, dass sie genügend Zeit hat, den Sachverhalt noch einmal zu einem anderen Zeitpunkt genauer anzuschauen, dann mit weniger Gefühlsintensität.

Erst als die Klientin sich etwas „von der Seele geredet hat", sich entlastet hat, beginnen wir, erste strukturierende Fragen zu stellen. Diese Eingangsphase des Zuhörens und des vorsichtigen Verstehens dient dazu, dass die Patientin nicht mehr ganz von ihren Gefühlen überwältigt wird und das Denken langsam wieder in geordnete Bahnen gelenkt werden kann.

Zu dem Zeitpunkt, als sie wieder einen gewissen Abstand zu dem sie überwältigen Geschehen hatte, konnte sie die verschiedenen „Probleme" anschauen. Wir wollten an dieser Stelle nur die Phase der Entlastung illustrieren und keinen ausführlichen Therapieverlauf schildern. Nur soviel sei ergänzt: In dem weiteren Krisengespräch wurden die einzelnen Themen *nicht* vertieft. Es wurde nur der Abstand zu dem Geschehen vergrößert. Im Wesentlichen ist das ein emotionaler Abstand. Es ist, als wenn eine Person von der Höhe eines Berges auf die Welt, in diesem Fall auf seine Probleme, herunter schaut. Man erkennt plötzlich Zusammenhänge, aber auch, dass das Problem – im gesamten Zusammenhang betrachtet – vielleicht gar nicht so groß ist, wie ursprünglich erlebt.

Von therapeutischer Seite wurde ihr nahegelegt, keine übereilten Schritte zu tun oder vorschnelle Entscheidungen zu treffen. Mit diesem emotionalen Rückhalt durch den Therapeuten und der Versicherung, sich jederzeit wieder an ihn wenden zu dürfen, fand die Klientin interessanterweise ein paar Stunden später für sich *eigene* Lösungen, die ganz anders aussahen als das, was sie bisher immer getan hatte.

Entlastung durch begleitende Maßnahmen

Von Vorteil ist es, wenn der Klient gleichzeitig auf mehreren Ebenen eine Entlastung seines höchst angespannten Zustandes erfährt. Befindet sich der Klient während der Krise bereits in stationärer Behandlung, sind diese Maßnahmen häufig recht unkompliziert in die Wege zu leiten. Eine medikamentöse Unterstützung beispielsweise bei einem krisenhaft erhöhten Blutdruck oder bei Herzrasen aufgrund der starken emotionalen Belastung, kann daher unmittelbar erfolgen. Gute Erfahrungen haben wir auch damit gemacht, dem Klienten auf der rein körperlichen Ebene eine positive Erfahrung zu vermitteln, indem er gegen die starke muskuläre Anspannung eine Massageanwendung erhält, die gleichzeitig psychisch entspannend wirkt. Dieses verlagert die Wahrnehmung auf eine andere Ebene, lenkt ab und schafft fürsorgliche Zuwendung. Auch eine Hypnosebehandlung kann angezeigt sein, um „richtiges Abschalten" zu ermöglichen. Kreative Angebote wie Malen, Modellieren oder Werken oder auch sportliche Betätigung können die rein psychotherapeutische Krisenintervention ergänzen.

Beispiel:

	Blutdruckkrise Herzrasen	**Starke muskuläre Anspannung**	**psychische Anspannung Aggressionen, Angst**
Pharmakologische Maßnahmen	- Blutdruck senkende Mittel - Betablokker	- (im Ausnahmefall Psychopharmaka)	- Psychopharmaka (z.B. Neuroleptika, Antidepressiva)
Entspannende Maßnahmen	(eher langfristig)	- Hypnose - Entspannungstraining - Massage - Beruhigungsbäder	- Hypnose - Entspannungstraining - Massage - Beruhigungsbäder
Kreative Maßnahmen		- Malen - Modellieren - Werken	- Malen - Modellieren - Werken
Sportliche Maßnahmen		- Joggen - Schwimmen etc	- Joggen - Schwimmen etc

<u>3. Phase</u>: Bearbeitung der Krise

Beim Krisenmanagement geht es um Soforthilfe und auch um ein Sortieren der Probleme nach Dringlichkeit.

In der Krisenintervention geht es um Soforthilfe. In unseren bisherigen Ausführungen versuchten wir zu verdeutlichen, dass ein besonnenes, umsichtiges Handeln von Seiten des Therapeuten eher hilfreich ist, als ein Agieren aus dem selbst auferlegten Zwang heraus, in der Notsituation den „Retter“ spielen zu müssen.

Zum Krisenmanagement gehört es, die Dringlichkeit der einzelnen therapeutischen Schritte zu gewichten. Hierzu können folgende Fragen hilfreich sein, die der routinierte professionelle Helfer in der Krise sozusagen schon „verinnerlicht“ hat. Diese Ausführungen sind jedoch auch geschrieben für diejenigen, die in Bezug auf die Begleitung von Menschen in Krisensituationen noch etwas mehr Sicherheit entwickeln möchten.

In einer Krisensituation ist meisten unverzügliches Handeln gefordert, ob es sich nun um professionelle Helfer oder den Nachbarn von nebenan handelt. Ein „kopfloses Agieren“ des Helfers wird wenig hilfreich sein und kann manchmal die Situation noch verschlimmern. Manchmal kann mit „Handeln“ auch ein „bewusstes Nicht-Handeln, ein bewusstes Abwarten“ gemeint sein. Das Handeln ist darauf ausgerichtet, weitere Verwirrung und Desorganisation in der Krise zu verhindern.

Bei der Krisenintervention geht es vor allem auch um „Entwirrung“, um ein Sortieren der Probleme nach Dringlichkeit und oft eben auch um Soforthilfe. Um als Therapeut schnell handlungsfähig zu werden und selbst Klarheit zu bekommen, können folgende Fragen hilfreich sein:

- Gibt es einen sofortigen Handlungsbedarf (z.B. Rettungswagen alarmieren etc) oder steht eine gewisse Zeit für ein Krisengespräch zur Verfügung?
- Gibt es mehrere Probleme oder Krisenanlässe? Mit welchen muss sich der Therapeut sofort befassen, welche können später betrachtet werden?
- Welche Sachverhalte könnten größere körperliche oder psychische Schäden verursachen, falls sie nicht sofort behandelt werden?
- Welche Schwierigkeiten können am schnellsten und leichtesten gelöst werden?
- Gibt es Schwierigkeiten, die erst noch gelöst werden müssen, bevor man sich mit dem eigentlichen Krisenherd beschäftigen kann (z.B. Versorgung oder Unterbringung der Kinder, Entgiftung bei Alkoholintoxikation etc.).

Gezielte Informationsvermittlung

Neben Fürsorge, emotionaler Wärme und Zuhören gehört oftmals zu den ersten Maßnahmen der Krisenintervention auch eine gezielte Information zum richtigen Zeitpunkt. Patienten, die in einer Notsituation anfangen zu hyperventilieren, bekommen noch mehr Panik, weil sie das, was in ihrem Körper abläuft, nicht einordnen können. Sie bekommen Luftnot, das Denken wird unklar, überall kribbelt es, die Muskulatur verhärtet sich bis zur „Pfötchenstellung“. Neben dem beruhigen Eingehen auf den Klienten, sind Informationen wichtig, die vermitteln, dass dieses kein lebensbedrohlicher Zustand ist und nur vorübergehenden Charakter hat. Bleibt der Arzt oder Therapeut ruhig und vermittelt dem Notleidenden, so etwas wie Fachkompetenz, wird es dazu beitragen, dass der Betreffende sich wieder sammeln kann. Die Anleitung zum richtigen Atmen und die Information, dass sich dadurch in einigen Minuten der Stoffwechsel regulieren wird, ergänzen das Vorgehen.

Ebenso kann die Information, dass Herzrasen eine Begleiterscheinung der Angst ist, ein weiteres Sich-Zuspitzen verhindern. Viele Klienten registrieren zunächst erst ihre Herzsensationen und befürchten, einen Herzinfarkt zu bekommen oder an einer anderen schweren Herzkrankheit zu leiden. Sie nehmen ihre starken Ängste, die unbewusst zu diesem körperlichen Alarmzustand geführt haben, jedoch zunächst nicht wahr. Hier kann eine kleine Skizze über den Regelkreis von Stresshormonen für Beruhigung sorgen.

Patienten, bei denen als unterstützende Maßnahme in der Krise die Verschreibung eines Medikamentes angezeigt ist, sollten über Wirkungsweise und unangenehme Nebenwirkungen informiert werden, um Ängsten vorzubeugen. Beispielsweise gibt es unterschiedliche Wirkspektren bei Antidepressiva. Bekannt ist, dass die Stimmungsaufhellung, je nach Präparat, oft erst später einsetzt als die Antriebssteigerung. Auch hierüber sollten die Klienten Bescheid wissen.

In anderen Fällen sind juristische Informationen hilfreich. So zum Beispiel bei Klienten, die nach der Trennung vom Ehepartner befürchten, vollkommen mittellos dazustehen. Mütter befürchten in solchen Situationen manchmal, dass sie das Sorgerecht verlieren könnten, wenn sie sich durch die Krise am Rande der Belastbarkeit befinden. Frauen, die in einer Krisensituation das Frauenhaus aufsuchen, hilft die Information, dass sie dort vor den Gewaltausbrüchen des Ehemannes relativ sicher sind.

Für Klienten die in eine Krise geraten, weil ein Familienangehöriger beispielsweise an einem Tumor erkrankt ist, kann es wichtig sein, Wege aufzuzeigen, wie weitere medizinische Informationen eingeholt werden können.

Bei Patienten, die durch die Krise auch noch in finanzielle Not geraten sind, kann eine Beratung durch einen Sozialarbeiter, eine Bank oder eine Schuldnerberatung eine gewisse Entlastung bringen. Diese kann man versuchen zu vermitteln.

Mit der Kunst des Fragens führt man die Klienten gedanklich in eine Zukunft, die sie in der Krise nicht mehr zu haben glauben.

Lösungsorientierte Fragetechnik

Die therapeutische Situation ist geprägt durch den Dialog zwischen Therapeut und Klient. Den Fragen kommt daher eine ganz besondere Bedeutung zu. Mit ihnen steuern wir die Richtung des Gesprächs und letztlich den Weg aus der Krise. Erst in zweiter Linie geht es um die Gewinnung von Informationen. Aber nur selten wird man, wenn ein Ratsuchender in einer Krisensituation zu einem kommt, gleich mit gezielten lösungsorientierten Fragen beginnen. Man hört zunächst zu und drückt seine menschliche Anteilnahme aus. In der Eröffnungsphase des Gesprächs geht es noch nicht sofort darum, Lösungen anzustreben. Der Betreffende ist noch viel zu sehr von seinen Emotionen überwältigt und einfach nur „durcheinander".

Wir haben zuvor beschrieben, wie wichtig die Phase der Entlastung ist, auch um eine gewisse Distanz zu den aktuellen Schwierigkeiten zu bekommen. Erst dann können wir beginnen, ein geordnetes Denken beim Klienten zu reorganisieren. Nicht zu vergessen ist, dass Stresshormone zu Denkblockaden im Gehirn führen. Somit kann der Betreffende nur erschwert auf die ihm zur Verfügung stehenden Lösungsmuster zugreifen.

Annäherung an das Krisengeschehen

Ist die akute Phase etwas abgeklungen – das kann bereits nach wenigen Minuten sein oder auch nach Tagen – können wir als Therapeut mehr auf die inhaltliche Bewältigung der Krise eingehen.

Hierzu bedarf es einer gewissen Kunst des Fragens. Schon die ersten gezielten Fragen können entscheidende Weichen stellen, ob nämlich das weitere Vorgehen problemorientiert ist, ob alte Traumata wieder aktualisiert werden oder ob gezielt die Zukunft anvisiert wird und kleine, realisierbare Schritte geplant werden. Man führt sie damit zunächst gedanklich in eine Zukunft, die sie in der Krise nicht mehr zu haben glaubten. Ein Kernpunkt der lösungsorientierten Therapie ist, dass der Therapeut in diesem Zusammenhang die Fragen mit Blick auf die Konsequenzen von Handlungs- und Denkweisen stellt.

Einstiegsfragen für das Gespräch

Dieses kann zum Beispiel eine Frage sein, wie man auch eine nicht krisenhafte Sitzung beginnt. Hier einige Beispiele:

- Was müsste hier in diesem Gespräch passieren, damit Sie am Ende sagen können, dass es Ihnen weitergeholfen hat?
- Woran werden Sie merken, dass Sie begonnen haben, Ihre Schwierigkeiten zu bewältigen?
- Was werden Sie dann tun?
- Worin unterscheidet sich dieses von dem, was Sie bisher in der Krise getan haben?
- Was werden Sie dann denken, wie werden Sie sich dann fühlen, wenn Sie begonnen haben, kleine Schritte in Richtung einer Lösung Ihrer Probleme zu gehen?
- Was könnten Sie ihrer Meinung nach verändern, damit Sie die momentane Situation als nicht mehr so aussichtslos erleben?

Es ist nicht zu empfehlen, zu fragen „was müsste sich verändern", denn dann wird der Fokus auf das Schicksal oder sonstige Rahmenbedingungen gelenkt, von denen man hofft, dass sie sich irgendwann einmal verändern oder einen idealen Zustand hätten. Der Betroffene hat oft ohnehin die Auffassung, dass er hilflos ist und gar nichts in den Händen hat, etwas zu verändern. Wenn man fragt, „was müsste sich ändern?" bekommt man möglicherweise Antworten in der Richtung, dass vielleicht ein Lottogewinn weiterhelfen würde oder dass andere sich ändern müssten, sei es der Ehemann, der Chef oder die Nachbarn.

Es können auch zirkuläre Fragen gestellt werden, die mehr das System des Klienten im Auge haben, wie etwa:

- Wer von Ihren Freunden oder Angehörigen wird als erster merken, dass Sie sich auf dem Weg aus der Krise befinden?
- Woran genau würden diese erkennen, dass Sie auf dem Weg aus den Schwierigkeiten sind?

Es gibt Therapeuten, die stellen auch Fragen wie „Warum ist die Krise gerade zu diesem Zeitpunkt entstanden?" oder „Wie sind Sie Ihrer Meinung nach in diese schwierige Situation geraten?" oder „Wie erklären Sie sich die derzeitige Situation?" Das sind per se sicher interessante Fragen, aber sie sind nicht spezifisch lösungsorientiert. Diese Fragen leiten eine Ursachenforschung ein, sind also rückwärts gerichtet. Mit „Warum-Fragen" erfahren wir nur etwas über das Erklärungsmodell, dass sich der Betreffende zurechtgelegt hat und möglicherweise auch etwas über seine Schuldzuweisungen.

Innerlich zurücktreten, um neue Handlungsmöglichkeiten zu erkennen. Auch ein Perspektivwechsel ist hilfreich.

Prozess-Fortführungs-Fragen

Abstand gewinnen / Modellernen

- Gibt es jemanden aus Ihrem Bekanntenkreis, der ein ähnliches Problem hatte? Wie ist der/die damit umgegangen?
- Haben Sie schon einmal im Fernsehen einen Film über jemanden gesehen, der ein ähnliches Problem hatte? Was hat derjenige/diejenige gemacht, um aus der Krise heraus zu kommen?
- Was würden Sie einem anderen raten zu tun, der in einer ähnlich schwierigen Situation ist?

Diese Kategorie von Fragen hilft, einen Perspektivwechsel zu vollziehen. Es ist quasi ein *Blick von außen* auf die Krise. Man tritt zurück und gewinnt wieder mehr Handlungsfreiheit. Fehlen eigene Ideen für eine Lösung der Schwierigkeiten, kann man sich an anderen Personen orientieren, wie diese einmal eine ähnliche Situation erfolgreich bewältigt haben. Personen aus dem Bekanntenkreis oder auch Charaktere aus Filmen oder Büchern können diese Vorbilder sein (Modellernen). Wahrscheinlich haben auch Märchen eine ähnliche Funktion, in denen die Helden schwierige Situationen und unmöglich erscheinende Aufgaben zu bewältigen haben. Kinder werden hier mit oft ausweglosen Situationen ihrer Identifikationsfiguren konfrontiert. Verpackt in eine spannende Geschichte lernen sie nicht nur die intensive Gefühlswelt der Figuren in Krisensituationen kennen, sondern auch Problemlösungsstrategien. Die Orientierung an anderen Personen hat wiederum die Funktion, den Suchprozess außerhalb des eingeengten Gesichtskreises der Krise fortzusetzen.

Eine weitere gute Möglichkeit, Abstand und neue Ideen zu bekommen, ist, sich vorzustellen, anderen einen Rat in einer ähnlicher Situation zu geben. Wir haben oft in Gruppentherapien erlebt, dass eine Teilnehmerin oder ein Teilnehmer einem anderen aus der Gruppe einen sehr praktikablen Ratschlag gab, aber für die eigenen Schwierigkeiten blind war, obwohl die Ausgangslage fast identisch war.

Hilfe von anderen erfragen

- Was würde Ihnen helfen, damit eine Veränderung für sie leichter wird?
- Wer aus der Familie oder dem Bekanntenkreis könnte Ihnen Beistand geben, damit eine Veränderung für Sie leichter wird?

- Was genau müsste derjenige oder diejenige tun oder sagen?

Nicht nur Therapeuten, sondern auch andere Helfer haben oftmals konkrete Vorstellungen, was der notleidenden Person am besten helfen würde. Dabei ist es mit der angebotenen Hilfe nicht immer ganz leicht, die Bedürfnisse des anderen zu treffen. Es kommt vor, dass sich der Ratsuchende vollkommen missverstanden oder auch der Helfende sich abgelehnt fühlen. Eine zu protektive Maßnahme kann dem Betreffenden das Gefühl vermitteln, dass man ihm gar nichts mehr zutraut, er selbst aber noch innere Stärke verspürt.

So ist die Frage danach, was dem Betreffenden helfen würde, eine gute Möglichkeit, seine eigenen Vorstellungen bezüglich Unterstützung zu erfahren. Manchmal sind ganz konkrete Ideen vorhanden, aber der Ratsuchende traut sich nicht, um die entsprechende Hilfe zu bitten.

Mit Fragen, die abklären, was der Helfende genau tun oder sagen müsste, werden auch die Erwartungen deutlich, die der Betreffende hegt. Braucht er ein großes Maß an Unterstützung oder reichen kleine Hilfestellungen aus? Reicht es aus, wenn der Therapeut ihm emotionalen Rückhalt gibt, im Bedarfsfall für ihn ansprechbar ist?

Kleinste Anzeichen der Verbesserung

- Was wäre das erste kleinste Anzeichen dafür, dass sich für Sie nach dieser Krise etwas zu verbessern beginnt?
- Nehmen wir an, es gebe eine kleine Verbesserung, die letztlich der erste Schritt wäre zu einer Lösung Ihrer Probleme. Woran könnten sie diese morgen früh in Ihrem Leben feststellen? (= modifizierte „Wunderfrage“).
- Woran würden sie erkennen, dass es für Sie gut ist, einen anderen Weg als den jetzigen einzuschlagen?
- Woran werden Sie merken, dass Sie die Krise wirklich hinter sich gelassen haben?

Mit diesen Fragen wird das Augenmerk auf subtile Veränderungen gelenkt, die oft gar nicht bewusst wahrgenommen werden. Die Erwartungshaltung ist vielleicht auf spektakuläre Veränderungen gerichtet – sozusagen auf einen „Sprung aus der Krise“ oder wirklich auf ein „Wunder“.

Untersucht der Therapeut mit dem Betreffenden die Krisensituation auf kleinste positive Veränderungszeichen hin, ist vielleicht festzustellen, dass bereits kleine Schritte in die richtige Richtung erfolgten. Außerdem kann eine ganz detaillierte Betrachtung aller Bereiche – Denken, Fühlen, Handeln – verdeutlichen, dass sich die Krise aus unterschiedlichen Komponenten zusammensetzt (z.B. negative Gedanken, Lustlosigkeit, Rückzug von anderen, Passivität, Vorstellen von weiterer Verschlimmerung). Somit wird auch deutlich, dass es mehrere Ansatzpunkte gibt, um aus der Krise herauszukommen. Auch müssen nicht auf allen Ebenen gleichzeitig Verbesserungen erzielt werden. Wenn jemand seine soziale Isolation überwindet, muss das nicht sofort mit einem Stimmungshoch einher gehen.

Ein weiterer Vorteil den das Erkennen von kleinsten Anzeichen der Verbesserung hat, ist, dass nach weiteren Belegen gesucht wird, die dieses untermauern, eine Art „self-fulfilling prophecy". Er wird in vielen Fällen auch weitere Anzeichen oder Beweise finden.

Das ist ein Vorgehen, mit dem man an bereits bestehende Denkstrukturen des Klienten anknüpft, die er aber zuvor **gegen** sich eingesetzt hat. Wir haben eine Vielzahl von Klienten behandelt, die in einer solchen Krisensituation fast zwanghaft grübelten und plötzlich eine Fülle von Indizien dafür fanden, dass noch mehr in ihrem Leben nicht in Ordnung ist oder dass sie sich immer schon „vom Schicksal benachteiligt fühlten". Das ist die beste Art und Weise, sich noch tiefer in die Depression hinein zu manövrieren. Wir können dieses als ein die Krise stabilisierendes Denken bezeichnen.

Die Frage also, „Woran würden sie erkennen, dass es für Sie gut ist, einen anderen Weg als den jetzigen einzuschlagen?" impliziert einerseits, dass andere Wege durchaus denkbar sind und anderseits, dass der Betreffende selbst der Handelnde sein kann. Er wird als Aktiv-den-Veränderungsprozess-gestaltender-Mensch gesehen und nicht mehr als einer, der der Krise passiv ausgeliefert ist.

Hoffnung abklären

- Wie groß sind Ihrer Meinung nach Ihre Chancen, dass sich etwas verbessern kann?

Die Antwort auf diese Frage kann auch Hinweise auf den Grad der Depressivität geben. Sie kann auch deutlich machen, wie viel oder wie wenige Chancen sich der Klient selbst einräumt, damit es in seinem Leben wieder bergauf geht.

Eventuell kann man als Therapeut hier mit einer Skala arbeiten. Man wird den Punktwert erfragen, der seine Chancen widerspiegelt, die er sich selbst einräumt (Null = keine Chancen, 10 = absolut sicher, dass er selbst die Krise meistern wird). Jemand, der den Höchstwert angekreuzt hat, wird aber vermutlich nicht in der Krisenberatung sitzen. Um den Veränderungsprozess weiter anzustoßen, könnte man die Frage anschließen „Was konkret müsste passieren, damit Sie einen Punkt hoffnungsvoller sein könnten?“ Dieses führt wiederum zu ganz konkreten Handlungen, Denkweisen oder Situationen, die anders gestaltet werden sollen.

Intakte und stabile Lebensbereiche

- Was möchten Sie, dass so bleibt, wie es jetzt ist?
- Was gibt Ihnen in Ihrem jetzigen Lebensabschnitt Halt und hat möglicherweise dazu beigetragen, dass die Krise nicht noch schlimmer geworden ist?

Viele Klienten übersehen in der Krisensituation, dass es trotz der momentanen Schwierigkeiten, die das Leben überschatten, auch noch Bereiche gibt, die ihnen Stabilität und Sicherheit geben. Wir kennen Beispiele, die belegen, dass die Betreffenden nun auch noch begannen, die tragfähigen Säulen in ihrem Leben einzureißen. In diesem Fall ist es Aufgabe des Therapeuten, den Klienten zu schützen und positive Werte herauszustreichen.

Katastrophen imaginieren

- Was müssten Sie tun, damit das Problem noch schlimmer wird?
- Was müssten Sie tun, um Ihr Problem zu behalten?
- Wie könnten sie sich so richtig unglücklich machen, wenn Sie dieses vorsätzlich wollten?
- Wie könnten die anderen Sie dazu einladen, es sich richtig schlecht gehen zu lassen?

Eine Frage aus dieser Kategorie wird den Klienten vielleicht schocken. Ein kleiner Schock aber kann in diesem Fall auch hilfreich sein, den Blick wieder mehr für die Realität zu öffnen. Es ist durchaus denkbar, dass die jetzige Situation sich noch verschlimmern könnte, was keine seltene Erfahrung ist. Der Blick auf eine drohende Katastrophe hilft, die jetzige Situation besser einzuordnen und relativiert manches.

Viele Klienten sind im Augenblick der Krise in einer Verfassung, dass sie fest davon überzeugt sind, „mit dem Rücken an der Wand zu stehen“. Ihr Denken ist festgefahren. Keine Entwicklung scheint mehr möglich. Diese „Katastrophen-Frage“ kann den Blick für weitere Möglichkeiten öffnen, wenn auch mit negativem Vorzeichen. Manchmal ist die Erkenntnis „es könnt ja noch schlimmer kommen“ durchaus hilfreich. Die Verwendung einer solchen Frage sollte jedoch mit Bedacht geschehen. Die Klienten sollten nicht das Gefühl bekommen, dass man ihre Lage nicht ernst nimmt oder als nicht so schlimm einschätzt.

Diese Frage kann hilfreich sein in einer Situation, in der *im Moment* wirklich keine Lösungsmöglichkeit in Sicht ist. Somit kann in einigen Fällen auch eine Verhinderung der Verschlechterung eine gewisse Stabilität bedeuten. Für manche Klienten ist dieses eine wirklich große Leistung. Beispielsweise stellt es für schizophrene Patienten durchaus ein Erfolgserlebnis dar, den weniger akuten Zustand zu stabilisieren, obwohl noch massive Ängste vorhanden sind. Diese Stabilisierung kann auch als Resultat eigener Bemühungen gesehen werden (s. Kuhn 1997). Diese Anstrengungen der Klienten sollten wir als Therapeuten entsprechend würdigen.

Auch für trockene Alkoholiker, die in einer Krise wieder rückfällig werden, ist es durchaus eine Leistung, trotz des Alkoholkonsums nicht wieder automatisch die verhängnisvolle Spirale des Weiter-Trinkens mit Kontrollverlust in Gang zu setzen.

Teil-Lösungen

Manchmal gibt es auch *gute Gründe*, ein Problem aufrechtzuerhalten. Das mag absurd klingen, besonders für Klienten. Die Vorteile, die der Betreffende manchmal durch die Aufrechterhaltung eines Problems erzielt, werden häufig gar nicht gesehen. Eine Frage, die dieses anspricht, würde lauten:

- Wofür könnte die Beibehaltung eines geringen Anteils des Problems nützlich sein?

Mit dieser Frage kann man das Augenmerk auf zwei Aspekte lenken. Zum einen könnte es die Last für den Betreffenden vermindern, alle Probleme auf einen Schlag lösen zu wollen und zum anderen könnte deutlich werden, dass manches Symptom oder Problem auch eine gewisse Funktion im System des Klienten aufweist.

Hier kommt entsprechend das zum Tragen, was in der Medizin als primärer und sekundärer Krankheitsgewinn bezeichnet wird. Beim primären Krankheitsgewinn im Sinne einer Schein-Lösung verschafft das Symptom vorübergehend selbst Entlastung von innerer Spannung. Sekundärer Krankheitsgewinn wird der Vorteil genannt, den Klienten durch Symptome aus ihrer Umgebung bekommen, wie Schonung, vermehrte Aufmerksamkeit und intensivere Zuwendung.

Das ist nicht nur negativ zu sehen, sondern kann durchaus zum Genesungsprozess beitragen. Wie vieles im Leben, so hat auch dieses zwei Seiten. Vermehrte Zuwendung und Schonung können den Heilungsprozess unterstützen, ab einem gewissen Grad jedoch verhindern sie, dass der sich in der Krise befindliche Mensch selbst wieder vermehrt aktiv wird, seine Angelegenheiten zu regeln. Beispielsweise können Angst- und Paniksymptome die Funktion haben, dass sich einzelne Familienmitglieder besonders um den Betreffenden kümmern sollen. In einer Trennungskrise kann durch eine entsprechende Symptomatik der unbewusste Wunsch zum Ausdruck kommen, den anderen an sich zu binden.

Den Krankheitsgewinn, den ein Symptom verschaffen kann, ist besonders bei finanziellen Vorteilen nachvollziehbar, etwa wenn ein Rentenbegehren besteht. Was für den einen als Eingeständnis seiner Unfähigkeit gesehen wird, den beruflichen Anforderungen nicht länger gewachsen zu sein, kann für den anderen endlich die gewünschte Entlastung bringen.

Der eindrucksvollste Fall in unserer langjährigen klinischen Praxis war der einer jungen Frau, die aufgrund von Schwächesymptomen in den Beinen zweimal operiert worden war, vorübergehend im Rollstuhl gesessen hatte und nach der Psychotherapie wieder vollkommen gesund wurde. Ihre Symptomatik war geradezu ein klassisches Ausdrucksverhalten ihres inneren Konfliktes. Verkürzt gesagt, sie hatte Angst, auf „eigenen Beinen zu stehen". Nach der Trennung von ihrem Freund hatten sich diese schwerwiegenden Symptome entwickelt. Hilflos kehrte sie in die elterliche Obhut zurück. In der Psychotherapie wurde gemeinsam nach anderen Lösungen gesucht. Für sie war es zwischenzeitlich ein großer Ambivalenzkonflikt, wieder gesund zu werden, da sie dann auf ihre Rente würde verzichten müssen. Sie wagte schließlich wieder den „Schritt ins Leben" und machte eine neue Berufsausbildung.

Nun weisen jedoch nur wenige Fälle solche Dimensionen auf, aber der Aspekt, dass es auch gute Gründe für den Klienten gibt, ein Teil des Problems noch aufrecht zu erhalten, scheint uns nicht ganz unwesentlich zu sein. Als Therapeut wird man dann mit dem Klienten auch den „Preis" eines solchen „problemstabilisierenden" Verhaltens besprechen.

Entscheidungen treffen

- Nachdem Sie die Entscheidung getroffen hätten, woran könnten Sie feststellen, dass diese die richtige für Sie ist?

Häufig wird der Krisenzustand dadurch aufrecht erhalten, dass der Betreffende das Gefühl hat, „festzustecken". Eine Krise fordert auch auf zur Neuentscheidung. Für den Klienten stellt sich die Frage, ob er an Überholtem festhalten möchte, dadurch vielleicht auch sein „Unglück" stabilisiert oder ob er sich den Realitäten stellt und neue, manchmal längst überfällige Entscheidungen trifft. Verena Kast (1987, 15f) entwickelte dazu einen interessanten Gedanken: „So stecken etwa hinter vielen Anforderungskrisen eigentlich Reifungskrisen. Eine Anforderung wird für uns oft nur deshalb ängstigend, weil wir einen längst fälligen Entwicklungsschritt noch nicht gemacht haben. Die Krise zwingt uns nun, diesen Schritt – so gut wie möglich – nachzuholen."

Arbeit mit Skalen

Der Therapeut erklärt dem Betreffenden kurz das Prinzip der Skala. Beispiel: „Stellen sie sich eine Skala von 0 – 10 vor. Auf dieser Skala kreuzen Sie bitte an, wie zuversichtlich Sie sind, jemals wieder aus der Krise herauszukommen. Null bedeutet „Es wird immer so bleiben wie jetzt", zehn bedeutet „Ich bin ziemlich zuversichtlich, dass es mir schon in den nächsten Tagen wieder sehr viel besser gehen wird". Wenn der Klient dann einen Wert auf der Skala nennt, kann man mit folgender Frage weiterarbeiten, um konkrete Veränderungsschritte auszumachen:

- Wenn Sie einen Schritt zuversichtlicher wären, wovon hinge das ab?
- Nehmen wir an, die Krise wäre um einen Grad besser geworden, wer würde das als erster bemerken? (z.B. Partner, Kinder, Mitarbeiter).
- Was genau würden diese an Ihnen bemerken?

Unterschiedliche Repräsentationssysteme

Man kann von therapeutischer Seite auch versuchen, die unterschiedlichen Repräsentationssysteme des Klienten in das Krisenmanagement mit einzubeziehen. Bei seiner Schilderung des Krisengeschehens kann man heraushören, ob der Betreffende ein visueller, akustischer oder kinästhetischer Wahrnehmungstyp ist. Greift man sein Repräsentationssystem auf, kann man vielleicht den Zugang zu ihm erleichtern.

Visuelle Repräsentation:

Diesen Punkt braucht wir nicht zusätzlich zu erläutern, da die meisten Fragen in diesem Kapitel aus dieser Kategorie stammen („Wie könnte eine Verbesserung *aussehen?*" „Wenn Sie sich *vorstellen ....*"). Manche Personen können mit Fragen aus diesem Bereich jedoch wenig anfangen, entwickeln keine Ideen für eine Lösung, weil ihr Repräsentationssystem ein anderes ist. Sie können sich eine Veränderung nicht so gut *vorstellen*, sie könnten sich jedoch eine Lösung auf der kinästhetischen oder akustischen Ebene jedoch besser vergegenwärtigen. Auch daran sollte man beim Formulieren von Fragen denken.

Akustische Repräsentation:

- Was würden Sie zu sich selbst sagen, wenn Sie die Krise überwunden haben?

- Was würden andere zu Ihnen sagen, wenn sie mitbekommen, dass Sie eine Entscheidung getroffen haben? (oder: wenn Sie selbständig die Krise überwunden hätten?)

Kinästhetische Repräsentation:

- Wie würde sich das anfühlen, wenn Sie Ihre Probleme wie durch ein Wunder gelöst hätten?
- Welches Lebensgefühl hätten Sie dann, wenn Sie die Krise erfolgreich überwunden hätten?
- Welches Körpergefühl hätten Sie, wenn Sie die Krise überwunden hätten?
- Wo genau wäre dieses Gefühl lokalisiert und wie würde es sich anfühlen?

Die Fragen, wie Menschen ihr Leben vor der Krise gelebt haben, hilft oft, ihre vielen Fähigkeiten aufzuspüren.

Krisenkompetenz: Aktivierung von Ressourcen

Ein wesentlicher Teil der therapeutischen Arbeit im Umgang mit Krisen besteht darin, Ressourcen des Klienten ausfindig zu machen, die dieser zur Überwindung seiner Schwierigkeiten erfolgreich einsetzen kann.

Bei aller Dramatik des Geschehens und großer Hilfsbereitschaft des Therapeuten, sollte zu Beginn jeder Beratung und jeder Krisenintervention nicht vergessen werden, dass dieser Mensch, der sich aktuell in einer schwierigen Situation befindet, zuvor jahrelang sein Leben kompetent gemeistert hat. Dass er in den meisten Fällen eingebunden ist in ein soziales Netzwerk an Beziehungen und er selbst über ein mehr oder weniger großes Maß an Ressourcen verfügt. Wir sollten uns daher von der Grundannahme leiten lassen, dass der Betreffende auch diese Krisenzeit, – alleine oder mit therapeutischer Hilfe – in einer für ihn angemessenen Weise zu gestalten vermag. Diese Haltung würdigt verschiedene Facetten des Menschen und beleuchtet nicht nur sein Problem. Sie ermöglicht uns auch, die lösungsrelevanten Anteile innerhalb eines krisenhaften Verlaufs besser wahrzunehmen.

Wir zeigten bereits auf, dass dem Betreffenden aber in der angespannten Krisensituation jedoch nicht alle Ressourcen zugänglich sind. Das hat verschiedene Gründe. Wichtig für eine außergewöhnliche Situation wie die

Krise ist es, so viele Fähigkeiten wie möglich zu mobilisieren. Das hat eine ganze Reihe von Vorteilen. Neben der Tatsache, dass diese aktivierten Fähigkeiten zur Bewältigung der Schwierigkeiten ganz praktisch gebraucht werden, so können diese auch dazu beitragen, das erschütterte Selbstbewusstsein wieder zu stärken.

Der Blickwinkel des sich in der Krise befindlichen Klienten ist einseitig verengt. Der Blick richtet sich fast ausschließlich auf den Berg von Problemen, vor dem er ohnmächtig steht. Ein Leben nach der Krise ist kaum vorstellbar. Der Betreffende sieht sich nicht in der Lage, eine andere Perspektive einzunehmen.

Bei der therapeutischen Intervention geht es nun darum, seine Aufmerksamkeit auf bisher ausgeblendete Wahrnehmungsbereiche zu lenken, um Suchprozesse in Gang zu setzen, die in dieser Situation zu zieldienlicheren Assoziations- und Verhaltensmustern führen.

In diesem Fall richten wir ganz bewusst einmal die Aufmerksamkeit des Klienten auf seine Vergangenheit. Nicht wie in der klassischen Anamnese, um alle Tiefs im Leben und Schwierigkeiten der Vergangenheit ausfindig zu machen, sondern um herauszufinden, auf welches *Erfahrungswissen* der Betreffende im Umgang mit Krisen zurückgreifen kann. Die Art und Weise, wie der Klient schwierige Situationen in der Vergangenheit erfolgreich bewältigt hat, kann auch Einfluss nehmen auf sein aktuelles Coping-Verhalten. Das Leben eines jeden Menschen besteht aus Höhen und Tiefen. Es kann faszinierend für den Klienten sein, herauszufinden, welche Fähigkeiten ihm in der Vergangenheit geholfen haben, andere Schwierigkeiten zu überwinden. Die aktuelle Situation mag nicht identisch mit der früheren sein, aber das Gefühl, nicht weiter zu wissen, wird er vielleicht kennen.

Als Therapeut kann man in diesem Fall fragen:

- Was machte das Leben vor der Krise lebenswert?
- Was sind Sie sonst für ein Mensch, wenn Sie sich nicht gerade in einer Krise befinden?
- Erzählen Sie mir, was Ihnen im Leben wichtig ist, was Ihnen Spaß macht und was Sie bereichert.
- Welche Eigenschaften schätzen Freunde an Ihnen?
- Was würden sie selbst als Ihre Stärken bezeichnen?

In der Krise erlebt ein Mensch die ganz normalen Probleme des Alltags viel größer und viel bedrohlicher. Die Frage also, wie Menschen ihr Leben vor der Krise gelebt haben, hilft oft, ihre Fähigkeiten aufzuspüren und verbindet sie wieder ein Stück mit ihrem „früheren“ Leben, das meistens erfreulicher war als das augenblickliche. Sie spüren dann nicht mehr nur ihre Hilflosigkeit, sondern auch wieder ihre Stärken.

Trotz aller Sorgen kann der Betreffende dadurch würdigen, was in seinem bisherigen Leben gut und intakt war und ist. Der Therapeut wird gerade diesem Teil der Wirklichkeitsbeschreibung besonderes Interesse entgegenbringen. Dieses und die Wertschätzung der Fähigkeiten wird wesentlich zum Aufbau einer tragfähigen Therapeuten-Klienten-Beziehung beitragen.

Im Laufe seines Lebens hat jeder Mensch eine gewisse Kompetenz im Umgang mit Krisen und schwierigen Situationen erworben.

Frühere Krisen als Ressource

Wichtig ist, dass ein negativer Suchprozess des Klienten, nämlich in der augenblicklichen Situation nach weiteren Belegen für sein Versagen zu suchen, gestoppt und in die andere Richtung gelenkt wird. Der Mensch in der Krise mag sich vielleicht als unzulänglich und als Versager erleben. Wie er sich sieht und bewertet, ist jedoch nur **ein Teil** seiner gesamten Persönlichkeit. Viele Menschen nehmen nur ihre Schwächen wahr, nicht ihre Stärken. Ihr Selbstbild in fragmentiert. Der Suchprozess nach allgemeinen Stärken kann vielleicht dazu führen, dass der Betreffende sich sagen mag „ Ich habe in der Vergangenheit auch schon sehr schwierige Situationen bewältigt, ich werde mit etwas Anstrengung und Hilfe auch diese Krise meistern“.

Eine Informationsquelle *für Bewältigungsstrategien* ergibt sich aus der Frage, welche Lebensereignisse früher als Krisen erlebt worden sind. Nicht, um diese wiederzubeleben, sondern um zu erfahren, wie der Betreffende damit umgegangen ist. Im Laufe seines Lebens hat jeder Mensch eine gewisse Kompetenz im Umgang mit Krisen und schwierigen Situationen erworben. Dieses gibt einen deutlichen Hinweis darauf, welcher Weg im Umgang mit der aktuellen Krise möglicherweise erfolgreich sein könnte und welche Ressourcen vorhanden sind.

Lenkt man als Therapeut das Augenmerk darauf, wie der Klient andere schwierige Situationen in der Vergangenheit gemeistert hat, mögen die augenblicklichen Probleme nicht mehr so groß und die Hürden nicht mehr so hoch erscheinen. Zudem erscheinen krisenhafte Situationen aus der

Vergangenheit im Nachhinein häufig nicht mehr so schlimm wie damals. Auch wenn wir ein gewisses Quantum Erinnerungsoptimismus in Bezug auf die Vergangenheit unterstellen, so hat doch der Betreffende ohne Zweifel damals eine Lernerfahrung gemacht. Zudem ist persönliches Wachstum hinzugekommen. Er ist ein wenig kompetenter geworden. Fragen, die diesen Bereich ansprechen, sind folgende:

- Welche Ihrer vielen Fähigkeiten könnte Ihnen helfen, diese Krise zu überwinden?

Die meisten Klienten können im Krisenmoment ihre sonst vorhandenen vielen Fähigkeiten nicht adäquat würdigen. Man muss ihnen Zeit für den Suchprozess einräumen und ihnen auch Hilfestellung anbieten. Man könnte erwähnen, dass die augenblicklichen Schwierigkeiten wahrscheinlich äußerst belastend und unangenehm für den Betreffenden sind, aber dieses wahrscheinlich nicht die erste Belastung in seinem Leben ist. Es gibt daher für ihn auch eine gewisse Wahrscheinlichkeit, dass sich das Leben nach dieser Krise wieder ändern wird. Man kann auch, wenn es angebracht erscheint, darüber sprechen, wie lange diese Krise möglicherweise anhalten könnte, was impliziert, dass sie begrenzt ist. Für den Klienten ist es wichtig, ihm zu versichern, dass man für ihn da ist und ihn in diesem schwierigen Prozess begleitet.

Es ist leichter, über krisenspezifische Fähigkeiten zu sprechen, wenn man zuvor den Schatz allgemeiner Kompetenzen betrachtet hat. Hilfreich kann es auch sein, wenn man als Therapeut in dem allgemeinen Gespräch über Ressourcen und Stärken diese einfach auflistet, sich vielleicht während des Gesprächs Notizen macht. Wenn sie ihn fragen „Welche Ihrer vielen Fähigkeiten könnte Ihnen helfen, diese Krise zu überwinden?", kann man ihn diese Sammlung von Kompetenzen zunächst zurückmelden. Oftmals ist den Klienten nicht bewusst, welche Fähigkeiten sie im Laufe des Gesprächs mitteilen. Über diese Rückmeldung der Kompetenzen erfahren sie gleichzeitig eine Wertschätzung von Seiten des Therapeuten. Die Rückmeldung über Fähigkeiten hat für den Betreffenden folgende Vorteile:

- er erfährt Wertschätzung durch den Therapeuten
- es stärkt sein Selbstbewusstsein
- es ordnet seine Gedanken
- es verschafft weitere Zeit zum Nachdenken
- es leitet vertiefende Suchprozesse in positiver Richtung ein

Die Frage nach den krisenspezifischen Fähigkeiten kann einen nächsten Gesprächsabschnitt einleiten. Der Therapeut lässt sich dabei am besten detailliert beschrieben, wie eine bestimmte Fähigkeit, die der Klient nennt, schon einmal eingesetzt wurde. Man ist überhaupt interessiert an Details seiner Kompetenzen und an vielen Handlungsbeispielen. Diese positiven Erfahrungen aus der Vergangenheit lenken den Fokus auf die Hoffnung und regen die Phantasie an. Dieser Prozess fördert kreatives Denken, was erforderlich ist, wenn Neues entstehen soll. Es geht um Neuorientierung und oftmals auch um eine Neuentscheidung.

Das Umfeld des Klienten als Ressource

Wenn es um die Suche nach Ressourcen geht, müssen wir auch das Umfeld des Klienten mit berücksichtigen. Es ist außerordentlich wichtig für die Krisenbewältigung, ob ein tragfähiges Beziehungsnetz für den betreffenden Menschen vorhanden ist. Die Frage ist zu klären: Wer steht ihm nahe und kann ihm situativen Rückhalt geben? Wer kann außerdem helfen: der Ehepartner, Kinder oder andere Familienangehörige aber auch Freunde, Arbeitgeber, Ärzte.

Möglicherweise gibt es noch andere Helfersysteme. Gemeinschaftliche Bemühungen vermitteln dem Klienten das, was er vielleicht vermisst, dass sich andere für ihn interessieren und sich Sorgen um ihn machen. Aber in einigen Fällen ist das nicht unbedingt von Vorteil, auch wenn der Betreffende meint, „viel hilft viel". Eine Kontaktaufnahme mit anderen Helfern und eine Koordinierung der Bemühungen ist hierbei aus den verschiedensten Gründen anzuraten, schon um nicht unterschiedliche Zielvorstellungen zu verfolgen und die Konfusion des Ratsuchenden noch zu verstärken.

Manchmal haben sich Angehörige oder Freunde von dem Klienten abgewendet, was Ursache, aber auch Folge der Krise sein kann. Wenn sich keine weiteren Ressourcen im Umfeld des Klienten finden lassen, ist der Therapeut der einzige situative Rückhalt. Das ist dann wichtig zu wissen.

Befindet sich der Klient bereits in stationärer Behandlung, kann man das Pflegepersonal oder Praktikanten als Unterstützung hinzuziehen, sei es, dass sich der Betreffende zu verschiedenen Zeiten im Schwesternzimmer melden soll oder, dass das Pflegepersonal gezielt nach dem Klienten schaut. Praktikanten können mit dem Betreffenden vielleicht einen Spaziergang machen oder eine andere sportliche Aktivität. Nimmt der Klient an einer Gruppentherapie teil, können auch einzelne Gruppenmitglieder Halt geben.

Wie viel und welche Hilfe ist richtig?

Angehörige geben nicht nur Halt durch ihre bloße Anwesenheit. Nicht ganz unwichtig ist, wie sie sich verhalten und was sie sagen. Das kann förderlich sein, aber leider auch manchmal neue Konflikte provozieren. Ein übervorsichtiges Verhalten kann für den einen genau das Richtige sein, bei einem anderen würde es die Ängstlichkeit noch verstärken.

Nehmen Freunde oder Bekannte dem Ratsuchenden alles ab, kann das einerseits sehr bequem sein und ihm die nötige Entlastung verschaffen, es kann aber auch die Hilflosigkeit und die Regression noch fördern. Es ist somit gar nicht ganz einfach, das richtige Maß an Hilfe anzubieten.

Eine Klientin schildert, wie sie sich fühlte, als ihr nach neun Jahren eröffnet wurde, dass sich erneut ein bösartiger Tumor in der Brust gebildet habe. Sie schildert ihren Zustand, nachdem sie die Arztpraxis mit dieser Information verlassen hat: „Ich war wie im Traum. Wie geistesabwesend bin ich da durch die Gegend gelaufen. Ich habe auch nichts gesagt, meinem Sohn nicht, meinen Freunden nicht. Ich habe mir gesagt, ich brauche Zeit, um zu überlegen, ob ich mich operieren lasse oder nicht“.

Für Angehörige oder Freunde ist es nicht ganz leicht, herauszufinden, welche Form der Unterstützung sie geben sollten, die den Betreffenden nicht brüskiert und ihm weiterhilft. Die Klientin in unserem Beispiel schildert, was ihre Freundin gemacht hat, als sie ihr erstmals von der erneuten Krebserkrankung berichtete:

„Vier Wochen später war ich mit ihr zu einem Einkaufsbummel in der Stadt. Da sagte sie: ‘Also, nächstes Jahr wirst du Fünfzig. Hast du dir das schon mal überlegt, was du da machst?’ Sie ist groß, schlank, eine sehr emanzipierte Frau. Sie sagte: ‘So, jetzt reiß dich mal zusammen und bemitleide dich nicht selbst.’ Die hat mir also die ganze Einkaufsstraße rauf und runter eine Predigt gehalten. Da war ich zuerst einmal sehr klein, und dann schlug sie mir auf die Schulter und sagte: ‘So, jetzt gehen wir Kaffee trinken, jetzt nimm dich mal nicht so wichtig. Jetzt gehst du unters Messer, und die Sache ist erledigt.’ Tja, das habe ich dann gemacht. Man muss aber dazu sagen, wir kennen uns schon 30 Jahre“.

Das ist vielleicht eine recht ungewöhnliche Reaktion und manch einer würde sich in einer ähnlichen Situation gar nicht richtig verstanden fühlen. Keine leichte Aufgabe für Angehörige oder Freunde, die richtige Form von Hilfe zu geben. Die Klientin hat gerade diese direkte Art geschätzt. Sie selbst sei noch sehr durcheinander und emotional aufgewühlt gewesen. Da habe ihr die rationale Art ihrer Freundin sehr geholfen, auf den Boden der Tatsachen zurück zu kommen. Aber wer weiß schon genau, was der andere gerade braucht?

Es ist wichtig, die Erfolge des Klienten auf dem Weg aus der Krise festzuhalten.

Kleine Schritte

Aus psychologischen Gründen sollte der Klient seine Schwierigkeiten oder seine Zukunft nicht als unüberwindlichen Berg vor Augen haben. Daher ist es wichtig, kleine, überschaubare Arbeitseinheiten zu gestalten. Und interessanterweise führt nicht jeder Weg *über* den Berg, sondern manchmal auch an ihm vorbei. Das heißt auch, man sollte genügend Raum für ganz ungewöhnliche Lösungen lassen. Das ist auch eine Herausforderung an den Therapeuten, kreative Suchprozesse in ganz ungewöhnlicher Richtung zu ermöglichen.

Wie in jeder anderen lösungsorientierten Therapiesitzung, so gilt auch für die Krisenintervention, die zu bewältigenden Aufgaben in möglichst kleine Schritte zu unterteilen. Die zu bewältigenden Einheiten sollten überschaubar bleiben und keine zusätzlichen Frustrationen auslösen.

Hilfreich ist es auch, die zu bewältigenden Punkte aufzuschreiben oder an einer Tafel als mind map darzustellen. Das ermöglicht eine Sichtweise aus der Vogelperspektive. Es kann einen besseren Überblick verschaffen. Dadurch wird wiederum eine gewisse emotionale Distanz zum Geschehen geschaffen.

Man kann den Klienten auch anregen, seine Gefühle symbolhaft durch eine Imagination auszudrücken (näheres hierzu auch im Praxisteil dieses Buches). Der Klient soll bei dieser Vorgehensweise ein Bild für seine momentane Situation und seine Gefühlslage finden. Dem Therapeuten gibt dieses zusätzliche diagnostische Hinweise. Beispielsweise erhält man Informationen über den Grad der Depressivität oder über eine unterschwellige Suizidalität.

Auch für Klienten hat diese symbolhafte Vorgehensweise Vorteile. Die Emotionen werden nicht nur verbal ausgedrückt, sondern auf der nichtsprachlichen Ebene. Das kann manchmal präziser als der sprachliche Ausdruck sein. Auch diese Vorgehensweise kann das Problem etwas aus dem Fokus der Aufmerksamkeit rücken.

Wir erinnern ein Beispiel aus der Klinik. Der Klient war verbal kaum in der Lage, das Ausmaß seiner Kränkung, Hoffnungslosigkeit und Depression in Worte zu fassen. Auch konnten keine Ideen für eine Lösung entwickelt werden. Er war nur voll Zorn über seine Ehefrau, was ihm jegliche Inspiration in Bezug auf Lösungen blockierte. Erst durch eine Imagination wurde deutlich, dass er sehr gefährdet war, dass er mehr Unterstützung und Hilfsangebote brauchte, als zunächst angenommen. Dieser Klient sah sich in der Imagination in einem drei Meter tiefen Erdloch, dessen Wände bröckelig waren und das keinen Ausgang oder eine Treppe nach oben hatte. Dort kauerte er voll Angst auf dem Boden. Die Jahreszeit war düster und kalt. Im Gespräch, dem dieses Bild als Grundlage diente, wurde erstmals seine unterschwellige Suizidalität deutlich.

In der anschließenden Hypnotherapie arbeiteten wir weiter auf der Symbolebene und versuchten ungewöhnliche Lösungen. Zunächst konnte er keine helfende Hand oder sonstige unterstützenden Maßnahmen imaginieren. Es wurde deutlich, dass die Kommunikation auch ganz real zu fast allen Bezugspersonen abgerissen war. Auch als es ihm schließlich auf der bildhaften Ebene gelang, aus dem Loch herauszukommen, war die Landschaft, in der er sich dann befand, öde, leer und sehr abweisend. Als wir ihn nach der Übung ganz gezielt auf mögliche suizidale Gedanken ansprachen, war er erleichtert. In diesem Fall war es sogar angezeigt, ihm kurzzeitig Medikamente anzubieten.

Weiterhin auf dem „Weg der kleinen Schritte" ist wichtig, die Erfolge bei der Bewältigung der Krise festzuhalten. In vielen Fällen machen wir den Vorschlag, sich ein „Erfolgsbuch" zuzulegen, in das auch winzige Verbesserungen und Aktivitäten, die eine Überwindung gekostet haben, es wert sind, festgehalten zu werden. In der nächsten Therapiesitzung kann der Therapeut die erreichten Verbesserungen noch einmal in den Mittelpunkt der Aufmerksamkeit stellen und seine Anerkennung für die erreichten kleinen Erfolge aussprechen.

Was müsste ich tun, um möglichst bald wieder in ähnlich große Schwierigkeiten zu geraten?

Prävention: Die Bewältigung zukünftiger Krisen

Eine therapeutische Vorgehensweise in der Krisenbewältigung war, die Lösungsstrategien aus der Vergangenheit zu aktualisieren und auf ihre Tauglichkeit im Hinblick auf die Bewältigung der gegenwärtigen Schwierigkeiten zu prüfen. Ebenso können wir gegen Ende der Therapie einen Zeitsprung nach vorne machen und zukünftige Krisen antizipieren.

So wäre es hilfreich im Sinne der Krisen*prävention*, die bewährten Lösungsmuster, die gerade gefunden wurden, nicht sofort wieder zu vergessen. Anders ausgedrückt: Man kann nach erfolgreicher Krisenbewältigung noch besprechen, was der Klient tun müsste, um möglichst bald wieder in ähnlich große Schwierigkeiten zu geraten.

Diese Vorgehensweise hat wieder eine Reihe von Vorteilen. Erstens wird die Zeitperspektive wieder über den aktuellen Krisenzeitpunkt hinaus in die Zukunft verlagert. Zweitens erfahren die jetzt neu erworbenen oder wieder praktizierten Fähigkeiten einen weiteren Bedeutungsgewinn über die aktuelle Situation hinaus. Sie werden plötzlich Rüstzeug für künftige Krisen. Drittens wird die Möglichkeit künftiger Krisen nicht gedanklich verdrängt. Ihnen wird auch eine gewisse Normalität auf dem Lebensweg eingeräumt, was ihnen die Dramatik nehmen kann. Unterschwellige Ängste können besprochen werden. Viertens kann das Einkalkulieren künftiger Krisen die Wahrscheinlichkeit für deren Auftreten erheblich vermindern. Der Betreffende wird manchen Schritt bewusster und reflektierter machen. So kann er selbst dazu beitragen, dass einige Schwierigkeiten erst gar nicht auftreten, soweit sein Verhalten vorher dazu beigetragen hat. Er hat sozusagen einen Notfallkoffer bei sich, was ihm Sicherheit geben kann.

Fragen, die den Auswertungsprozess im Hinblick auf zukünftige Krisen einleiten können, sind folgende:

Auslöser für neue Krisen

- Was müssten sie tun, um eine ähnliche Krise selbst wieder herbeizuführen?
- Was müsste geschehen, damit es Ihnen baldmöglichst wieder so schlecht geht wie zu der Zeit, als Sie zur Beratung kamen?
- Was müssten andere Personen tun, um wieder eine Krise bei Ihnen auszulösen?
- Wer könnte dieses am besten? Was genau müsste er/sie tun?

Diese Fragen können, abhängig vom Grad externer Auslöser, einiges zur Vermeidung künftiger Krisen beitragen. Auf schwere Schicksalsschläge, Unfälle oder Todesfälle von Angehörigen wird man keinen Einfluss haben, aber vielleicht darauf, wie stark handlungsunfähig einen diese Ereignisse machen. Vielleicht kann man die Folgereaktionen auf diese Ereignisse etwas steuern, dass die Trauer nicht zu Depression und die Aggression nicht zum Suizid führt. Vielleicht hat jemand durch diese Krise auch gelernt, frühzeitig Freunde oder Angehörige um Hilfe zu bitten, um somit eine Zuspitzung zu vermeiden.

Jemand, der Mobbing am Arbeitplatz erfahren hat, könnte sich eventuell frühzeitiger juristische Hilfe holen, bevor er in Verzweiflung gerät. Und so gibt es viele Beispiele, bei denen eine Art „Frühintervention“ die Eskalation wird verhindern können.

Das Denkmodell, eine Krise auch absichtlich herbeiführen zu können, schafft einen gewissen Freiheitsgrad der Bedrohung gegenüber. Und sobald man erkennt, dass man auch einiges selbst zur Krisenentwicklung beigetragen hat, kann man dieses auch künftig unterlassen oder anders machen. Der Betreffende kann vielleicht seine Meinung relativieren, dass er bisher nur den Mächten des Schicksals ausgeliefert gewesen sei. Daraus eröffnen sich wieder Ideen für Handlungsmöglichkeiten, die vorher nicht zugänglich waren. Der Betreffende sieht, dass er selbst auch bis zu einem gewissen Grad Gestalter seiner Zukunft ist.

Achten auf Krisenvorzeichen

Krisen brechen nicht in allen Fällen aus „heiterem Himmel“ herein, sie kündigen sich oftmals auch an. Krankheiten machen sich durch diskrete Symptome bemerkbar. Unwohlsein und leichte Funktionseinschränkungen können die ersten Anzeichen sein, die man noch zu ignorieren versucht.

Eine Frage, die sozusagen den Nachsorgeprozess der Krisenintervention einleitet, könnte dementsprechend lauten:

- Wenn sich wieder eine Krise schleichend anbahnt, worauf müssten Sie besonders achten, um gegen zu steuern?

Die Krankheitsgeschichte beispielsweise von schizophrenen Klienten wurde dadurch geprägt, dass die Krise häufig durch das akute Einbrechen wahnhafter Denkinhalte ausgelöst wurde. Eine Situation, die sie verständlicherweise als stark ängstigend und bedrohlich erleben. Diesen Personen wäre sehr geholfen, wenn sie Vorzeichen der Krankheit besser erkennen könnten.

Klienten, die nach einer akuten Krankheitsphase an einer stationären, lösungsorientierten Rehabilitationsmaßnahme (siehe Kuhn, 1997) teilnahmen, konnten sehr davon profitieren, dass unter anderem auch die Wahrnehmung für diskrete Krankheitssignale trainiert wurde. Zum Teil konnten daraufhin gute Bewältigungsstrategien entwickelt werden. Auch gehört es zur Behandlung, dass dann frühzeitig auch mit Medikamenten gegen gesteuert werden kann. Auch bei Klienten aus dem Suchtbereich kündigen sich solche kritischen Phasen an, in denen die Konflikte und damit die Rückfallgefährdung zunehmen. Psychotherapeutische Unterstützung kann einen Rückfall dann sogar verhindern. Im therapeutischen Gespräch wird man versuchen, die unterschiedlichen Ebenen wie Denken, Fühlen, Handeln zu beleuchten.

Auch in Paarbeziehungen finden wir häufig eine ganz unterschiedliche Wahrnehmung, wie die Entwicklung bis zur Krise verlaufen ist. Plötzlich bricht die Beziehung auseinander, wo vorher doch für die Beteiligten alles in Ordnung schien. Der Entschluss zur Trennung steht jedoch immer erst am Ende einer Entwicklung. Bei näherer Betrachtung stellt sich jedoch heraus, dass die Kommunikation immer eingeschränkter wurde oder die Gereiztheit zunahm. Auch wird der Bruch oftmals erst dann offensichtlich, wenn einer der Ehepartner mitteilt, dass er schon seit geraumer Zeit eine neue Beziehung habe. Vieles von den dann offensichtlichen Schwierigkeiten kündigt sich jedoch frühzeitig an.

Diese Beispiele zeigen, dass lösungsorientierte Krisenintervention mehr ist, als die Entschärfung einer akuten Dramatik. Durch ihre Orientierung auf die Zukunft leistet sie auch einen Beitrag zur Prävention

Manchmal ändern sich auch Werte und Einstellungen durch die Krise.

4. Phase: Neuorientierung

Die gesamte Bearbeitung der Krise erfolgte bereits unter der Prämisse der Neuorientierung. Zunächst wurden Einstellungen reflektiert und Fähigkeiten bewertet, ebenso neue Ideen geboren. Auch gehörte in manchen Fällen ein Abschied von unrealistisch gewordenen Vorstellungen dazu. Nun geht es noch um eine Neu-Gestaltung des Lebens nach überwundener Krise.

In vielen Fällen ist es eine Illusion, zu glauben, das Leben könnte ungeachtet der schweren Erschütterung des Lebens in den gleichen Bahnen wie zuvor weiter verlaufen. Auch wenn manchmal die äußeren Lebensbedingungen gleich geblieben sind, so haben sich doch vielleicht Einstellungen oder Werte verändert. Das, was einem Menschen vorher extrem wichtig war, hat vielleicht nach der Neuausrichtung des Lebens seinen Reiz verloren, weil man die Erkenntnis gewonnen, hat etwas anderes ist wesentlicher für das eigene Leben und für das Glück. Einstellungen oder Bewältigungsstrategien, die ihre Gültigkeit verloren haben oder nicht mehr zufriedenstellend funktionieren, sollten jedoch gewürdigt werden, in dem Sinne, dass sie auch eine wichtige Funktion im bisherigen Leben gehabt haben.

Nach einer Krise hat sich in nicht wenigen Fällen auch die Realität geändert. Selbst wenn wir es nicht möchten, müssen wir uns vielfach umstellen, müssen wir uns den neuen Gegebenheiten anpassen. Nach einer Trennung vom Ehemann mag eine Leere eintreten. Eine neue Beziehung ist zu diesem Zeitpunkt noch nicht in Sicht. Nach der Pensionierung müssen vielleicht neue Lebensinhalte gefunden werden, die den Platz der Arbeit einnehmen, wenn diese früher einen sehr zentralen Stellenwert eingenommen hat.

Eine Krankheit mag sich zwar gebessert haben, aber vielleicht muss man künftig mit ihr leben. Für Menschen, die nach einem schweren Unfall große Narben zurückbehalten haben oder gar den Rest des Lebens im Rollstuhl verbringen müssen, hat sich deutlich etwas verändert. Eine Familie, in der ein Mitglied an Alzheimer erkrankt ist, wird sich sogar auf eine Verschlimmerung der Situation einstellen müssen. Menschen, die einen geliebten Angehörigen durch Tod verloren haben, merken, dass nun dieser Platz für immer leer bleiben wird. Personen, die von Berufswegen eine Schusswaffe tragen und im Einsatz einen Menschen erschossen haben, müssen sich mit Zweifel und Schuld auseinandersetzen. Personen, die aus Kriegsgebieten geflohen sind, erleben einen kompletten Umbruch ihrer bisherigen Lebenssituation. Und so gibt es unzählige Beispiele, bei denen eine Rückkehr zum ursprünglichen Status ganz ausgeschlossen ist. Auch werden manches Mal Ängste und Unsicherheiten weiterbestehen, weil man die eigenen Grenzen kennen gelernt hat. Es mag die Erkenntnis gewachsen sein, doch nicht so perfekt und unerschütterbar zu sein, wie man zuvor geglaubt hat.

Und so erweitert sich die Frage von der Neuorientierung zur Neu-Gestaltung. Neue Lebensziele gehören dazu, aber auch die Gestaltung der Rahmenbedingungen –Arbeit, Familie, Freunde etc – und manchmal auch die Beschäftigung mit den eigenen Lebens-Werten. Die Gestaltung des Lebens unter ganz veränderten Bedingungen kann deshalb ein längerer Prozess sein, der über die ursprüngliche Krisenintervention weit hinaus geht. Kleine Schritte und die Unterteilung eines Ziels in realistische und zu bewältigende Einheiten ist hierbei äußerst wichtig, um persönliche Erfolge zu erzielen und das Selbstwertgefühl wieder zu stärken.

III. Teil

Fallbeispiele

Oft ist es eine einfache Aufgabe, Dinge komplex zu machen, aber eine komplexe Aufgabe, Dinge zu vereinfachen.

Steve de Shazer

7. Einleitung zum Praxisteil

Im Einleitungskapitel dieses Buches wurde kurz dargestellt, welche Einstellungen und Verhaltensweisen einige Menschen in besonderer Weise dazu befähigen, mit Krisensituationen leichter fertig zu werden. Danach wurden ausführlich gewisse Grundprinzipien der Krisenbearbeitung dargestellt, wobei „Die Kunst des Fragens“ im lösungsfokussierten Sinne einen zentralen Stellenwert einnahm. Die einzelnen Phasen der Krisenintervention wurden genauer betrachtet und Beispiele für ein strukturiertes Vorgehen angeboten.

Im Praxisteil, sollen diese Prinzipien nun anhand ausgewählter Beispiele detailliert in **ihrer Anwendung** dargestellt werden. Schwerpunkt dieses Teils wird es sein, zu zeigen, wie auf dem Hintergrund des theoretischen Wissens und der speziellen Methoden, individuelle Lösungen gefunden werden. Auch hierbei kommt der Reaktivierung von Ressourcen des Klienten eine besondere Bedeutung zu.

Krisenintervention hat häufig auch etwas mit Kreativität zu tun, was selten so gesehen wird. Die besten Interventionen des Autors bauten oft auf ungewöhnlichen Ideen auf. Einige solcher Beispiele sollen nun vorgestellt werden, die damit gleichzeitig auch die **Vielfalt der Vorgehensweisen** aufzeigen.

Bei der Konzeption dieses Praxisteils wurden drei Hauptziele verfolgt:

1. Die Arbeitsweise des Krisentherapeuten sollte für denjenigen, der sein Wissen vertiefen möchte, aber auch für den außenstehenden Laien **transparent gemacht** werden. Dazu dient die wörtliche Wiedergabe des Gesprächablaufs und die **Aufschlüsselung von Mikro-Prozessen.**

2. Die einzelnen therapeutischen Schritte bzw. Interventionen sollen für einen Außenstehenden **nachvollziehbar** sein. Dazu dienen die eingefügten Kommentare, um die verschiedenen Denkebenen des Therapeuten während des Therapieprozesses aufzuzeigen. Sie verdeutlichen auch die Komplexität von Krisenintervention, die auf der Oberfläche erst einmal nicht sofort sichtbar wird. Darüber hinaus wird erläutert, wie

subtil die Wirkung von Worten sein kann und welche Bedeutung demzufolge der Wortwahl des Therapeuten zukommt.

3. Es sollten weitere wichtige Themen im Zusammenhang mit der Krisenintervention (Zwangseinweisung, Gefährdung des Personals, Grenzen der Verantwortung etc) oder ergänzende Sachinformationen (z.B. Symptome der Psychose, Informationen über Medikamente etc.) in diese Beispiele integriert werden, um deren Relevanz für die unmittelbare Praxis aufzuzeigen.

Dieser Praxisteil wird als eine Art **Manual** verstanden. Deshalb wird der Ablauf einer Krisensitzung in vollem Umfang dargestellt. Es werden aber auch alternative Vorgehensweisen und deren Konsequenzen für den therapeutischen Prozess diskutiert. Dann wird begründet, weshalb sich der Therapeut für eine bestimmte Formulierung oder für gerade diesen Interventionsschritt entschieden hat und weshalb zu diesem Zeitpunkt. Es ist nicht ganz unerheblich, den jeweils günstigsten Zeitpunkt einer Frage oder Anregung zu finden, um den Klienten auch innerlich zu erreichen.

Zur Aufbereitung der Krisensitzungen ist Folgendes zu sagen: Die wörtlichen Wiedergaben aus den Krisensitzungen sind Abschriften von Video- oder Audioaufzeichnungen. Die Gespräche mit Patienten etwa auf dem Flur sind natürlich Gedächtnisprotokolle. Es ist anzumerken, dass die Videoaufzeichnungen von Krisensituationen mehr durch Zufall zustande kamen, weil in manchen Fällen zuvor vereinbart wurde, einige Sitzungen zu internen Fortbildungszwecken aufzuzeichnen, oder weil die Kamera gerade aufnahmebereit im Raum stand und nur kurz um die Erlaubnis eines Mitschnitts gebeten werden musste. Auch hing es davon ab, ob man dem Klienten in einer ohnehin schwierigen Situation noch zumuten konnte, dieses aufzunehmen.

Die Transkripte sollen einen möglichst lebendigen und authentischen Eindruck der Sitzung vermitteln. Die Kommentare zu den einzelnen Interventionsschritten sind grau unterlegt. Für denjenigen, der den kontinuierlichen Prozess der Kriseninterventionssitzung nachlesen möchte, ist es dann leichter, die Kommentare zu überspringen.

Es wird beschrieben, wie eine wertschätzende und ressourcenfördernde Atmosphäre aufgebaut werden kann und wie diese eine Grundvoraussetzung für effiziente Lösungen ist. Der Leser erfährt etwas über Krisen bei Frauen und Männern, bei jüngeren Personen, bei Klienten mittleren Alters und bei alten Menschen – die häufig in Büchern über Krisen ausgespart werden. Er wird etwas über akute, ganz dramatische Krisensituationen erfahren und etwas über eher schleichende Entwicklungsverläufe. Es wird aufgezeigt, welche Bedrohungen Krisen auch für den betreffenden Krisentherapeuten oder für das Personal oder Mitpatienten darstellen können, wenn beispielsweise unkontrollierbare Aggressionen oder gar Mordgedanken im Spiel sind.

Der Leser erhält weiterhin Informationen über den Einsatz von Medikamenten in Krisensituationen und darüber, wie man vorgehen kann, wenn Medikamente notwendig wären, aber aufgrund einer Abhängigkeitserkrankung nicht gegeben werden dürfen.

Er wird etwas erfahren über Menschen in Krisen, die begleitend zu ihrer psychischen Krise bedrohliche körperliche Krankheiten (z.B. Diabetes, Blutdruckkrise) haben oder wie es Menschen geht, die aufgrund einer Psychose in eine Krise geraten, wie dann aber auch eine ungewöhnliche Intervention zu einer Krisenprophylaxe führen kann.

Es werden die Vorteile der lösungsfokussierten Krisenintervention aufgezeigt und die Möglichkeit, dieses mit anderen Methoden zu kombinieren, wie z.B. mit Imaginationen oder der Hypno-Therapie. Dieses wird besonders an einem Beispiel von Prüfungsangst verdeutlicht.

Es werden abwechselnd kürzere und längere Kriseninterventionen beschrieben. Manche umfassten fünfzehn Minuten, andere eine Stunde oder länger. Es wird jedoch jeweils nur auf die erste Krisensitzung bezug genommen. In einigen Fällen sind weitere Sitzungen nötig gewesen, um das Erreichte zu stabilisieren oder weitere Aspekte zu bearbeiten. Betont wird aber jeweils der Aspekt der **Kurzzeittherapie.** Somit wird auch sichtbar, wie viel oft durch eine einzige Psychotherapiesitzung erreicht werden kann. Durch die sehr unterschiedlichen Beispiele sollen dem Krisentherapeuten Anregungen gegeben werden, sein Repertoire an **therapeutischen „Tools“** zu erweitern.

8. Ein Pulverfass vor der Explosion

1. Fallbeispiel: **Aggressive Zuspitzung einer Krise**
Herr B., 23 Jahre

Überblick

- 23-jähriger Mann mit **hohem Aggressionspotential. Alkoholabhängigkeit** bei bestehen einer **Angstneurose** auf dem Hintergrund einer **Borderline-Störung.**
- hochakute Krise mit drohendem **Verlust der Impulskontrolle**
- aktueller interpersoneller Konflikt mit Gruppenmitgliedern, der **alte Traumata** wiederbelebt
- Es besteht nicht nur eine **Gefahr** für den Patienten selbst, sondern **auch für andere Personen**, für Patienten oder das Klinikpersonal.
- Der Patient erwägt einen **Therapieabbruch.**
- Es wird beschrieben, wie ein **vertrauensvoller Kontakt** zum Patienten aufgebaut wird, wie **überschießende aggressive Impulse reguliert** werden, um das Denken wieder in geordnetere Bahnen zu lenken und damit die eigenen **Ressourcen zugänglich** zu machen. Hierbei spielen **Komplimente** eine wichtige Rolle.
- **Medikamentöse Unterstützung** ist angezeigt
- Eröffnung **neuer Zeit- und Handlungsperspektiven**.

Dauer der Krisenintervention: 15 Minuten

Vorbemerkungen

Herr B. ist ein 23-jähriger Mann, der zu diesem Zeitpunkt seit acht Wochen stationär in einer Klinik für alkoholabhängige Männer und Frauen behandelt wird. Seine Grunderkrankung ist jedoch eine Angstneurose bei Vorliegen einer Borderline-Störung. Die immer wieder durchbrechenden Panikattacken hatte er in der Vergangenheit mit dem Konsum von Alkohol unter Kontrolle zu bekommen versucht. Insgesamt wirkt der junge Mann sehr impulsgestört, was sich vor allem auch auf aggressive Impulse bezieht. Er ist sehr leicht aufbrausend und sehr leicht kränkbar.

Folgendes Verhalten ist sehr auffällig: Herr B. klagt sehr häufig über ganz wechselnde Beschwerden, wie Schmerzen im Knie, Luftnot, dann wieder

Schlafstörung oder Herzbeschwerden. Seine Beschwerden sind 1. nicht zu objektivieren und 2. nur von kurzer Dauer. Einerseits klagt er über diese starken körperlichen Einschränkungen, andererseits nimmt er beispielsweise an der Sporttherapie teil und ist dort ausgelassen und körperlich vollkommen fit. Weder die Therapeuten noch die Patienten können dieses wechselvolle Verhalten einordnen. Das Behandlungsteam kommt zu dem Schluss, dass das fortwährende Klagen über die unterschiedlichsten Symptome auch die Funktion hat, die Aufmerksamkeit auf sich zu lenken, Zuwendung besonders von der Therapeutin zu erhalten. Er scheint die Symptome wie eine Eintrittskarte zu benutzen, sich für die Sprechstunde beim behandelnden Arzt oder der Therapeutin anmelden zu können.

In der Gruppentherapie kam dieses Verhalten am Morgen vor dem Ausbruch der Krise zur Sprache. Der Patient mag sich dadurch vielleicht „enttarnt" gefühlt haben.

Herr B. hatte schon am Morgen angekündigt, eventuell die Therapie demnächst abbrechen zu wollen, weil die Gruppe ihn nicht verstehe und er sie „blöd" fände. Dabei hatte das Team erst kurz vorher seinem Wunsch entsprochen, die Gruppe wechseln zu dürfen, zu Patienten, mit denen er schon einiges in der Freizeit machte und bei denen er sich besser aufgehoben fühle. Mit der vorherigen Gruppe sei er „nicht klar gekommen", wie er sagte. Aber wie sich herauskristallisierte, ist wohl nicht die Gruppe das Problem, sondern seine Grundmuster der Kommunikation.

Die Situation spitzte sich am Vormittag außerhalb der Gruppe weiter zu, sodass ein vollkommen aufgebrachter Patient zur Therapeutin kommt, die sich der Situation nicht gewachsen fühlt und um Unterstützung durch den ärztlichen Leiter der Klinik bittet.

Das kurze Krisengespräch mit dem Patienten wird hier wiedergegeben und die einzelnen Interventionsschritte kommentiert.

Verlauf des Gesprächs und Kommentar

Th: Sagen Sie doch einfach einmal, wie es Ihnen im Moment geht.

Pat.: Schlecht geht es mir.

Th: Was ist denn im Moment?

Pat.: Dass ich so viel grübele. Dass ich mich da immer noch wieder rein steigere.

Th.: Worum geht es eigentlich? Was ist denn vorgefallen?

Pat.: Der G., *(ein Mitpatient)* der mischt sich überall ein. *(erzählt etwas unzusammenhängend eine relativ unbedeutend erscheinende Begebenheit)* Da wurde er aggressiv, und dann wollte ich schon einen Gullydeckel ihm um die Ohren schmeißen.

Th: So aggressiv wurden Sie da?

Pat.: Ja, ich hatte Glück gehabt, dass mich einer zurückgehalten hat.

Zunächst ist wichtig, nach den Gefühlen des Patienten zu fragen. In einer akuten Krise ist der Betreffende meist sehr aufgewühlt. Er braucht in diesem Moment auch Verständnis. Dann wird versucht, ein paar Fakten zu sammeln. Das kann dazu beitragen, dass sich der Patient emotional nicht noch weiter in seine Aggression hineinsteigert und sich die Situation etwas abkühlt.

Th.: Ist denn das sonst auch so, dass Sie sagen, 'da können Sie aus der Haut fahren'. Gibt es auch sonst ähnliche Situationen zu Hause?

Pat.: Ja.

Th.: Ja?

Pat.: Das kommt daher, dass ich so schlimme Sachen durchgemacht habe: Bundeswehr, Kosovo, so viel Tote da gesehen. Anders kenne ich das gar nicht, dass ich so aggressiv werde.

Der Therapeut versucht abzuklären, ob es ein einmaliges Geschehen ist oder ob er – bildlich gesprochen – „auf einem Pulverfass" sitzt. Das ist zunächst wichtig, um herauszufinden, welche Hilfe der Patient braucht, aber auch, ob andere Patienten oder auch das Klinikpersonal möglicherweise ernsthaft bedroht sind.

Th.: Als Sie im Krieg gewesen sind, da müssen Sie das ja auch irgendwie verarbeitet haben. Wie haben Sie das damals gemacht?

Pat.: Mit Alkohol.

Th: Mit Alkohol? Hatten Sie da auch mal diese aggressiven Gefühle, wie Sie sie jetzt haben?

Pat.: Ja, noch schlimmer.

Die Frage zielt darauf ab, nach bereits vorhandenen Lösungsmodellen Ausschau zu halten, die ihm vielleicht in dieser aktuellen Krise gerade nicht zugänglich sind. Herr B. hat bisher für Konflikte eine Lösung – den Alkohol – gefunden, um sein hohes Erregungsniveau zu dämpfen. Auf die Dauer ist dieses jedoch keine Lösungsstrategie, die Sinn macht, denn sie ruft längerfristig gesehen mehr Schwierigkeiten hervor, als sie beseitigt. Neben den vielen körperlichen Symptome des Alkoholismus hat dieses bereits bei ihm zu erheblichen zwischenmenschlichen Problemen geführt, nicht nur in seiner Partnerschaft.

Der Krisentherapeut fragt dann nach dem Ausprägungsgrad der damaligen Aggression. Wenn die Aggression immer wieder in der Heftigkeit wie an diesem Vormittag zutage tritt, wird deutlich, dass der Patient schon sehr lange mit einem ausgeprägten Spannungsgefühl bzw. mit der Angst vor dem Ausbrechen der Aggressionen lebt.

Th.: Und die konnten Sie mit Alkohol dann zudecken?

Pat.: Ja.

Th.: Dann ist das für Sie ja hier eine besondere Herausforderung oder auch eine besondere Situation. Wenn Sie jetzt nicht trinken, kommen diese aggressiven Gefühle ja, wie Sie merken, richtig zum Tragen.

Der Patient mag die immer wieder heftig auftretenden Aggressionsimpulse als Bedrohung empfinden. Der Therapeut schlägt nicht in dieselbe Kerbe, sondern deutet dieses um und stellt es dar als besondere Herausforderung für Herrn B. Der Patient verurteilt möglicherweise sich selbst für seine Aggressionen. Der Therapeut möchte ihn aber in Bezug auf die Selbstvorwürfe etwas entlasten. Eine Herausforderung aber ist ein positiv gefärbter Sachverhalt. Außerdem steckt in dieser Aussage auch ein verstecktes Kompliment: Herr B. wirft nicht die Flinte ins Korn, sondern arbeitet an sich, möchte lernen, mit den Aggressionen besser umzugehen. Der zweite Satz des Therapeuten unterstreicht noch einmal, dass diese Verhaltensänderung noch dadurch erschwert wird, dass er **nicht** trinkt und somit nicht nur die Aggression auszuhalten hat, sondern **auch noch dem Trinkdruck widerstehen** muss. Auch das ist ein indirektes Kompliment.

Pat.: Ja, Albträume habe ich. ....immer die ganzen Toten .... damals im Kosovo gewesen. Da habe ich dann ..... im Manöver ... da habe ich dann einen totgefahren. Dann habe ich auch noch einen Bruder verloren. – Ich habe noch sieben Geschwister. – Der Älteste ...

Th: Einen Bruder verloren, wodurch? Der ist verstorben?

Pat.: Nee, der hat eine Freundin gehabt, die waren beide..., hatten was getrunken der hat 3,8 (Promille) auf dem Kessel gehabt. Dann ist die durchgedreht, dann hat sie ein Messer mitgenommen, oben hier auf der Seite *(zeigt die Stelle des Einstichs stellvertretend an seinem Körper)* reingestochen und genau die Hauptschlagader getroffen. Da ist er verblutet.

Th.: Die Freundin hat das gemacht?

Pat.: Ja.

Pat.: Dann habe ich meinen besten Kumpel verloren durch einen Autounfall. Der hatte überhaupt keinen Alkohol getrunken. Das alles zu verarbeiten, das geht von heute auf morgen nicht so leicht. Damit habe ich schon ewige Zeit zu kämpfen. Mein Bruder ist schon fünf Jahre tot, und trotzdem kämpfe ich noch damit.

Th.: Wie versuchen Sie das denn zu verarbeiten?

Pat.: Ich kann das gar nicht verarbeiten. Mir geht alles durch den Kopf. Plötzlich kommt alles wieder hoch.

Es wird deutlich, dass unter der Oberfläche eine ganze Reihe traumatischer Erfahrungen liegen, die dafür verantwortlich sind, dass seine Reizschwelle sehr niedrig ist, sodass verständlich wird, weshalb er auf aktuelle Konflikte außerordentlich heftig reagiert.

Die Schilderungen von traumatischen Erfahrungen klingen in dieser Anhäufung für einen Außenstehenden schon recht extrem: 1. Er hat mit dem Panzer jemandem im Kosovokrieg totgefahren. 2. Sein Bruder wurde von dessen Freundin erstochen. 3. Sein bester Kumpel kam bei einem Autounfall ums Leben.

Da der Patient auch immer wieder über sehr merkwürdige körperliche Empfindungen gesprochen hat, was nicht in diesem Gespräch zum Ausdruck kommt, aber was er der Therapeutin gegenüber erwähnt hat, ist zu überlegen, ob dieses alles in der geschilderten Weise den Tatsachen entspricht, oder ob nicht psychotische oder prä-psychotische Erlebnisinhalte mit hineinspielt. Das muss nach dieser Krisenintervention weiter abgeklärt werden. Dann ist zusätzlich die Gabe eines Medikaments indiziert. Hier in der aktuellen Krisenintervention ist nicht der richtige Zeitpunkt, auf mögliche psychotische Vorerfahrungen einzugehen, da der aktuelle Konflikt nicht durch ein psychotische Symptome gekennzeichnet ist.

Th: Alkohol steht jetzt allerdings nicht zur Verfügung. Ich denke mir, dadurch spitzt sich die Situation bei Ihnen auch noch einmal besonders zu, oder? – Die Mitpatienten in der Gruppe, wissen die eigentlich darüber Bescheid?

Pat.: Nee.

Th.: Aber irgendwie gibt es da Konflikte. Kann das sein, dass... –

Pat.: Ich habe das auch mitgekriegt. Bevor sich das zuspitzt, bevor ich da durchdrehe, ja, da habe ich mich lieber zurückgezogen.

Th.: Sie haben ja etwas Schlaues gemacht. Sie haben sich ja auch an die Therapeutin gewandt, auch an die Ärztin und an die Nachtschwester. Das war ja sehr besonnen, statt mit einem Gullydeckel jemanden zu erschlagen. Aber vielleicht reicht das nicht aus an Unterstützung. Wir haben Sie dann ja auch in ein Extrazimmer gelegt. Wie war denn das für Sie? So dass Sie ein bisschen aus dem Brennpunkt herauskamen.

Pat.: Da finde ich dann ein bisschen Ruhe, nicht viel, aber ein bisschen.

Th: Ja.

Der Therapeut fragt, ob die Gruppenmitglieder, mit denen er ja in der Freizeit zusammen ist, über seine angespannte innere Lage Bescheid wüssten. Wenn diese informiert wären, würde das die Lage wahrscheinlich etwas entschärfen, da er ja auch noch versucht, dieses alles vor den anderen zu verbergen.

Dem Patienten wird ein Kompliment gemacht: „Sie haben ja etwas Schlaues gemacht". Dann werden die Lösungs-Schritte hervorgehoben, die er **selbst** unternommen hat, damit sich die Situation nicht weiter zuspitzt. Dadurch wird auch deutlich, dass er sich bis zu einem gewissen Grad auch selbst steuern kann und diesen aggressiven Impulsen nicht ganz hilflos ausgeliefert ist.

Pat.: Das alles jetzt zu verarbeiten, was Montag vorgefallen ist und das andere alles zu verarbeiten...

Th.: Sie hätten ja auch sagen können: 'Ich breche die Therapie ab.'

Pat.: Na, wollte ich doch! Das wollte ich doch auch schon!

Der Therapeut artikuliert die Gefahr, dass er in einer solchen Situation auch ganz unüberlegt die Therapie hätte abbrechen können. Man sollte als Therapeut auch manche Gefahren benennen, wenn man den Eindruck hat, dieses könnte ein nächster Schritt sein. Genauso, dass man als Therapeut – wenn man den Eindruck hat, dieses könnte zutreffen – fragt, ob er auch einmal daran gedacht habe, sich etwas anzutun (Suizidgedanken abklären). Diese Gefahr kann durchaus bestehen. In der aktuellen Konfliktsituation richten sich die aggressiven Impulse jedoch gegen andere. Dieses kann sich aber schnell umkehren, sodass sich akute Suizidgefahr einstellt.

Hilfreich ist es, ganz naheliegende Dinge von Seiten des Therapeuten anzusprechen, wie die Möglichkeit, dass er auch die Therapie hätte abbrechen können. Die Tatsache, dass er noch da ist, sollte hervorgehoben werden, denn es scheint ihm etwas daran zu liegen. Das ist wieder ein indirektes Kompliment, dass er also an sich arbeiten möchte. Der Therapeut zeigt damit auch Verständnis, dass er sich in seine Situation hineindenken kann.

Th: Aber irgend etwas hat Sie dann auch hier gehalten.

Pat.: Na, ich hatte mit Frau P. *(der Therapeutin)* noch ein Gespräch gehabt. Und wo ich schon so gute Fortschritte gezeigt habe.

Th: Ja, eben, sie haben ja schon eine Menge Fortschritte gemacht.

Der Patient folgt der Sichtweise der Therapeutin, dass ein Abbruch keine wirklich gute Lösung wäre. Den erreichten Fortschritt möchte er nicht gefährden. Er bekommt noch einmal ein Kompliment in Form einer Bestätigung „ja, eben ...“.

Pat.: Sie hat gesagt ‘Das bringt jetzt nichts, wenn Sie abbrechen’. Denn dann würde ich nachgeben, und die anderen würden sich freuen, nicht?

Th.: Eben. Und außerdem würden Sie ja Ihre Probleme wieder mit nach Hause nehmen.

Pat.: Na sicher.

Th: Wie könnte man die Situation denn hier ein bisschen entschärfen, dass Sie ein bisschen mehr Ruhe kriegen, und dass der Konflikt mit der Gruppe ein bisschen eingedämmt wird? Haben Sie da eine Idee?

Als Krisentherapeut hat man vielleicht gleich bestimmte Ideen im Hinterkopf, was der Patient bräuchte. Lösungsorientierte Therapie will aber die Lösungsideen der Patienten selbst aufspüren. Man kann ihn darum direkt fragen, denn Patienten wissen oder spüren auch, was ihnen gut tun würde.

Pat.: Ich habe zwar schon zwei Tage Zeit gehabt, die aber nicht genutzt.

Th.: Haben Sie denn mitbekommen, wie die Gruppe darauf reagiert?

Pat.: Habe ich gestern mitgekriegt.

Th: Ja, und?

Pat.: So ein bisschen..., wie soll ich das sagen..., auch so ein bisschen aggressiv.

Th: Fühlen Sie sich ein bisschen ausgestoßen von der Gruppe?

Pat.: 50 : 50, würde ich mal sagen.

Th.: Ja? Kränkt Sie das, oder macht Sie das aggressiv, wenn die Gruppe irgendwie wenig mit Ihnen zu tun haben will?

Pat.: Nee, innerlich habe ich Wut.

Th: Ja? Was würden Sie dann am liebsten tun bei dieser Wut?

Pat.: Da könnte ich – vielleicht hört sich das irgendwie pervers an, – aber da könnte ich ab und zu mal jemandem den Hals umdrehen.

Behutsam wird jetzt versucht, nachdem so etwas wie ein „vertrauensvolles Bündnis" aufgebaut wurde – der Patient fühlt sich emotional angenommen, verstanden und der Aggressionspegel ist etwas gesenkt – noch einmal den Blick auf den Konflikt mit der Gruppe zu lenken. Massive Wut ist vorhanden. Da er sich so wenig im Griff hat, besteht wirklich eine ernsthafte Gefahr für die Gruppenmitglieder oder das Personal, wie z.B. die Nachtschwester, die dann alleine auf den Stationen ist. Es bedarf wirklich nur eines kleinen Zündfunkens, um das Fass zur Explosion zu bringen. Und in diesem Fall ist im Anschluss an das Gespräch zu überlegen, welche Sicherungsmaßnahmen man für die Umgebung einbaut oder ob der Patient nicht in die Akutpsychiatrie verlegt werden müsste. Hier ist die Frage: Kann die momentane Krisenintervention die weiteren Gefahren für Patient und Umgebung abwenden? Vielleicht müssen weitere Hilfspersonen oder andere Institutionen in den aktuellen Fall mit einbezogen werden. Krisenintervention ist somit auch immer wieder ein **Abwägen** der Risiken und Maßnahmen und beinhaltet eine große **Verantwortung**.

Th.: Ja? Also, so stark ist die Wut? Nun haben Sie das ja **nicht** gemacht? Wie haben Sie es hingekriegt, dass Sie demjenigen noch nicht den Hals umgedreht haben? Das ist ja eine spannende Frage.

Pat.: Innerlich hat meine Stimme gesagt, 'Jetzt gehst du irgendwo alleine hin, jetzt gehst du da raus, und gehst in dein Zimmer rein!'

Th: Also, Sie haben eine innere Stimme, die Sie beruhigt?

Pat.: Ja.

Der Therapeut weist nicht als erstes auf Sanktionen hin, falls andere Personen in der Klinik Gewalt angedroht werden sollte. (Es ist aber durchaus wichtig, die Grenzen zu verdeutlichen, was in der Klinik toleriert wird und was nicht). Er hebt vielmehr die Tatsache hervor, dass Herr B. sich regulieren konnte. Erst möchte er seine Lösungswege erfahren, wie er dieses hinbekommen hat. Erst später wird er auf die tolerierbaren Grenzen hinweisen.

Das Instrument der Selbstregulation ist in diesem Fall die „innere Stimme“ des Patienten. Jeder hat so eine innere Instanz. In diesem Fall sollte man aber besonders aufmerksam sein, ob es sich nicht um wirkliche Stimmen im Sinne der Kardinalsymptome einer Schizophrenie handelt (innere Stimmen hören, kommentierende Stimmen, Gedanken-laut-Werden). Aber dieses kann wieder zu einem späteren Zeitpunkt abgeklärt werden. Es sollte dann eine genauere Diagnostik in dieser Hinsicht gemacht werden. Zu diesem Zeitpunkt wird hervorgehoben, dass **er** selbst eine Möglichkeit hatte, sich zu beruhigen.

Th: Ist ja irgendwie clever, nicht?

Pat.: Ja.

Th.: Haben Sie schon mal drüber nachgedacht: Das ist ja eine gute Einrichtung, so eine innere Stimme zu haben, die Sie beruhigt.

Pat.: Manchmal klappt das auch nicht, ne.

Th: Und dann sind Sie raus gegangen. Was haben Sie dann gemacht?

Pat.: Dann bin ich in mein Zimmer gegangen.

Th.: Wurde das weniger, oder staute sich das wieder auf und wurde das mehr?

Pat.: Dann ging es wieder eine ganze Weile gut, und nachher kam alles wieder hoch, ganz plötzlich, ich weiß nicht, woher.

Th: Gut. Aber wenn es so ganz brenzlig ist, ist es für Sie hilfreich, aus diesem Brennpunkt raus zu gehen!

Pat.: Ja. Das ist noch die beste Art.

Der Patient erhält wieder ein Kompliment (”das ist ja clever”) für eine solch erfolgreiche Strategie der Selbstregulation. Es wird eine weitere Möglichkeit der Selbststeuerung hervorgehoben, nämlich dass er sich heraus begibt aus dem Brennpunkt der Aggression. Er verlässt das Zimmer. Dem Patienten wird vermittelt, dass er das gut gemacht hat.

Th: Haben Sie das früher auch so gemacht?

Pat.: Nee.

Th.: Wie haben Sie das denn früher gemacht?

Pat.: Ja, da habe ich den ...äh ... verprügelt! Da war ich außer Kontrolle dann.

Th.: Also kann man sagen, Sie haben schon etwas dazugelernt. Und ich finde, Sie haben eine **besonders schwierige Sache hinzugelernt**: mit diesen Sie überflutenden Gefühlen umzugehen. Da kann man sich oft nicht beherrschen, bei solchen starken Aggressionen, wenn Sie jemandem den Hals umdrehen wollen. Sie sagten, die Freundin Ihres Bruders hat Ihren Bruder erstochen, die hatte solche Aggressionen, die sie nicht beherrschen konnte.

Nun ist es ja auch so, dass Sie als Gruppe wieder zusammenfinden sollten, denke ich. So ein bisschen sind Sie für die vielleicht auch ein rotes Tuch, weil die nicht wissen, was mit Ihnen los ist. Die reagieren sehr heftig, und dann schaukelt sich das natürlich auch hoch, nicht?

Der Patient mag es als Versagen erleben, dass er seine überschießenden Aggressionen erneut kaum im Griff gehabt hat. Der Krisentherapeut hebt jedoch eine andere Sichtweise auf die Dinge hervor, nämlich die Leistung, in einer solchen Situation **nicht** „auszurasten“. Er hat schon etwas durch die Therapie hinzugelernt und gleich praktiziert. Das mag ihm vielleicht auch zu bedenken geben, dass es unsinnig wäre, die Therapie abzubrechen, da er ja auf dem besten Wege ist.

Herr B. befindet sich zu diesem Zeitpunkt in einem kooperativen Dialog mit dem Therapeuten. Er scheint sich verstanden und angenommen zu fühlen, die Emotionen sind etwas abgekühlt und er kann seine Fähigkeiten anschauen und nicht nur sein Versagen. Jetzt ist der Zeitpunkt, um auf den ursprünglichen Konflikt mit der Gruppe zurückzukommen. Der Blick soll in die Zukunft gerichtet werden. Die Gruppe soll ja wieder zusammenfinden, um arbeitsfähig zu sein.

Pat.: Ja, ich habe auch überlegt, ob ich die anderen am Montag hätte ansprechen können. Dann hätte ich sagen können: ‘Das und das hast du falsch gemacht.’

Th: Was hätten Sie dann gemacht?

Pat.: Dann hätte ich mir das angehört, hätte dem Rest der Gruppe gesagt: 'OK, ich sage dazu nichts, ich lasse mir alles durch den Kopf gehen.' Und dann Dienstag würden wir in der Gruppentherapie mit der Therapeutin darüber sprechen können. Dann hätte ich da meine Meinung zu gesagt.

Th: Das haben Sie gestern in der Gruppe aber auch ganz gut gemacht. – Ich glaube, die Gruppe ist genauso ein Stückchen überfordert wie Sie, wenn Sie so im aktuellen Konflikt sind.

Pat.: Ich habe aber gesagt '50 : 50'. *(Er meint, er habe das schon teilweise angesprochen).*

Das Krisengespräch ist bereits nach wenigen Minuten an einem Punkt angekommen, wo der Patient an seine vorhandenen Ressourcen anknüpfen kann, um lösungsorientiert vorzugehen. Herr B. hatte sich bereits überlegt, ob er das in der Gruppe ansprechen sollte. Das ist eine enorme Leistung für ihn. Er, der die anderen als blöd bezeichnete und sich selbst als im Recht sah. Damit tritt er innerlich ein Stück zurück vom Konflikt und kann ihn anders einordnen. Er tritt auch ein Stück zurück von sich selbst und kann über sich selbst reflektieren. Das konnte er bisher kaum. Die Aggressionen hatten bisher oft sein Denken eingeengt oder gar blockiert.

Er erhält wieder ein Kompliment für den Mut, dass er gestern versucht hatte, schon etwas anzusprechen. Der Therapeut versucht, ihn ein Stückchen zu entlasten, indem er sagt, dass nicht nur er, sondern auch die ganze Gruppe mit diesem massiven Konflikt etwas überfordert war. Das lässt ihn nicht alleine „im Regen stehen".

Th.: Ich führe mit Ihnen ein Gespräch, weil wir das hier in der Klinik sich nicht weiter zuspitzen lassen wollen.

Pat.: Ich will das auch nicht so weit kommen lassen.

Th: Aber ich denke auch, Sie werden eine Menge daraus lernen, wenn Sie diese schwierige Situation durchstehen. Und die Gruppenmitglieder haben ja ähnliche Probleme. Die haben auch Aggressionen und wissen nicht, wie sie darauf reagieren sollen. Da sind Sie ja nicht der einzige. Und die gehen ja auch hoch. Das hätte vielleicht auch bald eine Schlägerei gegeben. Die können aus der ganzen Situation auch etwas lernen. Nun müssen wir gucken, dass sich das nicht weiter zuspitzt, dass es Handgreiflichkeiten gibt; das geht hier in der Klinik nicht!

Der Therapeut hebt hervor, dass dieses Gespräch nicht zur Bestrafung dient, wenn der Leiter der Klinik mit eingeschaltet wird, sondern weil die Mitarbeiter der Klinik aus einer gewissen Fürsorge heraus sich um ihn kümmern. Die Konflikte sollen sich nicht weiter zuspitzen. Es werden aber auch ganz klare Grenzen aufgezeigt, dass Gewaltandrohungen oder Handgreiflichkeiten nicht zu dulden sind und zum sofortigen Beenden der Therapie führen würden.

Pat.: So weit würde ich es auch nicht kommen lassen. Oder möchte ich nicht.

Th.: Sie können sich ja bis zu einem gewissen Grade selbst steuern.

Pat.: Bis zu, sagen wir, 50 Prozent.

Th: 50 Prozent? Wie stark ist es im Moment **nachts**, wenn diese ganzen Albträume und Erlebnisse hoch kommen?

Pat.: Ich würde mal sagen, 85 Prozent. Dann komme ich nicht zur Ruhe, dann habe ich Schlafstörungen, das kriege ich mit.

Th.: Also, 85 Prozent ist **nicht** steuerbar?

Pat.: Ja, nachts kann ich bloß 15 Prozent steuern!

Weitere Ressourcen werden aufgespürt, Selbststeuerungsmechanismen werden angesprochen. Es macht auch noch einen Unterschied, ob diese innere Unruhe tagsüber oder nachts auftritt. Nachts kann er 85 Prozent der Unruhe und der Aggressionen **nicht steuern**. Das ist ein großes Gefahrenpotential – für ihn selbst, aber auch für die Mitpatienten und die Nachtschwester. Wieder sollten ernsthafte Überlegungen angestellt werden, ob man dieses Risiko in diesem Moment eingehen kann oder ob man ihn in eine psychiatrische Klinik verlegt, zumal in diesem Hause nur ärztliche Rufbereitschaft besteht und kein Bereitschaftsarzt anwesend ist. Es ist also eine sehr verantwortungsvolle Entscheidung, die vom Krisentherapeuten getroffen werden muss.

Th: Aha. Also ist das eine ziemliche Macht, die auf Sie da einstürmt. Manchmal ist es hilfreich, Medikamente zur Unterstützung zu nehmen. Haben Sie da schon mal früher etwas bekommen?

Pat.: Wegen der Angst habe ich mal Tropfen gekriegt, aber die habe ich ja nicht mehr. Die Angst habe ich zwar noch, aber die Angst habe ich ja schon unter Kontrolle.

Th.: Ja, wir haben schon einmal drüber gesprochen, dass Sie starke Angst hatten, und Sie auch nach Hause gehen wollten, weil die Angst Sie überflutete.

Das Medikament, was ich Ihnen anbieten würde, könnte diese ganze Gedankenflut ein bisschen reduzieren, dass das nicht so mit Wucht hereinbricht. Es ist nicht direkt ein Beruhigungsmittel, aber damit Ihre Gedanken mal ein bisschen geordneter werden, sodass Sie ein Problem nach dem anderen angucken und bearbeiten können. Jetzt sind ja alle gleichzeitig da. Als wenn alle Probleme gleichzeitig durch eine Tür wollten, um bearbeitet zu werden, das bringt nichts.

Die Frage ist, welche Hilfen man dem Patienten noch anbieten kann. Wenn er nur 15 Prozent steuern kann, dann genügt ein zusätzlicher harmloser Anlass und der Patient verliert die Kontrolle. Es wird ihm ein Medikament zur Unterstützung angeboten – nicht, um ihn in eine „chemische Zwangsjacke" zu zwängen. Es ist wichtig, dieses auch als eine Unterstützung deutlich zu machen, sonst erlebt er es als etwas Aufgezwungenes. Die positive Wirkung wird hervorgehoben, dass sich die Gedanken etwas ordnen können, um die Probleme eines nach dem anderen später bearbeiten zu können. Hierauf kann sich Herr B. einlassen.

Pat.: Daran will ich ja auch arbeiten, dass ich das unter Kontrolle kriege.

Th: Ja. Vielleicht ist es eine Unterstützung, wenn wir das medikamentös noch machen. Und wir haben ja auch überlegt, die Therapeutin und ich, Ihnen so ein Stückchen Entlastung zu verschaffen. Diese ganzen Sachen, die sich im Moment so zugespitzt haben, müssen Sie ja erst einmal verdauen. Frage: Wenn wir Sie diese Woche aus der Gruppe rausnehmen würden, wie wäre das für Sie?

Pat.: Da kriege ich erst mal ein **bisschen Ruhe**, sagen wir mal ... nicht 100 Prozent, aber 50 Prozent auf jeden Fall.

Th: Das ist für Sie hilfreich?

Pat.: Ja.

Eine Teil-Lösung kann es auch sein, die ursprünglich angedachte Lösung zeitlich etwas aufzuschieben, weil sie den Patienten zum gegenwärtigen Zeitpunkt noch überfordert. Der Therapeut tastet sich behutsam vor und fragt ihn, wie es wäre, ihn für eine begrenzte Zeit aus der Gruppe zu nehmen. Diese ist eine diffizile Frage, denn bei manchen Patienten kann unterschwellig der Eindruck entstehen, er sei für die Gruppe nicht mehr tragbar. Er könnte dieses auch als eine Form der Bestrafung ansehen, zumal vor geraumer Zeit zugestimmt wurde, dass er sich diese Gruppe selbst wählen durfte. Aber diesen Vorschlag, etwas Ruhe zu bekommen, nimmt er dankbar auf. Sich für einige Zeit aus dem Zentrum des Konfliktes zu begeben, kann sehr hilfreich sein. Aus einem gewissen Abstand heraus kann man die Situation dann neu bewerten.

Th.: Sie fühlen sich nicht abgeschoben?

Pat.: Nee, nee!

Th: Wirklich?

Pat.: Das ist auch für mich lehrreich. Da kann ich mir in Ruhe Gedanken machen. Da kann ich so überlegen, was habe ich falsch gemacht, was kann man noch verändern, was kann man besser machen?

Es ist erstaunlich, wie selbstreflektierend Herr B. sich und die Situation einschätzt. Er ist eigentlich sonst eher ein sehr schlichter und impulsiver Mensch. Die Antwort gehen fast ein wenig in Richtung „soziale Erwünschtheit“.

Th.: Also, das ist für Sie ein unheimlich hartes Stück Arbeit, das hinzubekommen. Sie würden aber auch gern in dieser Gruppe bleiben?

Pat.: Un... ungern.

Th: Wie sind denn Ihre Gedanken dazu, was haben Sie sich überlegt?

Pat.: Ja, wie ich gestern mitgehört habe, ... wie die Gruppe ...

Th: Die wollen Sie loswerden?

Pat.: Ja!

Th.: Ich sagte ja vorhin, die können auch eine Menge daraus lernen. Die wollen sich diesen Problemen – ihren eigenen Problemen – auch nicht stellen.

Ein hilfreiches Prinzip der therapeutischen Arbeit kann es sein, immer wieder die Meinung des Patienten einzuholen, was er von den überlegten Schritten hält. In diesem Fall, zu fragen, was er sich weiter vorgestellt hat, ob er wieder in die Gruppe zurückgehen möchte, die er ursprünglich einmal als für ihn geeignet ausgewählt hatte. Die Gefahr bei dieser Entscheidung – lieber nicht wieder in die Gruppe zurück zu gehen – ist, dass er damit noch kein Rüstzeug erworben hat, mit künftigen Gruppenkonflikten besser umzugehen. Er könnte das „Lösungsmodell“ erwerben, dass Weglaufen die bessere Lösung sei. Deshalb wird der

Lerneffekt für ihn und die Gruppenmitglieder hervorgehoben. Aufgabe des Gruppentherapeuten wird es später sein, hier zu vermitteln.

Pat.: Die sollen sich aber an die eigene Nase fassen. Die haben nämlich selber Probleme, und nicht dass einer ankommt und zu mir sagt: 'Ja, **du** hast das Problem. Das interessiert uns nicht.' Ich habe meine eigenen Probleme.

Th.: Wenn Sie jetzt rausgehen würden aus der Gruppe, würden Sie denen auch eine Chance nehmen zu lernen, mit ihren eigenen Aggressionen umzugehen. Dann machen Sie es denen leicht, und Sie gehen in eine andere Gruppe; schon brauchen die sich nicht mehr darum zu kümmern, um ihre eigenen Anteile. Das wäre noch zu überlegen, ob das gut wäre. Sie könnten ja in eine andere Gruppe gehen, wir haben das auch überlegt, und Sie haben sich ja auch schon eine ausgeguckt, nicht? – Ich sehe auch noch, dass Sie dann wieder das alte Verhalten zeigen: 'Ich komme da nicht klar. Ich habe Konflikte, ich habe Probleme, ich haue ab, ich gehe irgendwo anders hin.' Das heißt, Sie nehmen sich wieder die Möglichkeit, ein neues Verhalten auszuprobieren.

Pat.: Wenn ich in Haus 1 gehe *(mit den Patienten dieser Station hat der Patient bereits Kontakt und scheint besser auszukommen als mit den Patienten von Haus 5, mit denen er zusammen wohnt und die Gruppentherapie macht)* da kann ich mich ganz normal hinsetzen und sagen: 'Ich habe das und das Problem. Die können wenigstens zuhören'. Dann sagen die: 'OK, das und das kannst du noch verändern, oder?"

Th: Also, die sind auch ein Stückchen netter zu Ihnen?

Pat.: Ja, sicherlich.

Th: Frau P. *(die Therapeutin)* sprach das ja gerade an: Sie stellen sich – oder haben sich oft Ihren Problemen nicht gestellt und sind abgehauen. Was gab es denn da für Situationen, in denen Sie dann abgehauen sind?

Pat.: Ich bin nach H. *(weit entfernt gelegene Stadt)* abgehauen ....

Th.: Ja, und was war das für ein Problem?

Pat.: Weil das alles wieder hoch kam. Und das Problem und so, da hatte ich so viele Probleme gehabt. Da hat bloß das i-Pünktchen noch gefehlt.

Th: Also, die Probleme hatten Sie **innerlich**?

Pat.: Ja.

Th.: Aha. Und Sie dachten, wenn Sie wegrennen, dann...

Pat.: ... dann lösen die sich von alleine, aber so war das gar nicht!

Th: Insofern ist es ja gut, dass Sie für sich entschieden haben, auch hier zu bleiben, und an dem Problem zu arbeiten, dass es besser wird. Denn wenn Sie wieder wegrennen – auch wenn das hier hart für Sie ist – nehmen Sie ja Ihre Probleme mit.

Ich denke, wir kriegen das hin. Wir kümmern uns ja sehr intensiv auch um diese Thematik in der Gruppe und bei Ihnen. Sodass wir das gemeinsam hinkriegen, dass es Ihnen insgesamt hinterher besser geht.

Gemeinsam wird versucht, anzuschauen, wie er bisher ähnliche Konflikte zu lösen versuchte. Das Modell „weit weg zu rennen" scheint nicht funktioniert zu haben. Also wäre es nicht so sinnvoll, es wieder zu praktizieren. Es wird herausgearbeitet, dass der Konflikt **innerlich** ist. Er hat ja schon die Erfahrung gemacht, dass diese Spannung ihn begleitet, auch wenn er einen noch so entfernten Ort aufsucht. Herr B. erhält wieder ein Kompliment, dass er schon einmal den Ansatz gemacht hat, etwas anders auszuprobieren, denn er hat sich bis zu diesem Zeitpunkt ja dazu entschieden, noch in der Klinik zu bleiben und an diesem Gespräch teilzunehmen. Die Frage ist, ob man an diese Bereitwilligkeit später therapeutisch anknüpfen kann. Es wird daher angeboten, dass die Gruppentherapeutin ihm in der Sitzung, in der er sich damit näher beschäftigen möchte, Hilfestellung geben kann, wenn er das möchte.

Pat.: Die sollen mal so viel durchmachen, was ich durchgemacht habe, so viele Tote gesehen habe. Da gucken doch die meisten weg, das habe ich schon mitgekriegt. Wenn man mit denen reden will, dann..., dann sagen sie: 'Ach, habe keine Zeit.' Oder die meisten sind gar nicht da, mit denen man reden kann.

Th: Ja, wir werden das noch ein paar Tage überlegen mit dem Gruppenwechsel. Sie sind ja in der Gruppe sowieso nicht drin im Moment. Und ich würde Ihnen Medikamente vorschlagen, und weiterhin haben Sie engen Kontakt zu der Therapeutin Frau P. Wenn irgend etwas ist, wenden Sie sich an unser Personal, auch wenn Frau P. am Wochenende nicht da ist. Wenden Sie sich an unser Personal, das ist besser, als wenn Sie irgendwas Kopfloses machen. Ja?

Herr B. will wieder an alte Muster anknüpfen, anderen für sein Verhalten die Schuld zu geben. Es bringt therapeutisch aber gar nichts, sich auf eine Diskussion darüber einzulassen. Der Therapeut fasst dann noch einmal zusammen, was in den letzten 15 Minuten zusammen erarbeitet wurde und auf welche Maßnahmen man sich geeinigt hat. Außerdem wird eine mögliche schwierige Situation für ihn antizipiert, nämlich das bevorstehende Wochenende, die Situation, wenn die Gruppentherapeutin nicht unmittelbar zur Verfügung steht. Welche anderen Wege kann er dann beschreiten, wo kann er sich dann Hilfe holen?

Pat.: Das, was ich auch nicht verstehe, dann habe ich Probleme, und will mit der Gruppe nicht drüber reden, aber wenn ich dann zur Therapeutin gehe, dann haben die sich auch wieder aufgeregt.

Th.: Wenn Sie mit Gruppe 1 besser reden können, dann reden Sie mit denen, als überhaupt nicht zu reden, ja? Fressen Sie nicht alles in sich rein.

Pat.: Der Neue aus Haus 5, der kann wenigstens zuhören. Das ist der einzige Vernünftige.

Erneut macht Herr B. Vorwürfe. Dieses Verhalten ist am besten dadurch zu „löschen", dass man als Therapeut nicht weiter darauf eingeht. Sonst besteht die Gefahr, wieder den Konflikt in den Vordergrund zu stellen statt die gemeinsam erarbeitete Lösung.

Th.: Gut. Wir vereinbaren das mal so, und ich verschreibe Ihnen auch ein Medikament. Gut. Dann lassen wir das Gespräch mal so hier stehen.

Wir war das für Sie, dass wir uns überhaupt darüber unterhalten haben?

Pat.: Ich bin erleichterter.

Th.: Ja?

Pat.: Es kann mir jetzt wenigstens geholfen werden.

Th: Und Sie merken vielleicht auch, dass das wirklich eine schwierige Situation ist.

Pat.: Klar.

Th.: Wo Sie auch Unterstützung brauchen.

Pat.: Vorher habe ich gedacht: ‘Ein Problem – ach – das löst sich von alleine, oder was. Da schnippe ich mit dem Finger und dann ist das weg. So ist es aber gar nicht.

Th: Also, ich habe große Hochachtung vor Ihnen, dass Sie so kämpfen, das muss ich wirklich sagen. Manchmal verliert man den Mut, aber dann kommen Sie zu uns und holen sich Unterstützung, ja? Es wird für Sie vielleicht noch ein oder zwei Wochen dauern, in denen es für Sie ganz, ganz schwierig ist, aber dann geht es auch bergauf.

Pat.: Jeder muss mal klein anfangen. So will ich jetzt auch anfangen. Unten wieder anfangen, wo ich jetzt stehengeblieben bin.

Th.: OK. Dann beenden wir das mal. – Gut.

Der Krisentherapeut fasst noch einmal zusammen, was erarbeitet wurde und dass Herr B. ein Medikament erhält. Weiterhin fragt er aber auch, ob das Gespräch für ihn etwas gebracht hat. Dadurch soll noch einmal bewusst gemacht werden, dass er selbst es war, der sich die notwendige Hilfe geholt hat, dass er selbst es war, der dazu beigetragen hat, dass es ihm jetzt besser geht. Er erhält vom Krisentherapeuten noch ein Kompliment. Dieser drückt seine Hochachtung vor ihm aus, wie er für sich selbst kämpft. Dann wird dem Patienten noch eine Zeitperspektive genannt, die ihn vielleicht etwas vor Ungeduld schützen kann. „Es wird noch ein oder zwei Wochen dauern ... dann geht es bergauf". Das ist eine realistische Einschätzung des Therapeuten, wenn an den Lösungen in der konstruktiven Weise wie bisher weitergearbeitet wird. Herr B. wird auch mit einer Hoffnungs-Perspektive aus dem Gespräch herausgehen.

Nachbemerkungen

Die Krisenintervention dauerte lediglich 15 Minuten. Es ging darum, die aktuelle Konfliktlage etwas zu entschärfen. Bei einem großen Aggressionspotential und mangelnder Impulskontrolle bestand nicht nur Gefahr für den Patienten selbst. Hier sind weitere Entscheidungen abzuwägen gewesen. Die Unterstützung durch ein Medikament war in diesem Fall angezeigt. Um die Krise aufzulösen, ist es dann wichtig, das Augenmerk auf die Zukunft zu richten. Herausgearbeitet wurden auch die Konsequenzen, dass ein Therapieabbruch seine Probleme nicht löst. Die Krise insgesamt war durch diese Intervention nicht beseitigt. In den nächsten Stunden und Tagen ist eine unterstützende Krisenbegleitung notwendig gewesen.

9. Ein schleichender Suizid

<u>2. Fallbeispiel</u>: **akute körperliche und psychische Krise**
Herr W., 70 Jahre

Überblick

- 70-jähriger Mann, **verbittert** und unterschwellig aggressiv
- **Krisen-Erstgespräch**. Akute stationäre Aufnahme.
- **medizinisch-psychologischer Notfall** mit selbstgefährdendem Verhalten bei **Esssucht und diabetischer Vorerkrankung**
- Es wird beschrieben, wie man sich als Therapeut vor einem **Machtkampf** mit dem Patienten **schützt**, den er offenbar aufgrund seiner Vorgeschichte zu führen gewohnt ist. (Drei Therapeuten habe er schon „verschlissen."). Es wird gezeigt, wie hilfreich auch ein **konfrontatives Vorgehen** sein kann, das trotzdem **viel Empathie** beinhaltet.
- Themen: **Krise im Alter,** Verbitterung, **Abschiednehmen von Illusionen.**
- Herausarbeiten **neuer Perspektiven für ein sinnerfülltes Leben** für die noch verbleibenden Jahre.

Dauer der Krisenintervention: 25 Min.

Vorbemerkung

Der 70-jährige Patient Herr W. wird vom Hausarzt als medizinisch-psychologischer Notfall angekündigt, der akut stationär aufgenommen werden müsse, da sich sonst die Situation noch weiter krisenhaft zuspitze. Der genaue Sachverhalt ist jedoch zu diesem Zeitpunkt noch nicht bekannt. Am Tag zuvor hatte ein ärztlicher Kollege ihn medizinisch untersucht. Der Patient gibt an, eine „Fresssucht" zu haben. Zudem wurden medizinisch bedrohliche Blutzuckerwerte festgestellt. Die hier gegebene Darstellung gibt den therapeutischen Erstkontakt wieder.

Der ärztliche Kollege und die Krankenschwestern beschreiben ihn von den ersten Eindrücken her als sehr nörgelnd. Er habe sich den anderen Patienten gegenüber bereits in den wenigen Stunden, in denen er erst in der Klinik sei, sehr unverschämt verhalten und würde quasi alle andern verachten.

Verlauf des Erstgesprächs und Kommentar

Th.: Was müsste in dieser Stunde passieren, damit Sie, wenn Sie nachher hier aus dem Zimmer gehen, sagen könnten, dass das Gespräch für Sie hilfreich oder wichtig gewesen ist.

Pat.: Ich brauche Hilfe, um meine Esssucht zu bändigen. Ich habe lebensbedrohliche Blutzuckerwerte.

Nach ein paar Begrüßungsworten fragt der Therapeut **nicht** die Leidensgeschichte des Patienten ab. Einige Sachverhalte wurden ihm bereits durch den Kollegen, der den Patienten am Vortage untersucht hatte, mitgeteilt. Der Patient scheint eine hohe Erwartungshaltung zu haben und mit nichts zufrieden zu sein (die Krankenschwestern gaben Informationen darüber, wie er sich ihnen und anderen Patienten gegenüber verhalten hat). Mit dem ersten Satz des Therapeuten werden gleich die Erwartungen abgeklärt und auch möglichen Enttäuschungen vorgebaut.

Th.: Was könnten Sie tun?

Pat.: Ich müsste erreichen, dass ich im Essen nicht mehr Tröstungen suche.

Der Therapeut sieht es nicht als **seine** Aufgabe an, gleich Maßnahmen zu überlegen, die lebensbedrohlichen Blutzuckerwerte in den Griff zu bekommen. Er könnte Medikamente verordnen oder eine bestimmte Diät ansetzen, aber es geht in diesem Fall um etwas anderes. Es geht um die Compliance, inwieweit der Patient bereit ist, etwas umzusetzen – oder herauszufinden, ob will er nur klagen will?

Th.: Sie gehen irgendwie lebensgefährlich mit sich um.

Pat.: Bisher habe ich für den Zucker nur Tabletten genommen und damit habe ich den Zucker in den Griff bekommen.

Der Therapeut nennt die Dinge beim Namen. Die **Verantwortung des Patienten** selbst für diesen lebensbedrohenden Zustand wird betont. Eine Lösung liegt nicht darin, neue oder wirkungsvollere Medikamente einzusetzen, um die Blutzuckerentgleisungen wieder zu regulieren.

Th.: Sie haben unkontrolliert gegessen, der Blutzucker stieg und dann haben Sie Tabletten genommen. Jetzt reicht das nicht mehr aus. Die Auswirkungen des sich selbst gefährdenden Verhaltens konnten Sie bisher mit Tabletten gegenregulieren. Meinen Sie nicht, dass es an der Zeit ist, umzudenken, sich anders zu verhalten? Warum gefährden Sie sich so?

Pat.: Ich finde die Monotonie meines Lebens zum Kotzen. Keiner braucht mich, keiner will mich, ich dämmere so dahin. Ich bin seit 15 Jahren solo.

Th.: Das hört sich deprimierend an.

Pat.: Ich habe keinerlei Kontakt zu meinen Kindern, die sind 33 und 36 Jahre. Die wollen nichts mehr von mir wissen. Ich habe kaum Kontakt zu anderen Menschen. Ich habe ein Handikap, zwei kaputte Knie und Schmerzen.

Th.: Haben Sie sich isoliert?

Pat.: Ich bin Sozialhilfeempfänger.

Das Essverhalten hat hier mehrere Funktionen. Einerseits mag er sich dadurch selbst etwas Zuwendung geben, andererseits hat es eine sehr autoaggressive Komponente. Er kann die Söhne nicht bestrafen, weil sie sich nicht um den Vater kümmern (vielleicht hat deren Rückzug aber auch mit dem brüskierenden Verhalten des Vaters zu tun). So scheint er sich selbst zu bestrafen. Vielleicht ist seine Annahme, dass sich die Söhne mehr um ihn kümmern würden, wenn es ihm nur schlecht genug ginge. In seinen Aussagen kommt ein sehr großes Selbstmitleid zum Ausdruck. Die Frage stellt sich, ob er durch sein Klagen die entsprechende Zuwendung von Therapeuten erhält oder erhalten möchte. Möchte er aber wirklich an sich und seiner Zukunft arbeiten?

Th.: Wie war es vorher?

Pat.: Da ging es mir richtig gut. Ich hatte ein Millionenvermögen aufgebaut. Nach der Scheidung vor 17 Jahren bin ich Konkurs gegangen. Alles, was ich in 14 Jahren aufgebaut hatte, war dahin.

Er berichtet, dass er sehr erfolgreich in der Werbebranche tätig gewesen sei und später einen eigenen Verlag aufgebaut habe. Dadurch habe er beruflich sehr viel Bestätigung bekommen und sehr viel Geld verdient. Persönlich sei es ihm jedoch nicht gut gegangen, menschlich sei er nicht zufrieden gewesen.

Pat.: Ich hatte Schlafstörungen. Ich habe Barbiturate genommen und tagsüber Tranquilizer, habe viel Kaffee getrunken und wieder Beruhigungsmittel genommen. Die ganze Palette von R. *(Pharmakonzern, der u.a. Beruhigungsmittel herstellt)* habe ich geschluckt. Alle Schlaftabletten, die ich kriegen konnte, habe ich geschluckt. Zehn Jahre habe ich Psychotherapie bekommen und drei Therapeuten habe ich verschlissen.

Was kündigt er mit dieser Aussage an? Wird dieser neue Therapeut sich in die Liste der unfähigen Therapeuten einreihen müssen? Es scheint hier inhaltlich um Aggressionen zu gehen, die er an anderen und an sich auslässt. Therapeuten zu „verschleißen", ist eher als Vernichtungsakt zu sehen. Üblicherweise versucht ein Mensch in Not mit ihrer Hilfe wieder auf die Beine zu kommen. Wenn er beruflich nicht erfolgreich ist, sollen es andere – in diesem Fall der Therapeut – auch nicht sein.

Es ging dem Patienten vielleicht auch darum, anderen zu beweisen, wie stark er ist, so stark, dass Therapeuten sich an ihm die „Zähne ausbeißen". Die Diagnose lautet wohl: „Koriphäen-Killer-Syndrom". Es scheint weniger ein Wunsch nach Hilfe zu bestehen, als Macht auszuüben sowie destruktive Energie loszuwerden. Er wendet diese Aggressionen nicht nur gegen andere Menschen in seiner unmittelbaren Umgebung (Mitpatienten und Krankenschwestern in der Klinik), sondern auch gegen sich selbst. Es ist zu vermuten, dass Herr W. unbewusst einen Kampf mit dem Therapeuten ausfechten möchte. Als Therapeut könnte man eigene Aggressionen mobilisieren, weil man sich als „Blitzableiter für Aggressionen" missbraucht fühlen könnte. Deshalb sollte man an dieser Stelle sehr auf der Hut sein, was man sagt, was als Einladung zu einem Kampf aufgefasst werden könnte.

Th.: Sie wirken irgendwie verbittert.

Pat.: Mehr als verbittert.

Th.: Was erwarten sie noch von ihrem Leben?

Pat.: Nichts mehr.

Th.: Ich habe den Eindruck, Sie machen sich Ihr Leben extra schwer. Ich denke, das haben Sie nicht verdient, dass Sie es sich extra schwer machen. Es hört sich an, als wenn Sie eine Menge Aggressionen haben. Es scheint mir, dass Sie diese Aggressionen auch gegen sich selbst wenden.

Der Therapeut äußert Mitgefühl mit Herrn W., zeigt Verständnis, spricht **andere Gefühle**, nicht nur die Aggressionen an. Zuvor hatte er schon erwähnt, dass er seine Lage als sehr deprimierend empfindet. Jetzt scheint es noch eine Stufe mehr zu sein, eine allgemeine Verbitterung.

Pat.: Ich habe ein unglaubliches Wissen, aber keiner kauft mein Wissen. Als Unternehmensberater war ich ein As! Ich habe vielen Leuten gute Ratschläge gegeben.

Th.: Welchen Rat würden Sie sich selbst geben? Ich denke, bei Ihrer Intelligenz haben Sie sicher schon mal über Ihr Leben nachgedacht.

Es werden die Ressourcen des Patienten angesprochen. Er selbst spricht davon, dass er gut Ratschläge geben kann. Er kann sich somit auch in schwierige Situationen anderer Personen hineindenken. Der Therapeut möchte nun, dass er diese Fähigkeit, komplexe Zusammenhänge zu erkennen und daraus Ratschläge abzuleiten, in diesem Fall nicht auf andere, sondern auf sich selbst anwendet. Weiterhin wird dem Patienten ein Kompliment gemacht: „bei Ihrer Intelligenz". Diese ist zweifellos vorhanden. Diese Intelligenz scheint er aber sehr destruktiv einzusetzen. Es wird dann nach Lösungsansätzen gefragt, die er schon für sich ersonnen hat – wohl aber nicht in die Tat umgesetzt hat.

Pat.: Nächtelang.

Th.: Ich denke, Sie haben eine vage Vorstellung, von dem, was Sie brauchen.

Pat.: Leider nicht. Mein Leben ist wertlos.

Th.: Sie sagten vorhin, dass Sie die Monotonie Ihres Lebens zum Kotzen fänden. Mit einem leichtsinnigen Essverhalten, was zur Folge hat, dass Ihr Blutzucker entgleist, bringen Sie ja schon eine ziemliche Dramatik in Ihr Leben. Da ist für den Augenblick dann etwas los in ihrem Leben.

Die Monotonie wird mit Krankheitssymptomen gefüllt. In diesem Zusammenhang möchte ich kurz erwähnen, was eine 72-jährige Dame in einer ähnlichen Situation erzählte: „Ich habe mich zu einem regelrechten 'Arzt-Renner' entwickelt. Eigentlich habe ich nichts, nur erhöhten Blutdruck und dagegen bekomme ich Tabletten. Ich sage mir 'Ich habe heute nichts vor, da könntest du doch mal wieder zum Arzt gehen'". – Die Krankheit als Legitimation, ein Gespräch gegen die Einsamkeit zu bekommen.

Pat: Ich muss doch was für meine Lust tun. Seit 14 Jahren habe ich keinen Geschlechtverkehr mehr gehabt. Es wertschätzt mich keiner.

Th.: Tun Sie etwas für Ihre Lust, wenn Sie Massen an Lebensmitteln in sich hineinschaufeln, von denen Sie sagen, dass Sie Ihnen nicht schmecken? Wenn Sie in einen Gourmet-Tempel gehen würden, dann könnte ich verstehen, dass Sie Ihrer Lust frönen – aber so?

Pat.: Dazu fehlt mir wieder das Geld.

Th.: Sie sagten vorhin auch, dass das Schlimmste für Sie sei, wenn Sie schleichend dahinsiechen würden. Das sei Ihre größte Angst, aber ich befürchte, dass Sie mit Ihrem jetzigen Verhalten genau das einfädeln, dem geradezu Vorschub leisten.

Pat.: Sie meinen, durch Essen kille ich mich auf Raten?

Th.: Es sieht fast so aus.

Das eigentliche Problem (Einsamkeit, keine Partnerschaft, keine Sexualität) hat er in eine Essstörung umgewandelt. Der Therapeut spricht deutlich aus, dass sein jetziges Verhalten mehr und mehr von seinem Ziel wegführt, denn es sähe so aus, als wenn er damit seinem Siechtum Vorschub leisten würde.

Th.: Aber ich bin gar nicht sicher, ob Sie überhaupt **leben wollen**.

Pat.: Ich habe schon zwei Suizidversuche gemacht, einmal mit Barbituraten und dann mit Leuchtgas.

Die Klärung der Frage, ob er überhaupt leben will, ist wichtig, denn damit werden auch Perspektiven abgesteckt. Wenn er nicht kooperativ ist, sich nicht helfen lassen möchte, werden die größten therapeutischen Anstrengungen nichts nützen. Damit baut man der Wiederholung eines therapeutischen Misserfolges (es wäre der vierte unfähige Therapeut) vor. Es sollte lieber eine Vision einer noch erreichbaren Zukunft entworfen werden.

Th.: Was würden Sie machen, wenn Sie wieder schlanker und beweglicher wären und Ihre Gedanken nicht nur um den Blutzucker und das Essen kreisen müssten. Was würden Sie mit der neu gewonnenen Energie anfangen. Es könnte ja auch sein, dass Sie dann noch deprimierter wären.

Pat.: Ich kann einen ganzen Saal zum Kochen bringen. Ich kann flammende Reden halten und die Leute motivieren. Was ich brauche, ist eine Aufgabe und die ist nicht in Sicht. In meinem Berufsleben bin ich dreimal von Null angefangen.

Herr W. ist an seine Ressourcen gekommen. Sein aggressiver bzw. resignierender Tonfall hat sich nun verändert. Er blüht auf. Seine Haltung ist zugewandter, sein Gesicht hellt sich auf. Es scheint aber auch der Wunsch vorhanden zu sein, dass alles wieder so werden soll, wie es früher einmal war. Das ist in diesem Fall eher unrealistisch. Da macht er sich wahrscheinlich etwas vor. Der Therapeut lenkt die Aufmerksamkeit des Patienten auf die Gegenwart.

Th.: Ihr Berufsleben ist jetzt aber vorbei und der größte Teil Ihres Lebens liegt hinter Ihnen. Die Jahre sind also begrenzt. Wollen Sie als verbitterter alter Mann sterben? Sie haben sich bisher neuen Herausforderungen immer gestellt, haben diese vielleicht geradezu gesucht. Vielleicht liegt die größte Herausforderung noch vor Ihnen, nämlich **die**, noch etwas Erfüllung für Ihr Leben zu finden, damit Sie nicht am Ende nur auf einen Scherbenhaufen blicken müssen.

Das sind deutliche Worte. Aber genau das ist das Thema: ob er als verbitterter alter Mann sterben möchte, sein Ableben noch mit seinem gefährlichen Essverhalten beschleunigen will. Dann richtet der Therapeut seine Worte an den Mann, der anpackt und schwierige Aufgaben in der Vergangenheit auch als Herausforderung gesehen hat. Diese Fähigkeit könnte er in diesem Fall nicht für berufliche Projekte, sondern konstruktiv für sich selbst, statt gegen sich einsetzen. All seine Fähigkeiten sind in diesem Lebensabschnitt gefragt, das eigene Leben „abzurunden".

Pat.: Was Sie sagen klingt einleuchtend, aber ich habe mich irgendwie schon festgebissen. ... Im Grunde habe ich ziemlich viel Angst, dass ich sehr einsam sterben könnte.

Es scheint eine therapeutische Basis geschaffen zu sein für ein kooperatives Verhalten im Therapieprozess. Es geht nicht mehr um einen Machtkampf. Er ist an seine tief verborgenen Gefühle gekommen. Auch ist er nachdenklich geworden. Vielleicht auch etwas aufgerüttelt worden.

Th.: Gab es etwas, das für Sie hilfreich und wertvoll in dieser Stunde war?

Pat.: Ja, die Erkenntnis, dass ich mich mit meinem Verhalten selbst kille. Das ist mir vorher nicht bewusst gewesen.

Th.: Ich möchte Ihnen eine kleine Aufgabe mit auf den Weg geben, dass Sie einmal darüber nachdenken, ob Sie sich **wirklich killen wollen** und ob Sie vielleicht die Herausforderung, die vielleicht sogar die größte in ihrem Leben sein könnte, – auch wenn das vielleicht auf den ersten Blick nicht so erscheint, – ob Sie diese Herausforderung, Ihrem **Leben Sinn zu geben** und es noch erfüllt abzurunden, annehmen wollen? Das Schlimmste, was Ihnen passieren könnte, ist wohl, schleichend dahinzusiechen.

Nachbemerkungen

Neben dem Gespräch ist außerdem wichtig, weitere Maßnahmen klar zu vereinbaren. Es wird erwartet, dass der Patient die Mahlzeiten regelmäßig einnimmt und nicht nur, wenn er Lust hat. Dass er sich keine Süßigkeiten zusätzlich kauft und dass die Blutzuckerkontrollen, die die Krankenschwester vornehmen wird, machen lässt.

Zusätzlich sind Maßnahmen angezeigt, die den Fürsorgeaspekt betonen, wie beispielsweise Massagen oder Bäder mit ätherischen Ölen, was er in der physikalischen Abteilung erhält.

Bei dem vorgestellten Patienten handelt es sich um einen Mann mit großem Selbstmitleid. Aufgrund seiner Unzufriedenheit mit dem eignen Leben scheint er dieses anderen auch nicht zu gönnen. Diese Haltung speist vielleicht seine destruktiven Impulse und seine schroffe Art und Weise, anderen zu begegnen. Mit dieser Haltung führt er sich gleich in den ersten Minuten bei den ihn aufnehmenden Krankenschwestern ein.

Er ist auf der Suche nach der ihm verlorengegangene Dramatik in seinem Leben. Einerseits schafft er sich diese durch die bedrohlichen Blutzuckerwerte, was ihm der Therapeut auch zurückmeldet. Andererseits versucht er dieses durch seinen konfrontativen Kommunikationsstil zu erreichen. Sein Muster des Machtkampfes, das er vielleicht im Berufsleben erfolgreich praktiziert hat, versucht er wohl auch im Privatleben anzuwenden.

Im Krisen-Erstgespräch geht es nicht um eine Anamnese, um Fakten aus seiner Vergangenheit zu sammeln. Es geht wieder um die emotionale Entschärfung einer brisanten psychischen Situation. In diesem Fall werden auch im Erstgespräch die Weichen gestellt, ob der Patient kooperativ mitarbeiten oder sein zerstörerisches Verhalten auch in Bezug auf die Therapie fortsetzten wird.

Er braucht als Gegenüber einen starken und nicht nur behutsamen und verständnisvollen Therapeuten. Er braucht einen Menschen, der ihm irgendwie ebenbürtig erscheint, den er damit auch ernst nehmen kann. Der Therapeut sagt ihm auch klar und unverblümt seine Einschätzung. Er konfrontiert ihn mit dem selbstzerstörerischen Verhalten.

Die deutlichen Worte des Therapeuten erfolgen aber aus einer sehr verständnisvollen und akzeptierenden Grundhaltung heraus. Es ist nicht nur wichtig, was man sagt, sondern auch **wie** man es sagt. **Freundlich im Ton, bestimmt in der Sache.** Die nonverbalen Anteile wie Stimme, Sprechtempo und freundliche Färbung des Gesagten kann in der schriftlichen Form hier leider nicht adäquat wiedergegeben werden. Die emotionale Grundhaltung ist jedoch sehr wichtig, damit sich der Patient angenommen fühlt und ganz stringent an der Krise gearbeitet werden kann.

Die Krise in diesem Fall ist nicht nur etwas, das möglichst schnell behoben werden sollte, sondern sie hat auch einen Sinn. Sie rüttelt den Patienten auf. Die Krise ist in diesem Fall Not-wendig. Sie kann die Not wenden, die darin besteht, das fortzusetzen, was er bisher mit sich gemacht hat. Eine Fortführung seines selbstschädigenden Verhaltens wird vermutlich nicht nur die Depression verstärken, sondern auf einen schleichenden Suizid hinauslaufen.

Es geht darum, seine besten Anteile wieder zu mobilisieren und sie für eine Gestaltung einer realistischen Zukunft zu nutzen. Wenn er jedoch so weitermacht wie bisher, wird seine Zukunft nicht mehr allzu lange dauern.

Die Krise bewirkt auch, dass die notwendigen Schritte endlich unternommen werden. In diesem Fall führt sie zu weiteren Therapiegesprächen, um Perspektiven für seinen „Lebensabend" herauszuarbeiten. Dabei geht es auch um Abschiednehmen von Illusionen. Herr W. steht nicht mehr in der Blüte seines Lebens. Das Geschäft muss nicht mehr aufgebaut werden. Er selbst ist jetzt die wichtigste Person, mit der er klar kommen muss.

Wenn man als Therapeut ehrlich und sehr deutlich mit ratsuchenden Menschen spricht und dabei eine wertschätzende Grundhaltung einnimmt, wissen sie dieses in den meisten Fällen zu würdigen. Dieser Patient wusste gerade diese klare Sprache zu schätzen.

10. Prüfungsangst in Gelassenheit verwandeln

3. Fallbeispiel: Krise durch Reaktivierung alter Traumata
Frau P., 55 Jahre

Überblick

- 55-jährige Frau mit **Prüfungsangst** und vielen **traumatischen Vorerfahrungen** in dieser Hinsicht.
- Die Klientin hat ein **hohes physiologisches und psychisches Erregungsniveau** und Angst vor einem „Blackout".
- Therapeutische Hilfe wird **eine Woche vor dem Prüfungstermin** in Anspruch genommen.
- Krisenintervention in einer einzigen Sitzung.
- Es wird beschrieben, wie bei dieser Indikation eine Behandlung mit **Hypnotherapie** einer rein lösungsorientierten Vorgehensweise **überlegen** ist. Physiologische Parameter können in weit stärkerem Maße berücksichtigt werden. Die Anwendung von **Tiefenentspannung, imaginärem Probehandeln und posthypnotischen Aufträgen** werden detailliert aufgezeigt.
- Verankerung positiver **Selbststeuerungsmechanismen** im Unbewussten für physiologische Vorgänge aber auch für Handlungsabläufe.
- Bereits eine Woche vor dem Prüfungsereignis wird die sich dann entfaltende geistige Präsenz und der mühelose Zugang zum Gedächtnisspeicher „programmiert."

Dauer der Krisenintervention: 65 Minuten

Vorbemerkungen

Ein Albtraum für jeden Prüfling ist eine Situation, in der er bis zum äußersten Grad angespannt einem Prüfungsgremium gegenübersitzt, das ihm eine Frage stellt, zu der ihm absolut nichts einfällt. Die Gedanken beginnen zu kreisen, Vorwürfe, es nicht gelernt zu haben, schleichen sich ein und derartiges mehr. Der ohnehin erhöhte Adrenalinspiegel steigt weiter an und im schlimmsten Fall macht sich eine gewisse Panik breit. Auch wenn jemand den größten Teil des Wissensgebietes gut gelernt hat, so wird die Bewältigung dieser Stresssituation mit entscheidend für den Ausgang der Prüfung sein.

Zahlreiche Prüflinge geraten daher schon vor der eigentlichen Prüfung in Panik. Das stellt einen psychischen Notfall dar. Medikamente sind in diesem Fall nicht angezeigt, weil sie neben der Reduzierung der muskulären Anspannung auch die Funktion der „neuronalen Datenübertragung", d.h. der Denkvorgänge in negativer Weise beeinflussen. In solchen Situationen suchen Klienten leider ganz kurzfristig therapeutische Hilfe auf. Somit besteht dringender Handlungsbedarf in dieser Krise.

Auch wenn jemand im Laufe des Lebens schon einige Prüfungen absolviert hat, so stellt sich bei den wenigsten Personen eine gewisse Souveränität dieser Situation gegenüber ein. Frau P. beispielsweise ist eine 55-jährige Frau, die im Alltag eigentlich nicht sehr ängstlich, sondern selbstbewusst und resolut ist. In Prüfungssituationen hingegen reagierte sie vollkommen panisch. Diese Bürde schleppte sie seit der Jugendzeit mit sich herum. Alle Prüfungen, die sie aufgrund verschiedener Ausbildungen im Laufe ihres Lebens absolvieren musste, führten sie an den Rand einer Katastrophe. So reihten sich die Prüfungen wie eine Kette traumatischer Erfahrungen aneinander. Die Panik steigerte sich von Mal zu Mal.

Frau P. stand nun wieder vor einer Prüfung, um ein Zertifikat zu erwerben, mit dem sie die Erlaubnis erhält, in einem speziellen Bereich der Physiotherapie arbeiten zu können. Sie wollte in diesem Bereich arbeiten, weil er eine gute Ergänzung zu ihrer bisherigen Tätigkeit sei und weil es ihr einfach Spaß mache. Ein äußerer Druck, dass sie aus finanziellen Gründen diese Prüfung bestehen müsse, war nicht gegeben, denn ihr Ehemann sei ein gutverdienender Unternehmer.

Das Ausmaß der Prüfungsangst

Um sich einen möglichst detaillierten Eindruck über die Vorerfahrungen mit Prüfungen und die aktuellen Ängste und inneren Spannungen zu verschaffen, soll die Klientin selbst zu Wort kommen. Es gibt dem lernenden Therapeuten die Möglichkeit, selbst herauszufinden, wo er bei einer Krisenintervention ansetzen würde. Gleichzeitig verdeutlicht es ungefiltert das Ausmaß der Krise, in der sich die Klientin befindet.

„Ich hatte immer wahnsinnige Prüfungsangst. Wenn ich an die Gesellenprüfung denke, zu der mich der Meister eine Stunde zu spät hingeschickt hatte, wohl absichtlich falsch informiert hat, dass ich durchfalle. Die wollten mich dann auch nicht mehr zulassen. Mit dieser Angst – ich war das einzige Mädchen – bin ich dann in die Prüfung gegangen. Ich bin bald gestorben bei der Prüfung. Ich habe die Prüfung bestanden, aber fragen Sie nicht, wie. Es waren so traumatische Erfahrungen.

Die nächste traumatische Erfahrung war in H. *(Ort der Prüfung).* Die praktische Prüfung hatte ich mit Eins bestanden und bei der theoretischen hatte ich die Frage einfach nicht begriffen. Und da bin ich reingefallen, bin prompt durch die theoretische Prüfung gefallen. Wieder ein Trauma. Ich habe mich dauernd **übergeben vor Angst**.

Ich habe vor Angst auch den dritten Anlauf für die Gesellenprüfung nicht gemacht. Ich hatte einen Horror davor. Ich habe nächtelang davor nicht geschlafen. Einen hohen Blutdruck habe ich bekommen, so einen inneren Druck hatte ich. Ich wusste, jetzt kommt meine letzte Chance."

Die Klientin berichtete von mehreren Prüfungen in ihrem Leben. Die zeitlich am weitesten zurückliegende fand bereits vor 35 Jahre statt. Alle diese Erfahrungen wirkten unterschwellig weiter und werden in dieser Situation der bevorstehenden Prüfung wieder aktualisiert. In Bezug auf die bevorstehende Prüfungsvorbereitung sagt sie:

„Das stark belastende war immer, dass ich kurz vorher absolute Panik hatte, weiche Knie bekam und Schweißausbrüche und eine unglaubliche Angst, zu versagen. Vor mir selber zu versagen. Ich hatte das Gefühl, ich hätte nicht genug gelernt, obwohl ich beim Abfragen meistens gut dabei war und Dinge auch wusste. Aber irgendwo habe ich gemerkt, dass die anderen so drei Bücher durch geackert haben und ich habe gerade die Bücher mal durch gelesen. Weil ich fest davon überzeugt war, dass ich das in dem theoretischem Unterricht gut aufgenommen habe. Das kam mit einem Mal hoch. Und es wurde einem auch Angst gemacht, mit diesen ganzen Fragen, die kamen. Wenn eine bestimmte Punkteanzahl nicht da ist, dass man dann durchfällt.

Ich habe jetzt bei der Vorbereitung auf diese Prüfung festgestellt, dass manche Dinge, die ich vorher unglaublich eingepaukt habe, dass die plötzlich weg waren, wenn ich von E. *(eine Kollegin, mit der sie sich gemeinsam vorbereitete)* abgefragt wurde. Aber die waren eigentlich nicht weg. Ich merke, dass ich da nicht ganz sicher bin. Dass ich das lerne und lerne und lerne. Entweder lerne ich falsch, ich weiß es nicht. Oder ich mache mir selber Angst. Dass ich mich selber programmiere: 'Kann ich nicht, habe ich schon wieder vergessen.' Anstatt einfach mehr Vertrauen zu mir zu haben.

Die Prüfung findet in zwei Gruppen statt. Wir sollen einen Tag vorher schon da sein für eine Generalprobe, aber ich werde mich weigern, diese mitzumachen. Ich werde zwar da sein, aber ich finde so eine Generalprobe macht mich noch verrückter. Wenn ich dann Dinge nicht weiß, dann fängt die Panik an. Ich möchte einfach ruhiger sein. Ich möchte auch ruhig daran gehen und einfach so in meinem Vertrauen ein bisschen ruhiger werden.“

Warum Hypnose zur Krisenbehandlung?

Der Therapeut entscheidet sich für eine hypnotherapeutische Krisenintervention, da diese gegenüber dem rein lösungsorientierten Gespräch mehrere Vorteile aufweist. Auf physiologische Parameter, wie Anspannung der Muskulatur, Blutdruck und Ausschüttung von Stresshormonen kann dadurch viel direkter Einfluss genommen werden.

Die Klientin ist durch die konzentrierte Prüfungsvorbereitung geistig sehr angespannt und würde durch ein rein lösungsorientiertes Gespräch in diesem intellektuellen Bereich bleiben. Hier gilt es, Entlastung zu schaffen. Der Therapeut wählt ein Setting, in dem sie sich auch regenerieren kann. Die Trance an sich ist schon ein Zustand, der sehr regulierend und harmonisierend auf die ganze Physiologie wirkt.

Ein leicht erhöhtes Erregungsniveau in der Prüfung kann durchaus von Vorteil sein, um geistig präsent zu sein, aber ein überschießendes kann manchmal die gesamte Prüfungsvorbereitung zunichte machen. Das Ziel der Hypnotherapie ist deshalb, ein ausbalanciertes Erregungsniveau zu erreichen, bei dem das erlernte Wissen abrufbereit zur Verfügung steht.

Die Schaffung einer Trance bietet zudem die Möglichkeit in weit stärkerem Maße mit dem Unbewussten zusammenzuarbeiten als andere Verfahren, um Ängste aufzulösen und neue Lösungsmöglichkeiten auf verschiedenen Ebenen zu schaffen. Sie hat auch den Vorteil, das die positiven Erfahrungen, wie z.B. Angstfreiheit, tiefe Entspannung und Zuversicht in sehr eindrucksvoller Weise bereits in der Trance **erfahren** werden. Außerdem kann aufgrund der Zeitknappheit eine Woche vor der Prüfung und nur einer Krisensitzung auch mit posthypnotischen Aufträgen gearbeitet werden. Diese kann man als eine Art Computerprogramm bezeichnen, das dann die nächsten Tage und speziell in der Prüfung selbst die Steuerung in einem positiven Sinne übernimmt. Somit handelt es sich bei der hypnotherapeutischen Krisenintervention um ein sehr effektives Verfahren.

Die Trance wird in dem vorgestellten Beispiel in Form einer relativ einfach durchzuführenden Entspannung eingeleitet.[5] Das Hineinführen in diesen Zustand dauerte nicht länger als zehn Minuten. Für ein gutes Gelingen der Trance ist es u.a. wichtig die von außen wahrnehmbaren physiologischen

---

[5] Um Kolleginnen oder Kollegen eine Anregung für eine Tranceinduktion zu geben, wird diese hier mit abgedruckt.

Parameter wie Atemfrequenz, Atemtiefe, Muskelentladungen, Augenbewegungen und Hautdurchblutung zu berücksichtigen. Auf diese Details wird in den Kommentaren zu dieser Sitzung nicht weiter eingegangen.

Die Klientin erwähnte, dass sie zusätzlich noch unter hohem Blutdruck leide und den Eindruck habe, dass etwas mit ihren Nieren nicht in Ordnung sei. In diesem Fall richtet der Therapeut in der Tranceinduktion die Aufmerksamkeit zunächst auf die gesunden Körperfunktionen. Anzumerken ist, dass die Nebenniere verantwortlich ist für die Ausschüttung von Stresshormonen, was sowohl für die Prüfungssituation als auch für den ohnehin erhöhten Blutdruck eine ungünstige Ausgangsbasis darstellt.

Induktion der Trance

Th.: Gut, dann lassen Sie sich hier auf der Liege ganz entspannt nieder, so dass die Spannung aus der Muskulatur in die Unterlage entweicht. Lassen Sie einfach alles abfließen. ... Von den Schultern in das Kissen. ... Sie spüren den Rücken ... die Wärme im Rücken ... Und Sie spüren den Halt, die Sicherheit ... und Sie spüren meine Nähe, die Sie wohlwollend begleitet. ... Und Sie haben die Möglichkeit, nach Innen zu gehen. ... Selbst Ihre tiefen inneren Kräfte aufzuspüren. ... Und ich werde Sie dabei begleiten ... Ihnen Sicherheit geben. ... Und Sie spüren vielleicht ein Strömen der Wärme im Körper. ... Ein ganz behutsames Strömen, ... wo sich etwas öffnen kann, ... etwas freier werden kann. ... Vielleicht im Brustkorb ... oder im Bauchraum ... oder im Becken, ... dass der Leib freier werden kann. ... Und Sie immer ein Stückchen tiefer in diese wohlige Geborgenheit hineinsinken können. .... Wie es Ihnen gut geht dabei. ... Ganz angenehm spüren Sie mit jedem Atemzug, wie Sie sich ganz wohlfühlen, ... ganz wohlfühlen. ... Der Kopf wird frei, ... ganz angenehm gelöst. ... Stirn und die Schläfen angenehm gelöst, ... vielleicht sogar wohlige Müdigkeit. ... Sie spüren den Hinterkopf, wie er gut gelagert ist. ... Sie spüren noch einmal ganz deutlich in den Körper hinein, ... spüren vielleicht eine Leichtigkeit – und ein Strömen. ... Sie können diesem Energiestrom nachgehen, der durch den ganzen Leib fließt ... bis zu den Füßen. ... Vielleicht spüren Sie sogar einen sanften Rhythmus, ... Ihren Rhythmus. ... Noch ein Stücken tiefer sinken. ... Ihre Aufmerksamkeit kann **hier** sein ... oder an einen anderen Ort gehen. ... Sie fühlen sich ganz wohl ...ganz behaglich ... leicht ... ganz angenehm ***frei.*** ... Im Bauchraum diese Leichtigkeit zu spüren ... noch leichter. ... Das Gefühl einmal richtig **durchatmen** zu können. ... Diese Freiheit zu spüren ...als wenn etwas von den Schultern abgleitet ... und der Schultergürtel und der Brustkorb noch freier werden können. ... Feine Nuancen können Sie wahrnehmen, ... dass es noch angenehmer wird. ... Und die Frische der Luft gerade zu spüren ist. ... Wie wohltuend das ist, sie einzuatmen. ... Und dieses köstliche Gefühl der Ruhe in einen einströmen zu lassen. .. Gleichzeitig die Leichtigkeit und die Freiheit zu spüren ... mit jeder Pore, mit jeder Faser des Körpers, .. aufzunehmen. ... Sie können genießen, ... einfach so da zu liegen. ... Und auf Ihren Körper zu hören, ... die Signale zu verstehen, ... das einfach wahr zu nehmen. ... Wie in Träumen kann Ihr Körper Ihnen Signale senden, ... Informationen geben, ... auf Sie Acht geben. ... Was er sonst auch für Sie tut, ... ohne, dass Sie ihm einen besonderen Auftrag geben, ... meint der Körper das gut mit Ihnen. ... Und Ihr Unbewusstes sorgt für Sie. ... reguliert den Kreislauf, ... den Blutdruck, ... die Verdauung, ... Schlaf- und Wachrhythmus ... ohne, dass Sie jede Minute daran denken müssen .... und ihm einen besonderen Auftrag geben müssen. ... Und es sorgt gut für Sie, Ihr Unbewusstes. ... Es hält Sie gesund ... und sagt Ihnen, wenn Sie besonders auf Ihren Körper achten müssen, ... in dem er Ihnen Symptome schickt ... um etwas zu korrigieren.[6] ... Sie können in Gedanken und in Bildern sogar in den Körper hineinwandern. ... Es gibt verschiedene Wege, die ich manchen anbiete ... aber ich denke ... Sie werden Ihren eigenen Weg finden, in Ihren Körper hinein zu schauen. .... Als wenn Sie ganz winzig in einem kleinen U-Boot durch den Körper fahren und überall hin schauen können. .... Aber es ist noch eine ganz andere Perspektive. ... Sie können hingehen zum Verdauungstrakt und sehen, wie es da innen aussieht. .... Zu den Knien können Sie wandern, wenn es Sie interessiert ... zur Wirbelsäule. ... Sie können in Ihrem Blutkreislauf durch den Körper schwimmen oder Ihr Herz von Innen anschauen. ... So lebendig ist es. ... Das kann klarer werden, es muss nicht sofort alles passieren. ... Oder Sie haben eine Ahnung davon, wo es gesund ist und wo etwas noch gesunder gemacht werden müsste. ... Sie können in den Magen gehen, ... in die Lunge, ... in die Leber, ... in die Milz, ... in die Bauchspeicheldrüse. ... Sie können in die Nieren gehen, ... in die Nebennieren ... und in die Blase ... in den Unterleib. ... Einfach die Gedanken überall hinschweifen lassen ... und achten darauf, wenn der Körper Ihnen etwas sagen will. ... Irgendwie ... auf irgend-

[6] Bis zu diesem Zeitpunkt sind erst 10 Minuten vergangen.

eine Art und Weise ... bleibt das Bild dann dort stehen, oder Ihre Gedanken bleiben da hängen. ... Und vielleicht interessiert es Sie, in den Nierenbereich zu gehen. ... Beide Nieren anzuschauen, ... die Form und die Größe. ... Davon eine Ahnung zu haben, wie sie eingebettet liegen in einem sicheren Polster ... gegen äußeren Druck geschützt. ... Und vielleicht spüren Sie die Wärme am Rükken, ... die hineinströmen kann, ... auch in die Nieren. ... Durch die Hautschichten hindurch. ... Und beide Nieren und Nebennieren können sich in ihrer Gesundheit angleichen. ... Ohne, dass Sie etwas Spezielles dazu tun müssen. ...
In diesem Bereich kann die Energie wieder frei fließen. ... Und wir wissen noch nicht ... wann der Körper diese Angebot annehmen wird, ... ob jetzt oder später. ... Er braucht seine Zeit, um das zu regulieren. ... Wir werden gucken, wie viel Unterstützung er noch braucht. ... Ob das heute geht oder morgen vielleicht. .... Es wird sich entwickeln, ... dass die Energie wieder frei fließen kann. ... Und manchmal arbeiten die Nebennieren vielleicht so gut, dass sie vielleicht etwas überschießend zu viel produzieren ... was manchmal dann zu Stresssymptomen führt. ... Das heißt aber auch, wie gesund sie sind, ... dass sie so viel produzieren können, ... aber es ist gar nicht notwendig, ... gar nicht notwendig. ... Und die Befehle für das Arbeiten und für das Produzieren von Hormonen kommt von der obersten Schaltzentrale. ... Alles kommt von der obersten Schaltzentrale. ... Der Körper ist ausführendes Organ. ... Auch die Nieren. ... Und wenn weniger Impulse nach unten gegeben werden, ... dann läuft alles viel harmonischer ab, ... viel gesünder. ... So stehen Nieren und Nebennieren und Magen und Lunge und Herz in Verbindung mit dem Gehirn. ... Und bei Aufregung schlägt das Herz schneller, ... der Blutdruck steigt, ... die Stresshormone nehmen zu, ... die Niere arbeitet mehr. ... Manchmal muss man Wasser lassen. ... Alles eine ganz natürliche Folge, ... dass die Impulse der Aufregung und Anspannung vom Gehirn weiter gegeben werden.

An dieser Stelle soll nicht die gesamte Induktion aufgeschlüsselt werden, weshalb gerade die ein oder andere Formulierungen gewählt oder gerade in dieser Weise vorgegangen wurde. Stattdessen einige Anmerkungen zum zweiten Teil der Tranceinduktion, da dieser nicht mehr aus allgemeinen Formulierungen bestand, sondern spezieller auf die Klientin zugeschnitten wurde. Manch einer wird sich fragen, ob es nötig ist, so detailliert wie hier auf die inneren Organe einzugehen. Das hat mehrere Gründe.

1. In dieser Sitzung werden gleich zwei Symptomkomplexe behandelt: Prüfungsangst und organische Beschwerden. (Der zweite Teil wird hier jedoch nicht wiedergegeben, da er nicht zum Thema Prüfungsangst gehört).
2. Das Augenmerk wird auf den Körper gelenkt, weg von den vielen Gedanken und Prüfungsinformationen, die ohnehin im Kopf herumschwirren. Die Fokussierung auf den Körper dient somit als Gegenpol.
3. Die Fokussierung der Aufmerksamkeit wird in diesem Fall auf Bereiche gelenkt, die in Ordnung sind. Das soll Stabilität geben.
4. Weiterhin ist der Körper für die Klientin etwas sehr Vertrautes, denn sie ist im physiotherapeutischen Bereich tätig. Somit kann der Rückgriff auf etwas Vertrautes ebenfalls Sicherheit geben.
5. Außerdem geht es auch in der Prüfung um medizinische Themen wie Anatomie, Physiologie und Bewegungsabläufe. Es soll unbewusst verdeutlichen, wie wichtig diese Themen auch für sie ganz persönlich sind, denn der Organismus ist ein kompliziertes Regelwerk, und es kann spannend sein, hiervon mehr zu verstehen. Dann ist die Prüfung nicht nur Pflicht, sondern kann auch als etwas Nützliches für sie ganz persönlich angesehen werden.
6. Weiterhin wird dadurch die sich anschließende Inspektion des Nierenbereichs vorbereitet, da die Klientin hier Beschwerden hat. Zudem haben auch die Nieren und die Nebennieren beim Zustandekommen des Prüfungsstresses eine entscheidende Rolle. Außerdem liegt ohnehin schon ein Bluthochdruck vor, der durch zusätzlichen Stress noch gesteigert werden würde.

Die hypnotherapeutische Krisenbearbeitung der Prüfungssituation

Dr. K. .... und man braucht den Körper in dieser Situation nicht übermäßig zu belasten. ... dadurch, dass das Gehirn viel ruhiger arbeitet, in sich ausgeglichen ist. Und es hat allen Grund dazu, vielleicht hängt es auch mit etwas Angst zusammen. Mit etwas Prüfungsangst oder unangenehmen Erfahrungen, die jedoch weit zurück liegen. ... Und heute ist eine andere Zeit. ... Heute ist man erfahrener geworden. Ist man klüger geworden. Ist man selbstsicherer geworden. ...

Der Therapeut verwendet die Worte „Angst“ und „Prüfungsangst“ ganz bewusst in seinen Formulierungen, weil er die Realität nicht aussparen möchte, sondern die Klientin dazu anleiten möchte, dieser Situation ins Auge zu schauen. Weiterhin kann sie jetzt an dieser Stelle – nachdem der Therapeut sie ausgiebig in einen angenehmen Entspannungszustand geführt hat – feststellen, dass die Konfrontation mit diesen Sachverhalten nicht mehr die gleiche heftige körperliche Reaktion auslöst wie zuvor. Das signalisiert ihr unbewusst, dass sie dabei ist, **etwas Wirkungsvolles gegen** diese Stressreaktion zu lernen.

Weiterhin wird die Zeitdimension ins Spiel gebracht. „Heute ist eine andere Zeit“ heißt, dass sie etwas hinter sich gelassen hat. So, wie sie älter geworden ist und sich etwas verändert hat, so kann sie auch Abstand bekommen zu den Reaktionsweisen ihres Körpers von früher, sprich: der Prüfungsangst.

Th.: Und all das kann das Unbewusste auf seine Art und Weise aufnehmen und verarbeiten, was ich sage. ... Das, was es braucht. ... Das, was hilfreich ist, um sich noch wohler zu fühlen. ... Und man weiß, dass es eigentlich richtig ist, dass jetzt eine andere Zeit ist. ... Dass man viel weiser ist. Dass die Informationen manchmal nicht mehr so leicht aufgenommen werden, aber besser verarbeitet, ... integriert werden ... in ein Gesamtkonzept. ...

Die Formulierung „Das Unbewusste kann auf seine Art und Weise aufnehmen, was es braucht ...“ soll eine gewisse Entlastung schaffen, dass sie in dieser Trance aktiv eigentlich gar nichts zu machen braucht. Die Klientin hat ihren Kopf bereits beim Lernen sehr angestrengt, sodass sie sich jetzt etwas ausruhen dem Unbewussten anvertrauen kann, das die wichtigste Arbeit nun für sie übernimmt. Weiterhin wird damit auch das Vertrauen auf das Unbewusste etabliert. Das Unbewusste macht einem nicht nur einen Strich durch die Rechnung, indem es einen mit der Prüfungsangst überschwemmt, sondern ist hilfreich und weise. Zu Anfang wurde schon dieses Vertrauen etabliert, als die ganzen Körperfunktionen angesprochen wurden, die es autonom, also ohne eigenes Zutun reguliert und somit gut für sie sorgt.

Th.: Und das Unbewusste kann mich genau verstehen und die Informationen aufnehmen, die es braucht. ... Wahrscheinlich braucht es nicht alles und nimmt nur die Informationen auf, die es wirklich braucht. ... Und auf einer tiefen Ebene fühlen Sie sich sehr, ... sehr wohl. ... Haben Vertrauen zu sich. ... Ruhen in sich selbst, in Ihrer Mitte. Lassen Sie die Worte einfach wirken. ... Und richten Sie Ihre

Aufmerksamkeit dann noch etwas mehr auf das, was ich sage, weil ich gleich mit Ihnen einen Dialog führen werde, mit Ihnen sprechen werde und Sie mit mir. ... Wie ist es im Moment, wenn Sie so durch den Körper gehen? Was registrieren Sie? ... Vielleicht beschreiben Sie einfach einmal, wie es Ihnen geht. ... Und kommen auf eine andere Ebene des Bewusstseins, auf der wir uns unterhalten können. Wie ist das im Moment?

Das Sprechen in der Trance hat wieder mehrere Aspekte. Zunächst wird angekündigt, dass der Therapeut einen Dialog führen wird. Wenn sich die Klientin sehr behaglich fühlt und in eine tiefe Trance abgetaucht ist, ist es gar nicht so leicht, eine Unterhaltung zu führen. Das liegt meistens daran, dass der Ruhezustand so angenehm ist, dass der Betreffende ihn einfach genießen möchte, ohne weitere Aktivitäten auszuführen. Darüber hinaus ist ja auch die Sprech-Muskulatur sehr entspannt. Es bedarf also eines gewissen Anlaufs für die Klientin, in die Kommunikation einzusteigen. Der Dialog ist weiterhin dafür wichtig, dass man als Therapeut darüber informiert ist, wo sich die Klientin in Moment in ihrem inneren Prozess befindet. Man erhält Informationen darüber, ob das therapeutische Vorgehen die angemessene Weise ist, oder ob es vielleicht zu schnell ist. Manchmal müssen auch noch andere Hürden ausgeräumt werden (z.B. kalte Füße oder Verspannungen im Kopf etc.), damit insgesamt ein Wohlbehagen hergestellt ist.

Die Beschreibungen der Klienten haben also den Sinn, rückzumelden, ob man sie angemessen begleitet, aber auch die Funktion, die bewusste Aufmerksamkeit weiter zu fokussieren – weg von der Panik, weg von der Prüfung. Im Scheinwerferkegel der Aufmerksamkeit ist etwas anderes, nicht mehr die Prüfungssituation. Sie liegt, um im Bild zu bleiben, in den dunklen Randbereichen des Bewusstseins. Durch die Beschreibungen vertieft die Klientin selbst noch ihre Trance, obwohl es nicht den Eindruck macht, da ja Sprechen eine Aktivität ist.

Kl.: Ich bin irgendwie ganz weit weg.

Th.: Ja, auf der einen Seite dürfen Sie ganz weit weg sein und ein anderer Teil Ihres Bewusstseins kann auch hier sein, damit wir miteinander sprechen können.

Es ist entlastend und wohltuend für die Klientin, diese innere Freiheit zu gewähren. Sodann wird eine Dissoziation vorgenommen „auf der einen Seite ganz weit weg – und ein anderer Teil des Bewusstseins ist ganz nah“. Die Klientin erlebt dieses Gefühl ohnehin. Deshalb ist es um so wirkungsvoller, dieses noch einmal zu betonen, da es ihr signalisiert, dass der Therapeut sie ganz **sicher** begleitet, denn er weiß, was in ihr abläuft. Weiterhin bewirkt dieses „Weit-weg-Sein", dass bewusste Kontrollinstanzen, die jeden Satz kritisch prüfen, gelockert werden. Somit besteht mehr Freiraum für das Unbewusste, therapeutische Suggestionen und posthypnotische Aufträge annehmen zu können, ohne dass kritisches und prüfendes Denken dieses blockiert.

Kl.: Im Körper sein.

Th.: Sie sind im Körper drin. Und vielleicht ist das so, dass Sie einfach noch einmal in Gedanken – und dabei bleiben Sie ganz ruhig – sich vorstellen können, wie Sie sich auf die Prüfung vorbereiten. Und Sie merken, dass Ihr Körper sich vielleicht ganz leicht **an**spannt, aber wieder locker lassen kann. ... Das einfach registrieren, dass dieser Gedanke Ihren Körper auch steuert und dass andere tiefer liegende Impulse Ihres Gehirns auch auf positive Weise Ihren Körper steuern können. Und wenn Sie sich vorstellen, wie es ist: zwei Tage vor der Prüfung, ... einfach zwei Tage vor der Prüfung. ... Wenn Sie morgens aufstehen. Wie Sie sich anziehen. ... Wie Sie so alles das machen, was Sie normalerweise morgens machen.

Die Sitzung ist an diesem Punkt soweit vorbereitet, dass nun fokussiert mit den Ängsten der Prüfung gearbeitet werden kann. Dem „Feind" wird sozusagen ins Auge geschaut. Es ist aber keine aversive Konfrontation, sondern eine ganz entspannte. Um vorzubeugen, dass sich sofort unwillkürliche Verspannungen einstellen, wird dieses thematisiert – und dann „wieder locker lassen". Aus einer Distanz heraus soll die Klientin einfach registrieren, was im Körper geschieht. Sie lässt damit innerlich los, was dann zur Entspannung führt. Darüber hinaus wird ein Mechanismus deutlich gemacht, dass Gedanken und Vorstellungen unmittelbar für den Körper eine angenehme oder unangenehme Realität schaffen. „Gedanken steuern ihr Befinden", heißt die Botschaft. Damit hat sie später eine Möglichkeit, sich selbst zu regulieren und die Prüfungsangst nicht nur als „bösen Fluch" zu sehen, der sie heimsucht.

Ganz wichtig ist noch, die Prüfungssituation nicht direkt anzusteuern, sondern einen Zeitpunkt anzuschauen, in dem sie noch nicht so aufgeregt ist – also einige Tage **vor** der Prüfung. Das hat wiederum zwei Effekte: 1. Dieser Bereich ist noch etwas harmloser als die Prüfung selbst. Es geht darum, sich auch in der Imagination behutsam und angstreduziert oder angstfrei der für sie eigentlichen Horrorsituation zu nähern. 2. Schon einige Tage **vor** der Prüfung soll bereits das erste Erfolgserlebnis implementiert werden. Wenn nämlich die Klientin merkt, dass sie schon einige Tage **vorher** ruhiger ist als sonst, wächst ihr Vertrauen, dass sie auch zum Zeitpunkt der Prüfung ruhiger sein wird. Dieses wirkt dann als positive Rückkoppelungsschleife.

Kl.: Fühlt sich sehr entspannt an.

Th.: Sie sind ganz entspannt!

Kl.: Verändert sich auch nicht.

Th.: Ja, sehr positiv. Sie fühlen sich wohl. Ihr Blutdruck ist vielleicht ganz ausgeglichen. ... Die Muskulatur ist entspannt. Und vielleicht ist der Kopf ganz klar und wach dabei.

Die Aufmerksamkeit wird erneut bewusst auf den Körper gelenkt, damit sie verifizieren kann, dass diese Vorgehensweise äußerst wirksam ist.

Kl.: Der Kopf ist hell und klar.

Th.: Wunderbar, der Kopf ist hell und klar. Besser kann es gar nicht sein – und alles, was Sie gelernt haben, ist ebenso klar und geordnet in Ihrem Kopf.
... Und in den zwei Tagen vor der Prüfung ist das Wichtigste, ... ist das Wichtigste, ... **nicht etwas neu** zu lernen, sondern, dass Ihr Kopf das alles ordnet, ... ganz von alleine. Und Sie Vertrauen haben, dass Ihr Unbewusstes, ... das ja viel aufgenommen hat, die Erinnerung, Ihr Gedächtnis, ... das alles noch einmal ordnet – auf eine höhere Ebene bringt, ... Zusammenhänge herstellt. Und Sie brauchen gar nicht viel dafür selbst zu tun. Es wird sich klären. Ein wunderbares Gefühl, dem einfach zuzuschauen, ... **jetzt schon**, wo es erst nächste Woche ... die zwei Tage vor der Prüfung ... ist. Jetzt, mit diesem inneren Wissen und Klärung und Ordnung, ... der inneren Ordnung und Struktur, kann Ihnen das ein beruhigendes Gefühl geben. ... Sehen Sie vielleicht irgendwelche Bilder?

Der Therapeut gibt eine direkte Suggestion, dass sich etwas klärt, d.h. dass auch das Gelernte, um es bildhaft auszudrücken, im Gedächtnisspeicher strukturiert wird. Wenn man souverän auf Wissen zurückgreifen will, muss man einen gewissen Überblick haben, Fakten einordnen und Zusammenhänge herstellen können. Sie soll ja in der Prüfung ihr Wissen auch anwenden, nicht nur isolierte Fakten abrufen. Gleichzeitig wird noch eine Lernstrategie für die zwei Tage vor der Prüfung angesprochen. Eine schlechte Strategie wäre es, sich aus einer Panik heraus kurz vor dem Prüfungstermin viele neue Sachverhalte und Detailwissen einzuverleiben – ein Computer würde auch streiken, wenn die

Grenze seiner Verarbeitungskapazität erreicht ist. Besser ist es das erworbene Wissen zu sichern und nicht mit zu viel neuen Fakten zu überlagern.

Kl.: Eigenartig, ich bin ganz im Einklang mit meinem Körper.

Th.: Ja wunderbar. Darum geht es im Moment, dass der Körper mit Ihnen zusammen arbeitet und er Ihnen dieses sicherere Gefühl gibt. Dieses beruhigende Gefühl.

Kl.: Da war eine leichte Verzögerung im Bauch, der ist erst ganz spät warm geworden.

Th.: Aber jetzt haben Sie ein Gefühl von ...

Kl.: Jetzt ist es frei, ja.

Th.: .. das jetzt alles frei ist.

Kl.: Jetzt ist alles frei.

Th.: Und Sie fühlen sich auch sicher und geborgen bei sich selbst?

Kl.: Ja, es ist einfach eine Hülle.

Th.: Eine Hülle, eine sichere Hülle?

Kl.: hmhm. *(bejahend)*

Th.: Können Sie sich vorstellen, wie das ist: Zwei Tage vor der Prüfung?

Kl.: Ja!

Th.: Da können Sie sich sozusagen sehen, wie Sie fröhlich durch die Räume gehen.

Kl.: Ich habe sogar im Garten noch zu tun.

Th.: Aha, das zeigt, dass dieser Tag eher ganz normal ist und die Prüfung einen wichtigen, aber nicht einen riesigen Stellenwert hat.

Kl.: Gar nicht wichtig, ist unwichtig.

Th.: Ganz unwichtig ist sie für Sie nicht. Aber auch nicht **zu** wichtig. –

Kl.: Es ist nicht mehr so wichtig.

Th.: Ja, und das ist ein gutes Gefühl, dass es sich relativiert.

Kl.: Das ist ein ruhiger Tag.

Th.: Ein ruhiger Tag. – Und alles das, was Sie sonst noch zu machen haben ....

Kl.: Ich bin irgendwie zufrieden.

Th.: Ja, Sie sind zufrieden. Und Sie können auch zufrieden zu Bett gehen, zwei Tage vor der Prüfung. Und dieses sichere Gefühl des heutigen Tages mitnehmen, dass Ihr Unbewusstes es sehr gut mit Ihnen meint.

Kl.: Ich bin auch entspannt. Nicht mehr verkrampft.

Th.: Ja. Auch innerlich ein freies Gefühl bekommen. Auch der Kopf ist vielleicht viel freier und klarer. ... Wie am weiten Strand in Dänemark. Wo man richtig durchatmen kann und sich irgendwie befreit fühlen kann. ... Und dieses Gefühl können Sie auch den nächsten Tag, einen Tag vor der Prüfung, erleben. Ganz genau so. ... Vielleicht spüren Sie eine gewisse innere Präsenz, eine Wachheit, weil der nächste Tag der Prüfungstag ist. Aber das ist ganz normal, und es ist ganz wichtig, diese Wachheit zu spüren. ... Und im Körper, die innere Ruhe und die Lockerheit der Muskulatur, des Herzens, der Verdauung zu spüren.

Die Klientin erlebt die Entspannung als sichere Hülle. Sie fühlt sich geborgen, obwohl von der bevorstehenden Prüfung die Rede ist. Dieses soll in der Realität aber nicht überwiegen. Es soll ein **ausgewogene Balance** zwischen Ruhe und geistiger Klarheit vorhanden sein. Der Therapeut greift eine frühere Bemerkung von ihr über den Strand in Dänemark auf. Sie erwähnte einmal beiläufig, wie sehr sie es liebe, dort zu sein, die Ruhe und die Weite zu genießen. Dieses Bild ist positiv besetzt. Der Therapeut versucht, dieses Erleben für die augenblickliche Situation zu utilisieren, also in ihrem Sinne nutzbar zu machen und es mit dem Gefühl für die Prüfung zu verbinden. Wenn sie in einer solchen Situation – wie in Dänemark am Strand, wo sie sich ganz frei fühlt – eine Prüfung machen müsste, hätte sie sehr viel Ressourcen zur Verfügung. Dieser ressourcenvolle Zustand wird zur Unterstützung der eher aversiv besetzten Prüfung herangezogen.

Kl.: Das ist jetzt da, diese Ruhe. Dieser Vor-Tag ist wie ein Termin, und dann geht der Termin vorbei.

Th.: Ja, wie ein Termin, ein selbstverständlicher Termin, der **auch wichtig** ist.

Kl.: Nichts Großartiges auch nicht, nichts Unmögliches.

Th.: Genau, nichts Unmögliches. Sie haben viele Fähigkeiten. ... Wie ein Termin, ... viele Fähigkeiten, Ihr Wissen auch anzubringen, das was

Sie gelernt haben, das was Sie auch gezeichnet haben *(hat manche anatomische Sachverhalte für die Prüfung gezeichnet, um es sich besser merken zu können)* ... Sie gelernt haben, das, was Sie gezeichnet haben ... und auch erzählt haben. ... Immer wieder aufgefrischt haben, das können Sie da abrufen. ... Das geht ganz leicht, und selbst wenn Sie an den nächsten Tag denken, an den Prüfungstag, der schon ein besonderer Tag auch ist ...

Kl.: Noch ein Termin.

Th.: Noch ein Termin. Und all das Lernen wird sich gelohnt haben. Und es ist eigentlich auch schön, man kann mit innerer Freude registrieren, dass all die Mühe auch belohnt wird.

Es kommen keine neuen Instruktionen hinzu. Alles wird noch einmal gefestigt. Der Therapeut hebt noch einmal hervor, auf wie viel verschiedenen Lernkanälen (gezeichnet, gelesen, gegenseitig erzählt) sie gelernt hat. Diese werden aktiviert, sodass alles im entsprechenden Bedarfsfall abrufbereit sein kann.

Es wird sogar noch ein Schritt weiter gegangen, nicht nur die Angst zu reduzieren, sondern der Prüfung auch eine gewisse Freude abzugewinnen, dass sich all die Mühe auch gelohnt hat. Wenn sie der Prüfung mit einer gewissen Freude und der Aussicht, auf sich stolz sein zu können, begegnet, würde sie damit eine sehr souveräne Haltung einnehmen. Man bedenke, dass sie sich sonst vor Nervosität übergeben hat.

Kl.: Das ist gar nicht schlimm.

Th.: Gar nicht schlimm. Ja, vielleicht freut man sich sogar ein bisschen darauf, sein Wissen auch ein bisschen los zu werden und zeigen zu können, was man alles kann. Was Sie besonders gut können. ... Und Sie können sich dann vorstellen, – so am Vormittag vor der Prüfung –, vielleicht sind Sie etwas eher da, dass Sie da möglichst Ruhe haben und allein sein können oder mit den anderen, je nach dem, wie es Ihnen angenehm ist. Können Sie so ein inneres Bild im Moment für sich entwickeln?

Kl.: Ja, allein sein.

Th.: Was bräuchten Sie noch, damit es Ihnen gut geht?

Kl.: Ja. Ein ganz entspanntes Frühstück. Eine Meditation, nicht viel Reden.

Die Klientin imaginiert Lösungen, die früher in einer solchen Situation für sie **undenkbar gewesen wären:** „ ein entspanntes Frühstück und vielleicht etwas Meditation". Früher hätte sie vor Aufregung keinen Bissen hinunter bekommen und wäre unruhig hin und her gelaufen. An Meditation und Ruhe wäre gar nicht zu denken gewesen.

Th.: Ja, nicht viel Reden, für sich sein.

Kl.: Ich würde Musik hören.

Th.: Musik hören. Ganz bestimmte Musik vielleicht?

Kl.: Und rechtzeitig dann mit dem Auto fahren, ganz ruhig.

Th.: Ruhig und entspannt mit dem Auto dort hin zu fahren.

Kl.: Nicht hetzen.

Th.: Die Ruhe bewahren.

Kl.: Ruhe, einfach Ruhe.

Th.: und falls etwas ...

Kl.: nicht von der Prüfung sprechen, einfach ganz normal.

Th.: Ja, nicht von der Prüfung sprechen. Und manchmal kommt etwas dazwischen, aber das wird Sie nicht weiter irritieren, sondern Sie sind ganz ruhig auch im Hinblick auf die Prüfung, ... auf dem Weg zur Prüfung und alles läuft ganz selbstverständlich.

An dieser Stelle wird noch eine Sicherung für alle unvorhergesehen Eventualfälle eingebaut, falls am Morgen vor der Prüfung nicht alles so läuft, wie sie es sich in der Trance zurechtgelegt hat. Auch mit solchen Dingen wird sie rechnen müssen, aber es wird sie nicht tatsächlich irritieren.

Kl.: Das ist nichts Besonderes.

Th.: Alles läuft ganz selbstverständlich und Ihr Unbewusstes weiß ganz genau, was richtig für Sie ist und wird Sie leiten. Sie werden es feststellen: Ihr Unbewusstes weiß mehr, als Sie sich vorstellen können ... und wird Sie leiten und es wird das alles zu Ihrem Besten regeln, wenn Sie darauf vertrauen ... und das Unbewusste auch ein Stückchen autonom das machen lassen.

Kl.: Mein Körper wird ganz hell.

Th.: Jetzt wird Ihr Körper hell?

Kl.: Ja, ganz und gar.

Th.: Vielleicht beschreiben Sie noch ein bisschen, was jetzt vorgeht.

Kl.: Der Bauch, der noch so wie eine Hülle war, ist jetzt ganz hell geworden. Die Lungen sind breiter geworden.

Th.: Also geradezu ein befreiendes Gefühl, was Sie sonst gar nicht mit Prüfungen in Verbindung bringen, dass es etwas Besonderes und Befreiendes sein kann. Und das ist auch befreiend, die Prüfung dann hinter sich zu haben.

Dieses besondere Erlebnis, dass der Körper ganz hell wird und die Lungen sich öffnen, hätte sie ohne die Hypnose, die sie auf die Prüfung vorbereitet, nicht gehabt. Das ist noch einmal zusätzlich etwas Angenehmes, was das zuvor in der Trance Erlebte noch einmal von innen heraus unterstreicht. Es wurde von außen keine Suggestion gegeben. Es wurden ohnehin nicht sehr viele „massive" Suggestionen gegeben, (wie das z.B. von manchen Therapeuten bei der Raucherentwöhnung gemacht wird) sondern es wurden die Voraussetzungen geschaffen, dass der **Organismus selbst Lösungen anbietet**, die dann vom Therapeuten weiter verstärkt wurden.

Kl.: Ich spüre den Kopf gar nicht mehr.

Th.: Und in der Prüfung sind Sie auch ganz präsent. Und Ihr Unbewusstes macht das eigentlich für Sie. Wird Ihnen all sein Wissen zur Verfügung stellen, all sein Wissen. ... Mehr vielleicht sogar noch, als Sie gelernt haben. Vertrauen Sie auf diese Hilfe. Und lassen das Unbewusste Sie führen und die Prüfung zu Ihrem Besten regeln. ... Und Sie haben schon das Gefühl der Befreiung und Erleichterung **jetzt** gespürt, in diesem Moment. ... Was ein sicheres Zeichen dafür ist, dass es wirklich eine Befreiung ist. Dass Sie es gut gemacht haben. Andere, tiefere Instanzen in Ihnen, Ihnen geholfen haben. ... Und nun wandern Sie noch einmal mit Ihrer Aufmerksamkeit in Ihre Nierengegend und spüren, ob diese Erleichterung auch dort vorhanden ist, oder Wärme vorhanden ist. Wie ist es dort in den Nieren?

Es schließt sich eine Inspektion der inneren Organe an, da die Klientin ebenfalls über Bluthochdruck klagt und das Gefühl hat, irgendetwas sei mit ihren Nieren nicht in Ordnung. Aus zeitökonomischen Gründen wurden zwei zu bearbeitende Themenkomplexe in einer Sitzung bearbeitet. Hier im Text sollte nur die Krisenintervention bezüglich der Prüfungsangst dargestellt werden. Die visuelle „Organinspektion" der Niere wird somit übersprungen. Es folgt somit eine innere Vorbereitung der Klientin auf die Beendigung der Trance.

Th.: Und wir können zu einem späteren Zeitpunkt noch einmal nachschauen, ob Ihr Unbewusstes und Ihr Körper noch mehr Unterstützung brauchen können. Zu diesem Zeitpunkt würde ich vorschlagen, dass der Körper sich den Heilungsvorgängen einfach überlässt und Sie Ihre Aufmerksamkeit wieder ganz wo anders hin lenken. ... Auf das Wohlgefühl im ganzen Körper. ... Und mit den Gedanken vielleicht noch nachhängen, aber dass Sie dann wieder mit Ihrer Aufmerksamkeit wo anders hingehen. Sie die Wärme spüren, vielleicht das leichte und freie Gefühl im Bauchraum insgesamt. ... Und zu schauen, wie es in der Lunge ist, die ja sehr befreit war. ... Und Sie sich wohlfühlen, Sie sich ganz wohlfühlen. Und wir diese innere Reise so langsam, ... ganz langsam, ... zu einem Schluss kommen lassen. Ganz langsam. ... Sie kehren zurück, hier in Gedanken in diesen Raum ... Und Sie merken, wie Ihre Aufmerksamkeit wieder mehr nach außen gerichtet ist ... und Sie können alles in sich bewahren, was wichtig ist, und diese Sicherheit mitnehmen. ... Und das gute Gefühl der Entspannung, für die nächsten Tage auch. ... Und dann, so langsam hier zurück kommen. Und sich räkeln und langsam wacher werden. Ganz normale Tageswachheit.

Die Trance ist beendet.

Th.: Wie war diese Erfahrung für Sie?

Kl.: Das war eigenartig ... aber auch einzigartig. ... Die Ruhe war auch schön. Irgendwo war ich mal ganz weg, da habe ich gar nichts mehr gemerkt. Es ist etwas Eigenartiges. Ein besonderer Zustand, kein Schlaf. Etwas mitbekommen und trotzdem wo anders zu sein. Das ist aber ein schönes Gefühl. Es war alles so leicht. Ich habe das Gefühl gehabt, ich bin so ein Stückchen geschwebt. Das war sehr schön.

Verlaufsbericht nach der Prüfung

Der Verlauf der Prüfung spricht für sich selbst. Auf die Frage, welche Auswirkungen die Hypnosesitzung auf ihr Befinden vor und während der Prüfung gehabt habe, berichtet Frau P. Folgendes:

„Es hat Auswirkungen gehabt, die mich verblüfft und geradezu erschüttert haben. Ich habe dagesessen, wie ein Kind, das „Uuuuh“ sagte, mit riesengroßen Augen und dachte: ‘Ich hab ja **gar keine Angst!**’ Wir saßen zu 20

Leuten zusammen, die in die Prüfung mussten. Wir mussten insgesamt zwei Stunden warten. Und es ist furchtbar, zwei Stunden zu warten. Alle waren am Zittern und Bangen, und **ich wurde immer ruhiger.** Und je mehr die anderen durchdrehten, desto ruhiger wurde ich. Das kenne ich überhaupt nicht an mir.

Ich war sehr klar, ich war sehr bewusst. Nachher mussten wir noch einmal zwanzig Minuten warten, weil die Gruppe, die vor uns geprüft wurde, sehr schwierig war. Da saßen wir draußen, und da habe ich mir ein Buch vorgeholt und habe etwas ganz anderes gelesen. Nicht, weil ich mich ablenken wollte, sondern weil mich das Buch *(hatte nichts mit der Prüfung zu tun)* einfach interessierte. Und die anderen sagten: 'Hey, Doris, was ist denn mit dir los. Du sitzt da so cool, als wenn Du jeden Tag Prüfung hast.' Ich hatte keinen Druck mehr.

Ich war die einzige, die absolut ruhig war, die auch dem Prüfer einmal eine Gegenfrage stellte. Nach der dritten Frage sagte er: 'Prüfe ich Sie oder prüfen Sie mich?. Es war dann mehr ein Gespräch und ich wurde immer ruhiger. Und vor allem, was interessant war, ich hatte alles im Kopf. Es war, als ob ich das immer nur abrufen konnte. Es kam eine Frage und schwups war die Antwort da. Die anderen stotterten *(es war eine Gruppenprüfung)* und ich saß da, wusste es, aber wir durften nicht dazwischensprechen.

Der Prüfer Dr. B. hat mir Fragen gestellt, die nichts mit unserer Ausbildung zu tun gehabt haben. Die Sachen haben wir nie gelernt. Ich habe alles Fragen bekommen, die nichts unmittelbar mit dem eingepaukten Wissen zu tun hatten. Es waren Fragen, die mich hätten aufs Glatteis führen können, aber da habe ich nur aus dem Bauch heraus geantwortet.

Die eine Stunde, die wir die Hypnose gemacht haben, hat bei mir einen Damm gebrochen. Der Damm hat nicht nur etwas mit der Prüfung zu tun gehabt, sondern ich glaube, der hat allgemein bei mir einen Damm gebrochen. Jetzt habe ich auch den Mut für andere Dinge. Das hätte ich vorher nicht gehabt. Ich habe auch jetzt mehr Klarheit und Bewusstheit. Da ist wirklich ein Damm gebrochen."

Die Klientin konnte durch die bestandene Prüfung nicht nur einige berufliche Vorstellungen und Wünsche realisieren, sondern diese neue Erfahrung gab ihr auch den Mut, weitere persönliche Schritte zu tun, die ihr ganz neue Perspektiven in ihrer Persönlichkeitsentwicklung eröffneten.

11. Vom Albtraum zum Traum-Märchen

4. Fallbeispiel: Krisen-Prävention bei einer psychotischen Patientin
Frau M., 48 Jahre

Überblick

- **48-jährige Frau mit einer** manisch-depressiven Psychose.
- Albträume **verstärken ihre Angst vor einem erneuten psychotischen Schub. Die Patientin ist in der Reha-Klinik, um sich zu stabilisieren.**
- **Es wird beschrieben, wie** gesunde Anteile reaktiviert **werden, die dann ein Gegengewicht zur Krankheit bilden und somit zur psychischen Stabilität beitragen können.** Lösungs- und ressourcenorientierte Vorgehensweisen **werden kombiniert mit einer** ungewöhnlichen Form der Traumbearbeitung.
- **Die erworbene Coping-Strategie kann später zur** Krisen-Prophylaxe **beitragen.**

Dauer der Gruppentherapie: 90 Minuten

Vorbemerkungen

Die Patientin Frau M. ist 48 Jahre alt und leidet an einer manisch-depressiven Psychose. Zur allgemeinen Stabilisierung wurde sie von ihrem behandelnden Psychiater in eine psychosomatische Klinik überwiesen, die ein spezielles Behandlungsprogramm für Psychosepatienten in der Remissionsphase anbot.

Frau M. befand sich zu dem Zeitpunkt der neu einsetzenden Krise bereits zwei Wochen in der Reha-Klinik. Sie nahm regelmäßig an einer stützenden Gruppentherapie teil. Eine konfliktaufdeckende Vorgehensweise wäre in diesem Fall kontraindiziert gewesen, da sie das psychotische Geschehen wiederbeleben kann. Auch für die übrigen Mitglieder der Gruppe stand die psychische Stabilisierung im Vordergrund, wobei jedoch andere Grunderkrankungen vorlagen. Beispielsweise handelte es sich um Patienten, die durch die Belastungen der Pflege eines schwerkranken Angehörigen selbst kurz vor einem psychischen und körperlichen Zusammenbruch standen oder auch um ältere Patienten, die aufgrund von Isolierung oder körperlichen Erkrankungen in eine Depression geraten waren.

Um sich ein Bild von dem Krankheitsgeschehen machen zu können, um die Angst vor einer Wiedererkrankung verstehen und um später die **Leistung der Patientin würdigen** zu können, was es bedeutet, dieses **fragile psychische Gleichgewicht** wieder zu stabilisieren, werden Äußerungen der Patientin zu ihrem Krankheitsgeschehen im Originalton wiedergegeben.

Es sind Auszüge aus einem Gespräch, das nach Abschluss des Behandlungsprogramms geführt wurde, als die Patientin sich bereits wieder stabilisiert und Abstand zum Krankheitsgeschehen hatte.

Bericht der Patientin über ihre Erkrankung

„Ich habe damals total den Bezug zur Realität verloren. Ich habe noch mit meinem Mann zusammen gelebt und meinen Kindern. Und eines Nachmittags habe ich alle Sachen, die mir so gehörten, zusammen gesucht, die ins Auto gepackt und bin einfach losgefahren. Ich bin Richtung A. *(eine 200 Kilometer entfernte Stadt)* gefahren. Ich weiß auch nicht, warum. Ich kannte da überhaupt niemanden. Und als ich in A. war, bin ich zum Bahnhof gefahren und am Bahnhof waren die ganzen Penner. Und mit denen habe ich dann drei Monate dort gelebt. Ich hatte ja mein Auto noch, da konnte ich drinnen schlafen. Also ging es mir immer noch viel besser als den anderen.

Und während der Zeit habe ich mich dann Maria genannt, oder irgendjemand hat mich mal Maria genannt. Und von da an war ich dann Maria. Habe ich Maria geheißen, damit mich auch keiner finden konnte. Ich habe mich also ständig verfolgt gefühlt, von der Polizei. Im Laufe der Zeit habe ich mir dann eingebildet, ich wäre ein Engel.

Ich bin dann ganz anders gegangen. Und meine Ausstrahlung scheint auch so gewesen zu sein, weil alle Menschen ganz lieb mit mir umgegangen sind. Ich habe nie ein schlechtes Erlebnis gehabt. Ich bin wie auf Wolken gegangen, schwebend.

Mit dem „Engel sein" war verbunden, dass mir eben nichts passieren konnte. Ich habe mich Gott sehr nahe gefühlt. Ich habe auch viel gebetet. Ich war auch viel in der Kirche oder in Kirchen überhaupt. Und ich war mir ganz sicher, dass mir eben nichts passieren konnte. Dass jemand auf mich aufpasst. Das war ein herrliches Gefühl.

Das ging ungefähr drei Monate so. Vorher war ich noch wegen einer Nierenkolik im Krankenhaus gewesen. Dabei haben sie eine Geschwulst festgestellt in der linken Brust. Die haben gesagt, das wäre bösartig. Ich müsste ins Krankenhaus, mich operieren lassen. Und eigentlich war ich dann immer auf dem Weg nach C. in die Frauenklinik, weil ich da schon ein Bett hatte. Aber irgendwie wollte ich mich auch nicht operieren lassen. Ich habe viel gebetet, damit das weg gehen sollte. Was übrigens auch passiert ist: es ist verschwunden, die Geschwulst ist weg.

Ich bin dann nach C. gefahren, bin aber nicht in die Klink gegangen, sondern bin dort unter die Penner gegangen. Also irgendwie findet man die Leute auch immer. Und dann ist es kalt geworden, es war dann November, und ich wollte dann auch nicht mehr draußen sein. Irgendwie hat es mir auch nicht mehr gefallen. Die Leute waren auch nicht mehr so oft anzutreffen, weil eben schlechtes Wetter war. Die haben sich alle zurückgezogen in irgendwelche Höhlen oder beim Bahnhof in der Unterführung, aber da wollte ich nicht hin.

Und dann bin ich zu einer Diakoniestation gegangen und da hatte ich großes Glück, weil die sagten, es gibt ein Programm für Frauen, die auf der Strasse sind. Und so bin ich da reingerutscht und habe eine Wohnung bekommen, so eine Doppelzimmerwohnung mit jemandem zusammen. Aber da konnte ich es auch nicht aushalten, weil das alles Alkoholikerinnen waren. Und der Umgang dort, das war nichts für mich. Und dann hat sie mir geholfen, dass ich eine eigene Wohnung finde. Die habe ich dann bezogen. Als ich in die Wohnung eingezogen bin, ging es mir rapide schlechter, da bin ich dann in die Depressionen gefallen.

Ich konnte mich nicht mehr waschen, nicht mehr die Zähne putzen, die ganz alltäglichen Dinge, die konnte ich einfach nicht mehr machen. Ich bin dann immer im Bett geblieben. Und die Ängste, raus zu gehen, wurden immer schlimmer. Ich habe dann nichts mehr einkaufen können. Und dann habe ich irgendwann mal gerafft, also jetzt stimmt etwas nicht mehr mit dir. Ich habe es ... die Kinder sind mir in den Kopf gekommen. 'Wo sind meine Kinder? Was ist mit meinen Kindern?' Und dann habe ich in die Gelben Seiten geguckt und habe mir eine Psychologin gesucht. Und habe einen Termin gemacht, bin zu ihr hin. Und dann hat sie gesagt, das kann sie nicht behandeln, da muss ich ins Krankenhaus. Und so bin ich dann ins Krankenhaus gekommen. So fing das an.“

Th.: Sie hatten noch sehr viel Fähigkeiten, dass Sie sich überhaupt diese Hilfe gesucht haben. Das ist ja ganz erstaunlich.

Pat.: Ja. Aber ich hatte so massiv Selbstmordgedanken, dass ich das dann gemerkt habe. Ich kann nicht alleine mehr klarkommen, das geht nicht mehr. Ich wollte Tabletten nehmen, um mich umzubringen.

Die sich anbahnende Krise

Ihre latente, jetzt in der psychosomatischen Klinik wieder aufgetretene Angst war, dass sie wieder einen akuten Krankheitsschub bekommen könnte. Diese Befürchtung stellte sich auch als nicht ganz unbegründet heraus, da ihre Unruhe sowie die Schlafstörungen in den letzten Tagen zugenommen hatten. Der erste Teil der Krisenintervention bestand in einer Erhöhung der Neuroleptikagabe, auf die sie seit Beginn der Behandlung ihrer Krankheit angewiesen war. Daraufhin konnte sie besser einschlafen, war nicht mehr so „aufgedreht", wie sie es nannte.

Ihre unterschwelligen Ängste vor einem erneuten Krankheitsschub jedoch blieben bestehen, nahmen noch zu und spiegelten sich in nächtlichen Albträumen wieder. Mit dieser Angst wandte sie sich innerhalb der Gruppe an den Therapeuten, der in diesem Fall auch ihr behandelnder Arzt in der Klinik war.

Einbeziehung der Gruppe in die Krisenintervention

Die Patientin erzählte in der Gruppe, dass sie einen Traum gehabt habe, der sie sehr beängstigte. Allein die Tatsache, dass die Patientin dieses Anliegen in die Gruppe einbrachte, zeigt dass sie Vertrauen gewonnen hat, dass ihr die Gruppe wohl einen gewissen Halt gibt. Weiterhin ist hervorzuheben, dass sie damit von sich aus bereits im Vorfeld der sich abzeichnenden Krise einen **aktiven Schritt** unternahm, um nicht wieder in eine solche hinein zu geraten. Eine lösungsorientierte, in diesem Fall sogar eine präventive Maßnahme.

Traumbeschreibung

Die Patientin schildert den Traum, der hier sinngemäß wiedergegeben wird: Sie habe geträumt, dass sie von diesem Gebäude der Klinik, *(in dem die Gruppentherapie stattfindet)* zu einem andern Gebäude geht, in dem sie wohnt. Dazwischen befindet sich eine große Wiese. „Das ist in der Realität auch so. Ich habe mir das jetzt noch einmal genau angeguckt. Aber das war mir nicht so bewusst vorher." Sie hat also anschließend eine Realitätsprüfung vorgenommen, was wiederum positiv zu werten ist, denn eine Psychose ist ja dadurch gekennzeichnet, dass eben der Bezug zur Realität verloren gegangen ist. Sie versucht also, Sicherheit in Bezug auf ihr Denken und ihre Wahrnehmung zu bekommen.

Sie träumt, dass sie über diese Wiese geht, um von einem Gebäude zum anderen zu gelangen. Auf der Wiese ist im Traum ein Teich. Alle Leute gehen um den Teich herum, nur sie geht mitten hindurch. Das Wasser ist eisig gewesen, denn es ist Mitte Dezember. Als sie auf der anderen Seite des Teichs angekommen ist, sind dort sehr viele Leute, vor denen sie aber Angst hat. Sie geht nach dem Durchqueren des Wassers in ihr Zimmer in der Klinik.

Pat.: *(Die Patientin schildert weiterhin das Traumgeschehen).* Ich wollte ins Bett gehen. Es war jedoch ein Hochbett, aber ganz unter der Decke. Wenn ich da so drin gelegen hätte, wäre ich mit der Nase schon an der Decke gewesen. Und das wollte ich auf keinen Fall. Und da bin ich aufgewacht, und da wusste ich ganz genau: Jetzt bin ich wieder krank.

Th.: Woran hätten Sie das gemerkt?

Pat.: Ich habe das gefühlt. Ich habe das Gefühl gehabt dafür. Ich habe genau gewusst, das ist es wieder.

Th.: Welches Gefühl war das? Hat sich das im Körper irgendwie so eingestellt?

Pat.: Nein, das war im Kopf. Das war wieder im Kopf. Das war wieder dieses Überschwängliche, diese Euphorie. Die Euphorie vor allem. Ich habe genau gewusst: Das ist es jetzt wieder.

Anmerkungen

Starke Ängste, die die Patientin beim Aufwachen spürt und die sich über den Tag hinweg fortsetzen, können eine negative Feedbackschleife in Gang setzen, was dann zum Auslöser eines erneuten psychotischen Schubs werden kann. Die Frage ist, was kann man in einem solchen Fall therapeutisch überhaupt tun? Medikamente erhält die Patientin schon in erhöhter Dosierung. Mit verständnisvollen und beruhigenden Worten wird die Patientin vielleicht gar nicht viel anfangen können, zumal dadurch wahrscheinlich wenig an der Bedrohung selbst geändert würde.

Somit bleiben wenig therapeutische Wahlmöglichkeiten. Man kann, wie in diesem Beispiel, auf „kreative Inspirationen" hoffen. Der Therapeut hat die Idee, den Traum in ein Märchen umzuwandeln, das in der Gruppe von allen Teilnehmern gemeinsam entwickelt werden soll. Für ihn selbst ist diese Vorgehen ebenfalls neu. Die Bearbeitung von Träumen bezog er durchaus bei gegebenem Anlass in die Therapie von psychosomatischen Patienten mit ein, aber ein Traum-Märchen mit Patienten, – zumal mit einer psychotischen Erkrankung –, zu entwickeln, war auch für ihn ein

Novum. Zumal zu berücksichtigen ist, dass dieses Vorgehen – die Phantasie der Patientin zu aktivieren – dem psychotischen Grundmuster nahe kommt. Auch in der Psychose, in der wahnhafte Inhalte manifest werden, geht es praktisch um überschießende Phantasiebilder, die jedoch gegenüber der Realität nicht mehr abzugrenzen sind.

Man muss also abwägen zwischen dem Risiko, dass die Albträume der Patientin zu weiteren Ängsten führen und der Möglichkeit, neue Interventionsmöglichkeiten einzusetzen. Dabei besteht eine hohe Verantwortung seitens des Therapeuten. Andererseits ist es wichtig, die Patienten „an dem Punkt abzuholen, wo sie sich gerade befinden".

Alternative Traumbearbeitung

Der Therapeut fragt die Patientin in der Gruppe, ob sie daran interessiert sei, einen Alternativ-Traum zu entwickeln, der ihr vielleicht weniger Angst machen würde. Zunächst werden die anderen Gruppenmitglieder gebeten, ihre eigenen Gefühle in Bezug auf den Traum, den sie gerade gehört haben, zu schildern. Einige finden ihn harmlos, andere wiederum können nachvollziehen, dass sich die Patientin vor ihm fürchtet.

Alle Gruppenmitglieder werden gebeten, zunächst nur die erste Hälfte des Traumes zu betrachten. Als Gedächtnisstütze zeichnet der Therapeut eine Grobstruktur des Handlungsablaufes an die Wandtafel, um alle Elemente des ursprünglichen Traums in der „Umwandlung" zu berücksichtigen. Die Gruppe soll sich gemeinsam eine positive Geschichte ausdenken, so etwas wie ein Märchen, das freundlicher ist und ein Happy End haben soll.

Zunächst wird damit begonnen, die Jahreszeit im Märchen zu ändern. Von Winter findet ein Wechsel auf den Sommer statt, was sich auch in einer leichten Sommerkleidung widerspiegelt. „Wenn ich jetzt im Wasser bin", sagt die Patientin, „kann das sehr erfrischend sein".

Dann wird die Umgebung des Teiches und die Wiese angeschaut. Alle Teilnehmer steuern Ideen bei, die Umgebung freundlicher und einladender zu gestalten. In der neuen Traumversion halten sich jetzt noch andere Personen am Rand des Teiches auf. Einzelne Leute baden sogar. Kinder schwimmen und planschen vergnügt im Wasser. Auf der Wiese blühen Blumen, stehen Bäume und eine Schaukel. Sogar ein Picknick wird abgehalten. Kinder von Freunden und Bekannten sind da, aber ihre eigenen Kinder sollen nicht in dieser Geschichte vorkommen, sagt sie.

Dann wird überlegt, was Frau M. wohl machen wird, wenn sie aus dem Wasser herauskommt. Wird sie vielleicht zu den Leuten zum Picknick gehen? Sie selbst sagt, dass sie sich genüsslich in die Sonne legt.

Die Gruppe versucht nun den Handlungsstrang weiter zu entwickeln. Da es sich um ein Märchen handelt, meinen einige Gruppenmitglieder, könne auch etwas Ungewöhnliches geschehen. Es wird überlegt, ob Frau M. zu Fuß weitergehen, ein Fahrrad nehmen oder ein Auto benutzen wird. In der gemeinsamen Phantasie kommt jedoch überraschenderweise ein Pferd mit einer Reiterin des Weges, die einer Mitpatientin entspricht. Diese ist als Robin Hood verkleidet. Frau M. wird eingeladen, mit der Reiterin einen kleinen Ausritt zu machen.

Der Therapeut fragt, ob das Märchen in der heutigen Zeit spielt oder in einem vorigen Jahrhundert. Alle entscheiden sich für die aktuelle Zeit, sodass klar wird, dass Robin Hood nur eine Verkleidung ist. Der Ausritt führt dann zu einem Imbissstand. (Interessanterweise leiden beide Patientinnen auch noch an einer Essstörung mit Heißhungerattacken und starkem Übergewicht). Robin Hood möchte dort etwas essen. Frau M. mag aber keine Imbissbuden und sagt: „Und damit wären wir wieder beim Thema Essen“.

Der Therapeut gibt zu bedenken „Vielleicht ist die Imbissbude ja auch eine Versuchung. Im Märchen gibt es oftmals drei Versuchungen oder Bewährungsproben“. Auf der Symbolebene könnte hier Impulskontrolle geübt werden. Es hat aber den Anschein, dass der Aspekt, „sich etwas zu gönnen", im Moment im Vordergrund steht. Essen hat häufig auch die Funktion, „sich etwas Gutes zu tun“ oder auch Angst zu reduzieren.

Die Gruppenmitglieder arbeiten mit dem Aspekt der Versuchung weiter. Die beiden Frauen reiten zu einer Bäckerei und gönnen sich einen Kuchen und eine Tasse Kaffee. Im diesem Fall kann es durchaus in Ordnung sein, den Aspekt Angstreduzierung vor die Kontrolle des Essverhaltens zu stellen. Aber beide Protagonistinnen essen nicht unkontrollierte Mengen Kuchen, sondern gönnen sich jeweils nur ein Stück.

Vielleicht stellt auch die Klinik eine Versuchung dar, wird überlegt. Die beiden nähern sich dem Klinikgebäude – jetzt aber von einer anderen Seite. Sie sitzen plötzlich in einem behaglichen Aufenthaltsraum mit Holzvertäfelung und gemütlichen Möbeln. Eine Mitpatientin tritt plötzlich als Schwester Monika ins Zimmer und sagt, dass sie aber Ihren Besuch anmelden müsse. Alle finden diese Situation urkomisch, weil sie eine Parodie der Klinikregeln darstellt und amüsieren sich köstlich.

Die Klinik ist wahrscheinlich auch ein verwunschenes Schloss, so wird spekuliert. Die Schwester führt Robin Hood und die Patientin auf ihre Zimmer. Robin ist jetzt nicht mehr verkleidet, sondern ein großer stattlicher Mann, der sie beschützen kann. Das Zimmer ist behaglich groß mit einem bequemen Sofa darin. Im Kamin prasselt ein Feuer. Alle Gruppenmitglieder sind nun ebenfalls in diesem Zimmer versammelt und unterhalten sich angeregt.

Reflexionen zum Verlauf

Während dieses Märchen entwickelt wird, ist die Atmosphäre sehr vergnüglich und entspannt. Es war jedoch nicht immer ganz einfach, den Faden weiterzuspinnen.

Th.: Wie geht es Ihnen jetzt?

Pat.: Ich fühle mich sehr wohl.

Th.: Woran merken Sie das?

Pat.: Weil ich gelacht habe. Mein Körper ist außerdem entspannt.

Die Patientin hatte den Verlauf ihrer psychotischen Erkrankung bisher nicht in Einzelheiten in der Gruppe erzählt. Auf die Frage, wann sie sich das letzte Mal so wohl gefühlt habe, sagt sie: „Damals, als ich mich wie ein Engel gefühlt habe". Der Therapeut greift dieses auf uns sagt: „Sie brauche also nicht unbedingt eine Psychose, um sich wohl zu fühlen". Das impliziert, dass die Psychose auch eine gewisse Funktion für sie hatte. Nun gibt es weitere Wahlmöglichkeiten, um sich wohl zu fühlen, wie sie gerade durch die heitere, ausgelassene Gruppenstunde erfahren hat.

Zu dem Albtraum hat sie jetzt noch eine weitere Wahlmöglichkeit hinzubekommen. Sie kann ihn in etwas Zuversichtlicheres umwandeln. Diese Wahlmöglichkeiten können die Angst schon dadurch etwas reduzieren, dass sie die Möglichkeit hat, Einfluss auf den Verlauf zu nehmen. Sie ist dem Horrorgeschehen nicht mehr ganz ausgeliefert, dadurch, dass sie auch andere Aspekte sehen kann und auch Traumsequenzen in der Phantasie humorvoll weiterentwickeln kann.

Für das Wohlgefühl mittels Psychose (das Gefühl, ein Engel zu sein) hat sie einen sehr hohen Preis gezahlt, wenn man das so ausdrücken darf. Sie hat dadurch den Bezug zur Realität verloren, was sehr viel Leid auf den verschiedensten Ebenen zur Folge hatte (Körperliche Beschwerden, Verlust der Kinder, starke Ängste, psychotische Symptome etc).

Jetzt hingegen sitzt sie ganz real in der Gruppe und fühlt sich wohl. Und sie ist sich auch ganz bewusst, dass alle zusammen eine Phantasie entwickelt haben. Sie hat weiterhin die Erfahrung gemacht, dass sie mit ihren „merkwürdigen Ängsten" von anderen angenommen wurde, dass sie von den Mitpatienten psychisch unterstützt wurde. Sie selbst sagt, dass sie genau wisse, was Realität und was jetzt Phantasie sei. In der Psychose hingegen wisse sie das nicht. Sie hat in der Gruppentherapie die Erfahrung gemacht, sich auch in der Realität wohlfühlen zu können und hat selbst noch in nicht unerheblichem Maße dazu beigetragen.

Sie hat weiterhin die Erfahrung gemacht, dass sie die Phantasie jederzeit unterbrechen und in ihrem Sinne gestalten kann. Die Wahnideen hingegen kann sie nicht unterbrechen. Diese überfallen sie auch ohne Vorankündigung.

Die Reaktivierung von gesunden Anteilen wie Heiterkeit, Lebensfreude, Ausgelassenheit und das Gefühl der Geborgenheit kann die Patientin eventuell psychisch insgesamt etwas stabilisieren. Sie hat durch das Gruppenerlebnis, durch das Entwickeln des gemeinsamen Märchens das Wohlbefinden ganz leib-haft gespürt. Es bildet nun einen Kontrapunkt zu den Ängsten und dem langjährigen Leid. Mit dem Lachen erfolgte auch eine Distanzierung gegenüber dem Angsttraum.

Einige Anmerkungen zu den Traumsymbolen

Ich möchte hier jetzt keine Traumanalyse vornehmen, aber die Symbole geben schon einen gewissen Aufschluss über die psychische Befindlichkeit der Patientin. Auch diese Möglichkeit der Informationsgewinnung kann manchmal diagnostisch recht hilfreich sein. In diesem Fall sagt die „Seelenlandschaft" noch einmal auf eine andere Weise etwas über die akute Situation der Patientin. Manchmal können sie selbst diese Befindlichkeit gar nicht in Worte fassen, sodass ein Bild, ein Symbol präziser Auskunft geben kann.

Nehmen wir einige Symbole heraus: „Alle gehen um den Teich herum, sie geht durch das eisige Wasser". Das signalisiert ein Abweichen von der Norm. Das gleiche erlebt sie mit ihrer Psychose, die sie ebenfalls zur Außenseiterin macht. Sie geht durch eiskaltes Wasser – es ist Dezember –, vielleicht ein Symbol für das Absterben aller Gefühle, eine Vereisung, aber auch dafür, etwas gefühlsmäßig nicht mehr richtig wahrzunehmen, nämlich dass das Wasser so kalt ist, dass man nicht hindurch gehen sollte. Im Alternativbild ist es Sommer. In diesem Fall ist es angemessen, dort zu baden und wie sie es erlebt, „sich zu erfrischen". Dieses Bild belebt die Gefühle, man kann sich frei schwimmen. Nach dem Bad legt sie sich „genüsslich in die Sonne". All das belebt die innere Landschaft und kann ihre vereisten Gefühle etwas auflockern.

Sie geht durch den eiskalten Teich hindurch, d.h. sie könnte auch versinken, denn sie weiß nicht, wie tief er ist. Es ist ungewiss, ob sie heil hindurch kommt. Auch ein Symbol für die latente Bedrohung durch die Psychose. Auch in Redewendungen kommt diese Bedrohung zum Ausdruck. Mit der Ankündigung „Ich gehe ins Wasser" drücken Leute in früheren Zeiten ihre Verzweiflung und Suizidabsichten aus.

Um diese positive Gegenerfahrung noch mehr zu assimilieren, empfiehlt der Therapeut der Patientin, dieses Traummärchen noch einmal aufzuschreiben oder Teile daraus zu malen. Durch die nochmalige Konzentration auf die Märchenphantasie wird sie wieder mit gesünderen und hoffnungsvolleren Anteilen ihrer Persönlichkeit in Berührung kommen. Am nächsten Tag fragt der Therapeut die Patientin, wie die Gruppenstunde für sie war.

Th.: Wie war das gestern für Sie? Wie war das dann **gestern Abend**? Wie ist das heute?

Pat.: Also während dessen war das ein bisschen lächerlich für mich, das ganze in ein Märchen zu verpacken. Aber später am Abend habe ich dann gemerkt, wenn ich an den Traum gedacht habe, dann habe ich an das Märchen gedacht. An eine Märchenversion. Dann war das nicht mehr so bedrohlich für mich.

Th.: Wenn man über etwas lacht, dann ist es nicht mehr so bedrohlich. Und jetzt haben Sie so einen Alternativtraum.

Pat.: (lacht). Ja. Das ist jetzt lieblicher das Ganze.

Man sollte sich in diesem Fall jedoch nicht der Illusion hingeben, dass nun die latente Bedrohung weg ist. Die Patientin kann jederzeit wieder einen akuten Schub des psychotischen Geschehens bekommen. Es ging in diesem Fall darum, ihre Angstgedanken, die ein zusätzlicher „Trigger" für einen erneuten Schub sein können, zu entschärfen. Es hat in diesem Fall gut funktioniert.

Ein ganz wichtiger Aspekt ist, dass die Patientin bisher gar nicht mitbekam, wann wieder ein Schub ankündigte. Dieses macht natürlich sehr starke Angst, weil sie sich dem Geschehen vollkommen ausgeliefert fühlt. Sie sagt dazu: „Ich habe mich so die ganzen Monate danach gefragt, wie würde ich das wieder merken, wenn es los geht. Merke ich das überhaupt? Jetzt mit dem Schlafen, das ist ein **Zeichen**, das weiß ich."

Ein sich plötzlich stark ändernder Schlaf-Wach-Rhythmus kündigt bei Psychosepatienten oftmals an, dass die psychische Stabilität brüchiger wird.

Und für die Patientin sind die bedrohlichen Trauminhalten und der veränderte Schlaf nun ein Ankündigungs-Zeichen einer sich abzeichnenden Instabilität geworden. Sie müsste künftig in dieser Phase bereits ärztliche bzw. therapeutische Hilfe aufsuchen, um einen akuten Krankheitsschub abzufangen zu können. Insofern war die Gruppensitzung nicht nur eine Bearbeitung der sub-akuten Krise, sondern könnte auch durch die Wahrnehmung von Vorzeichen (Prodromalzeichen), zu einer künftigen Krisen-Prophylaxe beigetragen haben.

12. Lebenskrise

<u>5. Fallbeispiel:</u> **Lebens- und Ehekrise mit depressiver Entwicklung**
Herr Z., 40 Jahre

Überblick

- 40-jähriger Klient in der Lebensmitte in einer schleichend sich zuspitzenden **Sinn- und Ehekrise.**
- Der Klient **beklagt** fortwährend seine Situation, verhält sich **passiv** und sieht sich lediglich als Opfer der Umstände.
- In den bisherigen fünf Therapiesitzungen breitet sich ebenfalls eine allgemeine Lähmung aus, in der auch die Therapeutin selbst keine konkreten Ansatzpunkte mehr für die weitere Therapie sieht, sie das Gefühl hat, sich im Kreise zu drehen.
- Ein **externer Therapeut** übernimmt einmalig die nächste Therapiesitzung. **Ziel:** erstarrte **Denk- und Verhaltensmuster** sowohl beim Klienten als auch in Bezug auf den festgefahrenen Therapieprozess zu unterbrechen, um dadurch **neue Impulse zu geben**.
- Es wird beschrieben, wie der Klient zur aktiven Mitarbeit am Therapieprozess **motiviert** wird. Hinter der allgemeinen Unzufriedenheit werden plötzlich andere wichtige Themen deutlich: **mangelnde Kommunikation und Offenheit in der Ehe, Gewalttätigkeiten, Angst vor Einsamkeit und vor dem Alter.**
- Der Klient wird **angeleitet**, das **zu wertschätzen**, was ihm Stabilität gibt. Es wird herausgearbeitet, über **welche Gestaltungsmöglichkeiten** er verfügt.
- **Ressourcen** werden für die Lösung **reaktiviert,** Teillösungen bereits praktiziert.
- Der Klient erhält konkrete Beobachtungsaufgaben, um weitere Entscheidungsparameter zu sammeln.

Gesprächsdauer: 30 Minuten

Vorbemerkungen

Herr Z. ist 40 Jahre alt, verheiratet und hat eine 7-jährige Tochter. Er arbeitet in einer Teilzeitstelle mit 20 Wochenstunden. Die Hausarbeit teilt er sich mit seiner Frau. Durch die reduzierte Arbeitszeit hat er die Möglichkeit, sich um die Tochter zu kümmern. Die Krise, wegen der er in die Beratung kam, ist keine ganz akut aufgetretene, sondern scheint sich seit einigen Jahren entwickelt zu haben. Man kann von einer Lebens- oder Sinnkrise sprechen. Er leidet an den gegebenen Umständen, sieht selbst aber keine Gestaltungsmöglichkeiten.

Der Klient hat bisher 5 Psychotherapiesitzungen in Anspruch genommen, in denen er unaufhaltsam klagte. Die behandelnde Kollegin sieht sich etwas ratlos, wie sie das Klagen und das Selbstmitleid des Klienten unterbrechen kann, um konstruktive Lösungen für ihn vorbereiten zu können. Sie hat selbst das Gefühl, sich im Kreise zu drehen. Dem Klienten wird die Möglichkeit einer Einzelsitzung mit einem externen Therapeuten vorgeschlagen, der gerade eine Fortbildungsveranstaltung in der Nähe des Behandlungszentrums durchführt, in dem die Kollegin tätig ist. Das folgende Gespräch ist somit der Erstkontakt mit einem externen Kollegen.

Verlauf der Krisenintervention und Kommentar

Th.: Was ist Ihr Anliegen, weshalb Sie zu uns in die Beratung gekommen sind?

Kl.: Der Alltragstrott, der ödet mich an, aber ich habe auch keine besondere Vision. Ich **kann** ja eben nicht, weil meine Familie da ist. Ich würde eigentlich lieber das machen, was ich früher gemacht habe. Diese Reisen nach Afrika. Da musste ich einfach im Moment reagieren können. Ja, und jetzt ist alles so vorgegeben. Ich kann ja gar nichts ändern.

Th.: Aber Sie haben diesen Teil Ihres Leben auch **gewählt**, oder?

Der Klient hatte die vorigen fünf Sitzungen nur sein Elend betrachtet und beklagt. Dieses Muster möchte der hinzugezogene Therapeut unterbrechen. Herr Z. scheint mit seiner Phantasie in der Vergangenheit zu leben, diese auch ein Stückchen zu idealisiert. Er schaut damit aber nicht seine augenblickliche Realität an, unter der er leidet. Er sieht sich auch als „Opfer der Umstände“: ‘Es ist alles so vorgegeben’. Er scheint sich als sehr hilflos zu erleben und darauf zu warten, dass irgendetwas sich von alleine verändert und zwar zu seinen Gunsten. Dass er auch Gestaltungsmöglichkeiten hat, nimmt er nicht wahr. Die Äußerung des Therapeuten, dass er diesen Teil seines Lebens auch gewählt hat, soll seinen Protest hervorrufen, ihn aus seiner Lethargie und seinem Jammertal herausholen, um nachzudenken. Außerdem ist es eine Tatsache, dass er dieses momentane Leben und nicht das Leben in Afrika gewählt hat.

Kl.: Ja, was heißt gewählt? Das Kind ist ja geboren.

Th.: Sie haben diese Beziehung gewählt, Sie haben sich für ein Kind entschieden. Das sind ja Fakten.

Kl.: Ja. Aber es war natürlich keine bewusste Wahl. Natürlich habe ich meinen Teil als Mann dazu beigetragen, aber wir haben nicht als Paar entschieden, dass wir das Kind haben wollen.

Die vorige Frage führte wohl zu einem zentralen Punkt. Er sieht die Vergangenheit möglicherweise so, dass er in die Ehe „hineingeschlittert" ist und sich offenbar gar nicht **für** ein Kind entschieden hat. Die Duldung einer Situation hat aber langfristige Folgen, die er nun mit großer Unzufriedenheit bezahlt. Die Frage führt auch sofort zu der augenblicklichen Situation des Ehepaares.

Th.: Sie bedauern das jetzt, dass Sie das Kind haben?

Kl.: Ja. – Äh, das Kind eigentlich nicht, aber die Festgefahrenheit in dieser Beziehung. Ich bin ganz eingeengt.

Th.: Nun ist das aber Fakt, dass das Kind da ist. Das ist eine Entscheidung, die können Sie ja nicht rückgängig machen. Sie sind nun dafür auch **mit** verantwortlich.

Wieder wird das Augenmerk ganz klar auf die konkrete Lebenssituation gelenkt, auf die bestehenden Tatsachen. Dadurch, dass er einiges einfach hat geschehen lassen, hat er auch selbst dazu beigetragen, dass Tatsachen geschaffen werden. Die Tochter wurde geboren. Dadurch hat sich **ganz real die Situation geändert.** Dafür trägt er nun auch Verantwortung und kann nicht das Schicksal dafür verantwortlich machen.

Kl.: Ja, ich habe mir schon überlegt, dass es ein Fehler mit der Schwangerschaft war. Damals hatte ich schon überlegt, ob ich weggehe. Aber ich habe dann gemerkt, ich kann das nicht.

Th.: Sie wollten also die Beziehung schon früher einmal verlassen?

Mit dieser Frage wird gleichzeitig abgeklärt, ob die Krise ganz akut entstanden ist oder sich möglicherweise schleichend entwickelt hat. In diesem Fall ist die Blickrichtung die Vergangenheit. Indirekt versucht der Therapeut damit zu vermitteln, dass Herr Z. schon zu früheren Zeitpunkten hätte aktiv etwas unternehmen können, damit sich die Situation erst gar nicht so zugespitzt hätte. Im weiteren Vorgehen soll aber die Zeitperspektive nach vorne gerichtet werden. Der Therapeut deutet damit auch an, dass es Zeit wird, zu handeln, damit sich die Situation **nicht**

noch weiter verschlimmert. Herr Z. ist in die Beratung gekommen, um Abhilfe zu schaffen, um neue Perspektiven zu entwickeln. Das bedeutet, dass er eine Situation nicht beklagt, sondern dass er die Möglichkeit wahrnimmt, **zu handeln.**

Kl.: Ja.

Th.: Hat es darüber vorher schon Spannungen gegeben, dass Sie sich nicht einig waren, ob Sie ein Kind wollten? Sind Sie praktisch überrumpelt worden?

Kl.: Ja. Meine Partnerin wollte eben ein Kind, **ich** nicht unbedingt.

Th.: Ich könnte mir vorstellen, dass sehr viel Unzufriedenheit bei Ihnen besteht. Wenn Sie sich quasi wegen der äußeren Umstände – des Kindes wegen – für diese Beziehung entschieden haben. Es hörte sich so an, als wenn Sie sich gefangen vorkommen.

Der Therapeut versucht sich in den Klienten einzudenken und äußert Verständnis. Er versucht durch Nachfragen auch zu präzisieren.

Kl.: Ja, so komme ich mir schon vor.

Th.: Ist das auch mehr als nur Unzufriedenheit?

Kl.: Ich bin auch schon ausgerastet.

Th.: Und was hat das bewirkt?

Kl.: Ich habe meine Frau geschlagen. Das war natürlich nicht schön. Aber ich fühlte mich auch so eingeengt. Und sie provoziert mich auch.

Der Therapeut versucht, den Ausprägungsgrad der Unzufriedenheit zu ermitteln. Es scheint sich nicht alleine nur um Unzufriedenheit, sondern auch um andere Aspekte zu handeln. Als 'Lösungsmöglichkeit' hat Herr Z. schon einmal das 'Ausrasten' probiert. Es wird ganz konkret nach den Auswirkungen diese Verhaltens gefragt ("was hat das bewirkt?"). 'Ausrasten' ist ein sehr vieldeutiger Begriff. Herr Z. gesteht ein, dass er seine Frau sogar **geschlagen** habe.

Th.: Das ist ja eine schlimme Sache.

Ein Therapeut sollte es nicht versäumen, auch klar seine ethischen Werte zu vermitteln um dem Klienten auch die Dimensionen seines Verhaltens klar zu machen. Er zieht damit gleichzeitig seine persönliche Grenze und ist damit auch in gewisser weise Spiegel für sein Gegenüber.

Kl.: Das ist nur einmal passiert.

Th.: Aber ich denke, das hat die Situation zwischen Ihnen beiden eher noch verschärft, statt sie zu entspannen.

Der Klient verharmlost noch im Nachhinein die Gewaltanwendung gegen seine Frau. Es sei ja nur einmal passiert. Schon das ist nach Ansicht des Therapeuten zuviel. Er streicht noch einmal heraus, dass dieses Verhalten zudem nicht zu der eigentlich **gewünschten Lösung** des Problems **beigetragen hat**, somit auch kein Verhaltensmodell für die Zukunft sein sollte.

Kl.: Ja. Eben. Wir leben jetzt einfach zusammen. Ich habe jetzt schon wieder mal den Vorschlag gemacht, dass wir uns trennen, aber dann sagt die Frau, dann könnte ich das Kind nur bei ihr sehen und das will ich nicht. Wenn schon, dann möchte ich, dass wir das Kind anteilmäßig haben.

Th.: Können Sie noch einmal genau sagen, welche Vorstellung **Sie** von einer Lösung hätten?

Kl.: Ja, es wäre gut, wenn ich weiterhin 50% arbeite und 50% mich um das Kind kümmere und **sie ihren** Teil macht.

Th.: Setzt das eine Trennung voraus?

Kl.: Ja, das wäre mir schon recht, aber nicht so, wie **sie** das will.

Th.: Ich fragte gerade nach **Ihren** Vorstellungen. Wie **genau** sieht Ihre Vorstellung aus?

Der Klient entwickelt kaum eigene Ideen von seiner Zukunft. Er sieht sich als **Reagierenden,** als passiven, ja fast hilflosen Teil in dieser Beziehung. Seine Frau hingegen setzt nach seiner Ansicht die Verhaltensstandards.

Kl.: Meine Vorstellung? Also am liebsten würde ich gar nicht hier sein in Deutschland. Mir stinkt es eigentlich hier zu arbeiten. Ich habe deshalb auch keine klare Vorstellung, weil ich ja eigentlich gar nicht hier sein möchte.

Der Klient weicht aus. Er möchte eigentlich gar nicht in Deutschland leben. Er stammt aus einem anderen deutschsprachigen Land. Kulturelle Unterschiede bestehen deshalb kaum. Weil er eigentlich nicht in diesem Land sein möchte, ist er der Meinung, sich auch keine weiteren Gedanken machen zu müssen, die Realität zu gestalten. Er möchte die Realität eher verleugnen.

Th.: Es wäre aber ganz wichtig, dass Sie eine klare Vorstellung haben, bevor sie irgendwelche weitreichenden Schritte unternehmen. Nachher kommen sie wieder in eine Situation, die Sie sich nicht genau überlegt haben, genau wie diese jetzt, von der Sie sagen, Sie sind da einfach so hineingeraten. Dann wären sie möglicherweise wieder unzufrieden. Deshalb wäre es wichtig, dass Sie eine klare Vorstellung entwickeln. Das heißt aber nicht, dass auch alle Wünsche in Erfüllung gehen werden. Was könnte Ihnen da behilflich sein, etwas mehr Klarheit zu entwickeln? Dass Sie mehr konkrete Ideen für Ihr Leben gewinnen?

Der Therapeut hebt noch einmal zusammenfassend hervor, was dieses Verhalten – nicht hinschauen zu wollen und alles so treiben zu lassen – bewirkt hat. Herr Z. soll sich in dieser Sitzung nun Gedanken machen, Zukunftsvorstellungen entwickeln und Wünsche äußern. Damit er sich aber nicht gleich durch seine eigenen Lösungsideen selbst unter Druck setzt, sie sofort realisieren zu müssen, sagt der Therapeut, dass ja bekanntlich nicht alle Wünsche in Erfüllung gehen. Dies soll auch einem Misserfolgsdenken vorbeugen, das darin bestehen kann, eine Lösung nur dann als erfolgreich anzusehen, wenn **alles** in Erfüllung gegangen ist.

(lange Pause)

Kl.: Ich glaube, ich möchte nicht mehr so in dieser Familie leben. Aber ich habe auch keine guten Freunde mehr. Mir fehlen dann doch auch wieder die Leute.

Ein weiterer Aspekt, nämlich ‘Einsamkeit’, kommt hinzu.

Th.: Sie könnten das ja **entscheiden**, diese Familie zu verlassen. Was hält sie denn in dieser Familie, dass Sie soviel „Leid“ auf sich nehmen, dort zu bleiben, wo es Ihnen anscheinend gar nicht gut geht?

Der Therapeut möchte mit dieser Frage verdeutlichen, dass Herr Z. sich **bereits entschieden hat,** noch in dieser Familie zu bleiben. Das, was er als soviel Leid beschreibt könnte ja auch einen Wert darstellen. Die Frage ‘Was hält sie denn in dieser Familie?’ könnte ihm den Blick für das öffnen, was auch tragfähig in dieser Beziehung ist, was er nicht leichtfertig über Bord werfen sollte.

Kl.: Ja, weil sie eben sagt, wenn wir uns trennen, dann musst du das Kind in **meiner** Wohnung betreuen. Sie will nicht, dass das Kind nach einer Trennung in meiner Wohnung betreut würde. Und das will **ich** nicht.

Th.: Was ist für Sie so schlimm an dieser Lösung, dass Sie diesen Preis in Form Ihrer Unzufriedenheit dafür bezahlen?

Es scheint Lösungsmodelle zu geben, auf die sich der Klient jedoch nicht einlassen kann. Lieber nimmt er die momentanen Belastungen auf sich. Die möglichen Lösungen scheinen aber nie ernsthaft zwischen den Eheleuten besprochen worden zu sein. Nach einer offiziellen Trennung wird es eine juristische Regelung geben, die auch seine Wünsche berücksichtigt. Er befürchtet, das Recht zu verlieren, dass die Tochter ihn in seiner neuen Wohnung besuchen darf. Aber insgesamt macht es den Eindruck, als wenn die Argumente nur fadenscheinige Begründungen dafür sind, seine Angelegenheiten nicht endlich selbst zu regeln.

Kl.: Dann bin ich wieder unter Kontrolle. Ich bin dann nicht in meinem eigenen Zuhause, dort wo ich mich wohlfühle. Dann muss ich wieder an den Ort, wo diese Frau bestimmt. Ich muss dann nach 'Ihrer Pfeife tanzen'.

Th.: Das hört sich so an, als wenn sie gar kein **Mitbestimmungsrecht** hätten.

Seine Einwände hören sich nicht nach denen eines erwachsenen Mannes an, sondern wie die eines kleinen Jungen, der nach der Pfeife der Erwachsenen tanzen muss.

Kl.: Ja, schon ein bisschen.

Th.: Und das lassen sie mit sich machen?

Der Therapeut wendet sich mit der Frage „und das lassen sie mit sich machen?“ an seine erwachsenen Anteile. Herr Z. hingegen versucht das Bild zu vermitteln, als wenn er unter der Knechtschaft seiner Frau leben muss.

Kl.: Irgendwie ja! (lacht).

Th.: Das macht mich jetzt sehr nachdenklich. Es ist schon merkwürdig: Sie sind erwachsen, haben einen Beruf und jemand anderes bestimmt über Ihr Leben. Ist dieses Mitbestimmungsrecht in der Ehe ein ganz wichtiges Thema für Sie?

Der Therapeut klärt ab, ob Herr Z. sich nicht nur in Bezug auf die Betreuung der Tochter bevormundet fühlt, oder auch noch darüber hinaus.

Kl.: Ja, dort wo es um die Erziehung der Tochter geht. Und jetzt mache ich ja mit meiner Tochter das, was ich gut finde.

Th.: Und damit ist Ihre Frau unzufrieden?

Kl.: Ja, sobald sie nach Hause kommt, meckert sie herum.

Th.: Also, hinter ihrem Rücken machen Sie etwas anderes?

Kl.: Ja. Da mache ich das so, wie ich das will.

Das Ehepaar scheint hiermit eine „gute" Basis für Streitigkeiten zu schaffen. Er macht etwas heimlich mit der Tochter, die Ehefrau bekommt das eine oder andere vermutlich mit. Anzumerken ist, **dass er bereits etwas von dem macht, was er sich vorstellt.** Er scheint sich nur nicht zu trauen, seine Frau darüber in Kenntnis zu setzen.

Th.: Das ist ja irgendwie keine Mitbestimmung, sondern so ein bisschen 'Sabotage'. Ich denke, damit fördern Sie nicht, dass Sie zusammenkommen, sondern dass Sie sich weiter auseinander entwickeln.

Es wird versucht, zu vermitteln, dass er selbst **aktiv** dazu beiträgt, dass die Situation für Ihn so spannungsvoll ist. Verhängnisvoll ist auch, dass über das Kind die gegenseitigen Differenzen ausgetragen werden.

Kl.: Ich will auch nicht mit ihr zusammenkommen.

Diese Aussage hört sich eher trotzig an.

Th.: Wir könnten ja einmal Folgendes abklären. Wenn Sie ein kleines bisschen mehr Mitbestimmungsrecht hätten, würden Sie sich dann wohler fühlen?

Kl.: Ich glaube schon, ja.

Der Therapeut versucht, die Sichtweise bei dem Klienten etwas zu versachlichen. Die vorige Aussage, dass er mit seiner Frau nicht mehr zusammenkommen will, scheint sehr emotionsgeladen zu sein. Mit der Frage nach mehr Mitbestimmung soll geklärt werden, ob der Klient sich das Leben möglicherweise unnötig schwer macht.

Th.: Wie sähe das denn aus, wenn Sie mehr Mitbestimmungsrecht hätten? Ganz konkret, worin hätten sie mehr Mitbestimmungsrecht?

Kl.: Schon im Alltag. Sie will immer alles planen und vorausdenken. Ich will eigentlich viel mehr geschehen lassen.

Beide Ehepartner scheinen in Bezug auf Spontaneität und Planung wirklich ganz unterschiedliche Auffassungen zu haben.

Th.: Das hört sich sehr allgemein an. – Wenn ich einen Film drehen würde, der dokumentiert, dass Sie mehr Mitbestimmung praktizieren würden, **was** könnte ich auf diesem Film **sehen.** In welchen Punkten würden Sie anders **handeln?**

Kl.: Sie würden dann sehen, was gerade so passiert. Ich weiß es eben nicht im voraus.

Der Klient möchte etwas anderes leben, scheint aber auch wenige Bereitschaft zu haben, darüber intensiv nachzudenken.

Th.: Was genau würde passieren. Sie schreiben jetzt das Drehbuch zu diesem Film 'Mehr Mitbestimmung'. Und als Drehbuchautor müssten Sie dem Regisseur ja gewisse Ideen liefern, was Sie als Autor verwirklicht sehen wollen, was er nach Ihren Vorstellungen ins Bild setzen soll.

Kl.: Ich will eigentlich gar nicht in dieser Situation leben. Ich möchte gar nicht einen Film darüber drehen.

Th.: Das habe ich schon mitbekommen. Sie wollen ganz was anderes machen, aber es wäre ja mal ein Gedankenexperiment, zu gucken, wie so ein Film aussehen würde. Sie müssen diese Gedanken ja auch nicht gleich in die Tat umsetzten.

Der Therapeut versucht, über gewisse Vergleiche ihn zur Entwicklung von Ideen anzuregen. Der Klient scheint jedoch Ausflüchte zu suchen oder kann mit diesem Vergleich nichts anfangen. Vielleicht scheint er auch zu befürchten, dass er seine Lösungsideen auch sofort in die Tat umsetzten müsste. Vielleicht ist das der Grund dafür, sich auf eine zunächst nur gedanklich gestaltete Zukunft, nicht einlassen zu können.

Kl.: Ich weiß es jetzt noch nicht.

Die Antwort 'Ich weiß es jetzt noch nicht' ist eine sehr ausweichende. Er scheint zu bequem zu sein, jetzt im Moment der Therapiesitzung darüber nachzudenken. Statt ihm aufzufordern, das zu tun, stellt der Therapeut Herrn Z. zunächst eine andere Frage, die aber suggeriert, dass **er selbst** eine Lösung finden wird und nur der Zeitpunkt noch nicht feststehe.

Th.: **Wann** würden sie es wissen?

Kl.: Das kann ich nicht sagen.

Th.: Meine Vermutung ist, sie möchten über diesen Punkt nicht nachdenken.

Kl.: Ja.

Th.: Sie schieben das raus, wie manch andere Entscheidung auch.

Kl.: Ja, ich entscheide mich schon nicht so gerne.

Th.: Haben Sie deshalb diese Situation sich auch so dahinschleppen lassen?

Kl.: Ja.

Th.: Fehlt neben der Mitbestimmung auch noch ein bisschen Entscheidungsfähigkeit?

Kl.: Ja.

Th.: Was bräuchten Sie denn, um das entscheiden zu können?

Kl.: Ich müsste das wieder mehr in die Hand nehmen. Auf meinen Reisen, die ich früher gemacht habe, musste ich **viel** entscheiden.

Mit dieser Aussage hat der Klient sich einen ersten Zugang zu seinen Ressourcen verschafft. Er klagt nicht mehr, dass früher alles besser war, sondern er spricht von **einer Fähigkeit** 'sich entscheiden zu können', die er früher einmal gehabt hat. Die Entscheidungsfähigkeit ist somit keine ganz neue Fähigkeit, sondern eine, die schon in seinem Besitz ist und die er vielleicht für seine gegenwärtige Situation sehr gut re-aktivieren könnte, um diese erträglicher zu machen.

Th.: Wunderbar. Erzählen sie mir mehr darüber. Wo konnten Sie entscheiden, wo waren Sie gefordert?

Kl.: Ich habe Leute in Gruppen durch Teile von Afrika geführt, mit dem Auto. Ich bin sehr begabt, ich mache sehr gerne etwas mit den Händen. Manchmal musste ich schnell etwas am Auto reparieren. Dann gab es Probleme am Zoll ... Ich habe mich einfach in dieser Mentalität wohl gefühlt.

Th.: Und das machte Ihnen keine Schwierigkeiten, da lebten Sie eher auf, höre ich daraus.

Der Therapeut gibt ihm Anerkennung und stärkt somit diese positiven Eigenschaften.

Kl.: Ja. Ich musste in diesem Moment entscheiden, weil sich die Leute nicht so gut auskannten. Das war für mich auch kein Problem.

Th.: Also unbekannte Sachen erleben sie eher als Herausforderung. Ist das richtig?

Sich Herausforderungen zu stellen, hat der Klient in der Vergangenheit als seine Stärke erlebt. Nun ist aber seine noch vor ihm liegende Zukunft vielleicht gerade für ihn eine besondere Herausforderung, da sie die Möglichkeit einer Besserung der Situation in sich trägt. Therapeutisch wird versucht, ihm den Anteil deutlich zu machen, der seine Abenteuerlust reizen könnte.

Kl.: Ja. Ich habe nicht so gerne diese festgefahrenen Sachen.

Th.: Und Ihre Situation jetzt, die können Sie genau überblicken. Sie wissen genau, was morgen passiert. Das Kind wird täglich um einen Tag älter, die Entwicklungsschritte der Tochter sind vorgezeichnet. Das ist Ihnen zu überschaubar? Zu wenig Abenteuerlust?

Kl.: Ja.

Th.: Mir geht so durch den Kopf: 'Könnten Sie mehr Abenteuer in Ihre Beziehung hineinbringen? In Ihr momentanes Leben? Oder müssten Sie das jetzt ganz rigoros umkrempeln?'

Bevor er die radikalste Lösung, nämlich die Trennung von der Ehefrau, wählt, könnte er einmal überlegen, ob nicht die Ehe mit einem gewissen Anteil an Abenteuerlust durchaus zu vereinbaren wäre. (Möglicherweise würde die Ehefrau es durchaus positiv erleben, wenn der Ehemann ihr nicht mehr so nörgelnd, unzufrieden und streitbar gegenübertritt).

Kl.: Es ist schon ziemlich schwierig. Meine Frau hat schon **ihre** Ideen und **ihren** Plan wie unser Leben aussehen soll.

Th.: Ihre Frau ist kein Abenteurer-Typ?

Kl.: Nein, gar nicht!

Th.: Und Sie haben das alles aufgegeben?

Kl.: Wir haben uns nicht lange gekannt und sie wurde dann schwanger. Ich war auch noch einige Zeit in Afrika und das wurde dann ganz schwierig.

Th.: Sie haben sich in das Abenteuer 'Unbekannte Beziehung und Ehe' auch eher hineingestürzt.

Kl.: Ja, ja.

Th.: Und dann war es gar kein Abenteuer.

Kl.: Es war dann eher ein Horrortrip.

Th.: Nun ist es ja immer schwierig, zu sagen: 'Ich habe die Nase voll, ich werfe die Ehe hin'. Das hat ja erhebliche Konsequenzen, besonders, wenn ein Kind da ist. Haben Sie sich das wohl überlegt, aus der Ehe zu gehen, oder brauchen Sie noch Entscheidungshilfe?

Kl.: Ich habe es mir schon überlegt, aber ich kann das eben doch nicht machen. Ich will nach dem Kind sehen, das ist mir wichtig. Aber wir können uns anders nicht einigen. Und dann denke ich mir: 'Bleibe halt einfach in dieser Wohngemeinschaft'.

Der Klient entwirft von sich das Bild eines Märtyrers. Er leidet des Kindes wegen, traut sich aber im Grunde gar nicht, die Ehe zu verlassen und auf eigenen Beinen zu stehen.

Th.: Wenn das so ist, wie Sie sagen, dann könnte man diesen Zustand hochrechnen, wie es Ihnen in absehbarer Zeit gehen wird. Es geht Ihnen ja jetzt schon nicht gut. Wie wird es wohl in zwei oder in fünf Jahren sein?

Herr Z. schilderte die Situation schon jetzt als ziemlich furchtbar. Der Therapeut versucht, ihm mit der Perspektive von zwei oder fünf Jahren vor Augen zu führen, dass bloßes Abwarten die Situation wohl nicht verbessern wird. Zum gegenwärtigen Zeitpunkt hätte er noch die Möglichkeit zu handeln. Er sollte sie nicht, wie so oft zuvor, verstreichen lassen.

Kl.: Wenn ich weggehe, geht es mir vielleicht auch schlecht. Ich habe ein bisschen Angst, dass ich dann abstürze.

Die Angst abzustürzen scheint ein gewichtiger Grund für sein Bleiben zu sein.

Th.: Das weiß man eben nie, wie es einem dann geht. Das, was Sie jetzt haben, was Sie als 'Elend' bezeichnen, das können Sie überschauen. Die Zukunft, die möglicherweise etwas Tolles beinhaltet, können sie noch nicht überschauen. Aber ich denke, sie sind so ein Abenteuer-Typ. Wo ist denn Ihre Abenteuerlust geblieben?

Kl.: Ich bin ein bisschen alt geworden. Ich fühle mich jetzt schon ziemliche müde. Müde!

Viele Jahre sind ins Land gegangen. Die Realität hat sich geändert. Noch einmal nach Afrika zu gehen, scheint nur ein Traum zu sein. Er ist inzwischen älter geworden. Auch das muss er zur Kenntnis nehmen. Das Thema „Alter und Lebensperspektive" scheint ein für ihn wichtiges Thema zu sein, mit dem er sich befassen müsste.

Th.: Also, diese Ehe gibt Ihnen offenbar eine gewisse Sicherheit.

Kl.: Ja, ein bisschen schon. Eben, wenn ich mir jetzt vorstelle, ich würde jetzt aus der Ehe rausgehen, alleine leben, dann habe ich das Gefühl, ich werde abstürzen.

Es zeichnet sich eine Wende seiner Einstellung ab. Nicht nur die Ehefrau scheint eingefahrene Verhaltensweisen zu haben, er selbst hat eine festgefahrene Meinung über die Situation und sein Leiden. – Der Therapeut fragt an dieser Stelle nicht weiter, wie er sich den Absturz vorstellt und welche Ängste er hat. Er versucht hingegen, das herauszustreichen, was Herrn Z. in seiner momentanen Lage Halt gibt. Möglicherweise hat er diesen Aspekt bisher noch zu wenig wertgeschätzt.

Th.: Was gibt Ihnen diese Ehe noch?

Kl.: Ich fühle mich **nicht ganz allein**.

Th.: Es ist also nicht schrecklich genug, als dass Sie gehen müssten? Ich sehe aber auch, dass sie etwas bekommen. Ein Ort der Ruhe, auch Geborgenheit.

Das Leid wird relativiert. Die Beziehung vermittelt ihm auch positive Werte.

Kl.: Ja, wenn ich alleine zu Hause bin, dann ja. Wenn wir beide da sind, dann ist das ein bisschen angespannt. Aber eben doch noch ein bisschen besser als ganz alleine.

Seine Frau ist vielleicht doch nicht so schrecklich, wie er dem Therapeuten zuerst vermitteln wollte.

Th.: Die Lösung, die Sie zunächst favorisiert haben, raus aus der Ehe und zurück nach Afrika, kommt nicht mehr in Frage? Das schien zunächst sehr attraktiv für Sie zu sein.

Der Therapeut konfrontiert ihn mit seiner ursprünglichen Idee, die Ehe zu verlassen. Inzwischen wurden mit therapeutischer Hilfe verschiedene Aspekte der Ehe beleuchtet. Es wurden positive und negative Punkte zusammengetragen. Herr Z. kann diese nun gewichten und sich schließlich selbst entscheiden. Dann ist aber auch klar, dass es **seine** Entscheidung ist. Somit kann er nicht mehr das Schicksal, seine Tochter oder seine Ehefrau für eine Stagnation und seine Unzufriedenheit verantwortlich machen.

Kl.: Ich kann nicht alles hier lassen und dann gehen. Das kann ich nicht mehr machen.

Th.: Das geht nicht wegen **Ihnen selbst**, weil Sie ein bisschen weniger abenteuerlustig geworden sind und Angst haben, vielleicht abzustürzen. Sie wissen nicht, ob Sie alleine klar kommen. Die Ehe hingegen scheint Ihnen in dieser Hinsicht eine Sicherheit zu geben. Letztendlich sind es doch **Gründe von Ihnen,** die sie festhalten. Ich denke, für das Kind würde Ihre Frau schon gut sorgen. Und sie könnten das Kind ja auch regelmäßig sehen. Es sieht so aus, als wenn Sie das Kind ein bisschen vorschieben vor Ihre eigene Klarheit. – Wenn wir noch einmal das betrachten, was Sie zu Beginn des Gesprächs gesagt haben, dass Ihre Entscheidung fest stand, aus der Ehe heraus zu gehen, und das gegenüberstellen, was Sie jetzt gerade gesagt haben, dass Ihnen die Ehe auch sehr viel gibt, dann ist das nun ein ganz anderer Sachverhalt. Mich würde noch interessieren, **was** Ihnen die Ehe noch bringt, außer den Punkten, die Sie schon genannt haben.

Kl.: Mittlerweile mache ich schon einiges so, wie ich es will. Ich mache einiges versteckt, dass sie es nicht so merkt.

Das ist ein interessanter neuer Aspekt. Es scheint bereits winzig **keine Teillösungen** zu geben. Er hat begonnen, etwas anderes auszuprobieren. Er scheint sich noch nicht zu trauen, dieses auch seiner Frau mitzuteilen oder sich ihr gegenüber einmal anders zu verhalten. Eine Lösungsmöglichkeit könnte zunächst darin bestehen, zu sehen, wie die Ehefrau darauf reagiert. Möglicherweise werden ihre Reaktionen nicht so negativ ausfallen, wie er befürchtet. Wie auch immer dieses ausfallen mag, wichtig ist, dass er damit beginnt, eingefahrene Verhaltensmuster aufzubrechen.

Th.: Und das wird toleriert?

Das hat einen ironischen Unterton. Der Therapeut versucht diesen Aspekt von der humorvollen Seite zu nehmen. Wenn Herr Z. selbst drüber lachen kann, würde das etwas die Spannung aus dem Konflikt nehmen.

Kl.: Ja, die merkt das gar nicht.

Th.: Was machen Sie denn da, von dem Sie sagen, dass Sie damit schon ein bisschen Ihre Ideen verwirklichen? Was genau ist das?

Kl.: In der Erziehung, dass ich da mehr Freiheit an den Tag lege und Dinge mit dem Kind mache, worauf ich gerade Lust habe. Und bevor ich den Haushalt mache, gehe ich am Morgen kurz noch raus. Erst dann mache ich den Haushalt. Es muss ja in Ordnung sein, bevor sie wieder kommt.

Herr Z. hat also in kleinen Dingen begonnen, etwas anders zu machen. Um sich etwas wohler zu fühlen, muss er sich also nicht von seiner Ehefrau trennen. Vielleicht gibt es weitere Gestaltungsräume.

Th.: Und wenn Ihre Frau das nun wüsste, was Sie alles machen? Und wenn Sie das nicht mehr heimlich machen müssten, wie würde Ihre Frau darauf reagieren?

Kl.: Ich weiß das nicht so genau. Sie würde das nicht so gut tolerieren.

Er hat keine detaillierten Vorstellung, wie „böse" seine Frau reagieren würde. Er nimmt hiermit wieder die Haltung eines kleinen Jungen ein, der sich vor der gestrengen Mutter fürchtet. Deshalb fragt der Therapeut auch etwas ironisch weiter:

Th.: Was würde sie **machen?** Würde Ihre Frau Sie etwa „verhauen"?

Kl.: Nein, das würde sie nicht.

Th.: Muss Sie denn **alles** tolerieren?

Kl.: Ich möchte gar nicht mit ihr darüber diskutieren. Ich mach es eigentlich lieber so, wie es mir passt.

Th.: Also, sie favorisieren so ein 'Einsiedler-Modell in der Ehe'.

Kl.: Ja, das ist meine Situation.

Er scheint der Auffassung zu sein, dass Ehepartner keine unterschiedliche Meinung haben dürfen. Wenn unterschiedliche Auffassungen bestehen, dann könnte man ja drüber diskutieren. Zunächst vermittelte er den Eindruck, dass seine Ehefrau so unzugänglich sei, dass keiner und schon gar nicht er selbst mit ihr offen sprechen könnte. Nun stellt sich heraus, dass ihm auch gar nicht so viel daran gelegen zu sein scheint.

Th.: Aber Sie scheinen es auch darauf anzulegen, diese Situation noch ein bisschen auszubauen – noch ein Stückchen zu verschlimmern. Dieses isolierte Einsiedler-Dasein. Was dabei rauskommt, wissen Sie ja, dass es Ihnen nicht gut geht. Und ich habe das so verstanden, dass Sie von dem, was bisher schon nicht funktioniert hat, **noch mehr** machen wollen, in der Hoffnung, dass es Ihnen irgendwann besser gehen wird. Das scheint aber keinen Sinn zu machen.

Dies ist eine etwas elegantere Art, dem Klienten zu sagen, dass es Unsinn ist, was er da mit sich macht.

Kl.: Wahrscheinlich wird es mir dann auch nicht besser gehen.

Th.: Es wird Sie eher unglücklich machen, vermute ich. Sie sagten: 'Ich bin jetzt schon isoliert, ich bin jetzt schon einsam und ich habe auch nicht sehr viel Freunde' – habe ich das so richtig verstanden?

Kl.: Ja. Ja.

Th.: Wenn Sie sich aber noch weiter isolieren, scheint das vielleicht gar nicht der richtige Weg zu sein, noch mehr in die innere Emigration zu gehen. Ich möchte Ihnen daher einen Vorschlag für eine weniger radikale Lösung machen. Wären Sie daran interessiert?

Kl.: Ja, sehr.

Th.: Ich möchte Ihnen vorschlagen, sich für die nächsten ein oder zwei Wochen einmal sehr aufmerksam in Ihrer Umgebung umzuschauen, wie andere Ehepaare mit einander umgehen, was diese zusammen unternehmen. Sie können sich in Ihrem Freundeskreis umschauen, Sie können Informationen bei fremden Paaren einholen oder mal ganz aufmerksam im Fernsehen Filme ansehen, wie Ehepaare dort Gemeinsamkeiten gestalten. Wäre das etwas, was Sie interessieren würde?

Der Therapeut hat die Hypothese, dass sich seine Ehesituation gar nicht so sehr von vielen anderen Ehen unterscheidet. Der Unterschied besteht nur darin, dass diese miteinander sprechen und auch in der Freizeit etwas Gemeinsames machen. Es scheint ihm auch an Ideen zu mangeln, was er mit seiner Frau zusammen machen könnte. Deshalb die Beobachtungsaufgabe, einfach einmal den eigenen Horizont zu erweitern und zu schauen, wie andere Ehepaare das machen.

Kl.: Ja.

Th.: Dabei sollen sie nur einfach Beobachtungen machen. Noch gar nicht auswerten, ob für Sie das auch in Frage käme. Sammeln sie so viel Informationen wie Sie können und wie Sie brauchen, um vielleicht später Entscheidungen treffen zu können.

Kl.: Das könnte ich machen.

Th.: Dann werden wir in einer oder zwei Wochen wieder einen Termin vereinbaren. – Noch eine letzte Frage: Gab es heute in diesem Gespräch irgendetwas das für Sie hilfreich gewesen ist?

Kl.: Ja. Sie haben mich immer wieder dazu angehalten, meine jetzige Situation anzuschauen. Das war mir einerseits unangenehm, andererseits hat es mir geholfen, weil ich gesehen habe, dass ich vielleicht doch etwas tun kann, um meine Situation zu verändern. Was ich gut fand, war, dass Sie sich sehr intensiv mit mir befasst haben. Sie haben die Sache auf den Punkt gebracht. Ich habe sehr intensiv nachdenken müssen, ich konnte nicht ausweichen und bin jetzt auch etwas kaputt. Ich habe aber immer so ein Wohlwollen von Ihrer Seite gespürt. Auch als Sie mir die Aufgabe gegeben haben, andere Ehepaare zu beobachten, wie die sich verhalten, konnte ich das annehmen.

Nachbemerkungen

In diesem Beispiel ging es um eine mehrfache Krise. Nicht nur der Klient ist in eine Krise geraten, in der er alles als festgefahren und sich als nicht mehr handlungsfähig erlebt. Auch der Therapieprozess selbst hat sich so entwickelt, dass die Therapeutin keine Ansatzpunkte mehr sieht, um die weitere Entwicklung konstruktiv zu gestalten. Die Kollegin war ab einem gewissen Zeitpunkt ärgerlich auf den Klienten, der ihre therapeutische Kompetenz „aushebelte". Dieser Ärger ist jedoch kein guter Rahmen für das Erarbeiten von gemeinsamen Lösungen.

Genau wie bei dem Klienten, der aufgrund seines „Tunnelblicks" seine Situation und vor allen Dingen seine Gestaltungsmöglichkeiten nur noch sehr eingeschränkt wahrnehmen konnte, so geht es auch bei der Unterstützung der Kollegin darum, neue Perspektiven auf die Gesamtsituation – in diesem Fall auf den Therapieprozess – zu entwickeln. Es geht auch darum, eingespielte starre Muster aufzubrechen. Neben der Tatsache, dass ein Außenstehender neue Denkanstöße geben kann, so muss sich durch die Arbeit mit einem externen Kollegen, der nur für eine Sitzung zur Verfügung steht, auch die Klienten-Therapeuten-Beziehung sozusagen erst einmal neu justieren.

Es ist eines der schwierigsten therapeutischen Unterfangen überhaupt, bei Klienten neue Denkstrukturen und damit eine neue Sichtweise auf die momentane Krise und damit gleichzeitig auf die Gestaltungsmöglichkeiten für die Zukunft zu etablieren.

Da hier in den Fallbeispielen spezielle Interventionsstrategien aufgezeigt, aber nicht Fallverläufe über einen längeren Zeitraum dargestellt werden sollen, sei nur erwähnt, dass sich der Therapieprozess sehr konstruktiv gestaltet. Die Kollegin hatte Abstand zu ihrem Ärger, der sie nicht weiter blockierte und versuchte weiterhin sehr stark handlungsorientiert vorzugehen, indem sie auch Hausaufgaben bis zur nächsten Sitzung gab. Auch wurde überlegt, die Ehefrau baldmöglichst in irgendeiner Form mit in den

Prozess einzubeziehen, da die Gestaltung der Partnerschaft und auch die Betreuung der Tochter zentrale Themen waren.

13. Krisenintervention als „Geheimtherapie"

Lösungen auf der Symbolebene

<u>6. Fallbeispiel</u>: **Krise mit gravierenden psychosomatischen Begleitsymptomen**
Frau G., 37 Jahre

Überblick

- 37-jährige Frau in **akut aufgebrochener Krise**. Verlegung **von der internistischen Klinik** in die Psychosomatik.
- Symptome: **Kiefersperre, Magenschmerzen, Übelkeit** und daraus resultierender starker **Gewichtsverlust**. **Medikamentöse Behandlung** als lebensrettende Maßnahme reduzierte die Symptomausprägung, **bahnt dadurch psychotherapeutische Krisenintervention**.
- Es wird verdeutlicht, wie psychosomatische **Symptome als symbolischer Ausdruck** eines innerpsychischen Konfliktes verstanden werden können.
- Weiterhin wird beschrieben, wie eine schambesetzte Thematik **auf der Symbolebene gelöst** wird. **Statt „Ursachenforschung"** zu betreiben, werden positive Gefühle wiederbelebt und Schuld abgebaut. Es erfolgt eine sequentielle Verhaltensanalyse eines imaginativen „Zukunftsfilmes". Durch **Probehandeln** werden **Verhaltensalternativen** direkt eingeübt.
- Beschrieben wird, wie die **Therapiegruppe** insgesamt eine **wichtige Hilfsfunktion** beim Aufspüren der eigenen Gefühle übernimmt und somit zur Entlastung der Schuldthematik beiträgt. Die Teilnehmer sind zudem **Partner beim Erproben von Verhaltensalternativen.**

Dauer der Krisenintervention: 90 Minuten

Vorbemerkungen

Frau G., eine 37-jährige Patientin wurde aufgrund einer akuten Krise in die psychosomatische Klinik verlegt, nachdem sie eine Woche lang auf der internistischen Abteilung eines Krankenhauses behandelt worden war. Sie sei ins Krankenhaus gekommen, weil sie nichts mehr gegessen und daher stark abgenommen habe. Die Verweigerung des Essens manifestierte sich u.a. in einer Kiefersperre. Sie war nicht mehr in der Lage, den Mund zu öffnen. Die Kiefersperre versuchte man ärztlicherseits im Krankenhaus mit dem Medikament Akineton zu lösen, was bis zu einem gewissen Grade auch gelang. Als Ursache der Übelkeit wurde eine bakterielle Besiedlung des Magen-Darm-Traktes angenommen, die dann mit Säurehemmern und Antibiotika behandelt wurde.

Die akute körperliche Symptomatik hatte sich wesentlich gebessert, aber darüber hinaus sprach die Patientin auf die internistische Behandlung nicht weiter an. In der psychosomatischen Klinik wurde für sie ein Behandlungsprogramm ausgearbeitet, das Massagen, Sport- und Kunsttherapie umfasste sowie Einzel- und Gruppentherapie. Zehn Minuten vor der zweiten Gruppensitzung fängt sie den Therapeuten, der in diesem Fall auch ihr behandelnder Arzt auf der Station ist, ab, weil sie starke Magenbeschwerden und große Übelkeit habe. (Sie habe noch nicht die Möglichkeit gehabt, ihre Medikamente aus dem Schwesterzimmer abzuholen, weil die diensthabende Schwester noch nicht von der Frühbesprechung zurück gewesen sei).

Ihre Not beschreibt sie auf dem Weg zur Gruppentherapie mit den Worten: „Es ist so schlimm wie damals, als ich ins Krankenhaus gekommen bin. Das hängt mit der **'anderen Sache'** zusammen, die ich in der Gruppe noch nicht erzählt habe, die nur **Sie** wissen. Den anderen habe ich schon ausführlich von dem Problem mit der Schwiegermutter erzählt, aber hiervon, was mich noch stärker bedrückt, wissen die nichts." Sie möchte trotzdem an der Gruppentherapie teilnehmen und während der Stunde ihre Medikamente abholen – was eher ein ungewöhnlicher Vorgang während der Therapie ist, aber in diesem Fall sind es quasi ihre „Notfall-Medikamente".

Verlauf der Gruppentherapie

Die Patientin scheint sehr unter Druck zu stehen und möchte ihr Anliegen gleich zu Anfang der Stunde einbringen. Sie beginnt so, als wenn sie eine Beichte ablegen wolle. Der Therapeut stoppt jedoch die Patientin, weil er den Eindruck hat, dass ihre Darstellung auf eine öffentliche Selbstbezichtigung hinauslaufen könnte, denn sie ist sonst, – was in der Einzeltherapiestunde deutlich wurde –, ein eher verschwiegener, schamhafter Mensch mit einem starken Über-ICH. Kein anderer sollte eigentlich von ihrem „Problem" erfahren.

In der Einzeltherapie teilte sie unter schweren Gewissensbissen mit, dass sie in den ersten Jahren der Ehe einmal fremdgegangen sei mit einem Mann, der ihr auch etwas bedeutet habe. Damals sei sie zwar schon verheiratet gewesen, hatte aber noch keine eigenen Kinder. „Damals habe ich von Aids noch gar nichts gewusst. Was hätte alles passieren können. Ich hätte meinen Mann anstecken können. Ich hätte ihn dann praktisch auf dem Gewissen gehabt". Es waren einige Aids-Tests in größeren Abständen gemacht worden, die alle negativ ausgefallen waren. Inzwischen hatte sie zwei gesunde Kinder bekommen, die inzwischen acht und elf Jahre alt waren. Erst vor ein paar Monaten, als es ihr gesundheitlich sehr schlecht ging und sie wieder von extremen Gewissensbissen geplagt wurde, hatte sie ihrem Mann eröffnet, dass sie mit einem anderen Mann geschlafen habe, dieses aber **kurz vor** der Ehe stattgefunden habe. Sie habe befürchtet, wenn sie die Wahrheit sage, dass ihr Ehemann sie dann hinauswerfen würde. So datierte sie ihr „Vergehen" zeitlich zurück. Ihr Mann habe zu ihrer Verblüffung jedoch ganz anders reagiert, als sie erwartete. Statt sie zu bestrafen, habe er sie in die Arme genommen.

Dieser Sachverhalt war aus der Einzelsitzung nur dem Therapeuten bekannt. Aus diesem Grunde unterbrach er den Beginn ihres Schuldbekenntnisses. Zu fragen ist nämlich, was der therapeutische Nutzen gewesen wäre, wenn die Patienten diesen Sachverhalt in einer Art Selbstanklage der Gruppe präsentiert hätte. Der Therapeut wollte mit seiner Intervention vermeiden, dass sie sich öffentlich als Ehebrecherin brandmarkt. Es wäre auf eine Selbstbestrafung hinausgelaufen, da die erwartete Verurteilung und Bestrafung durch den Ehemann ja ausgeblieben war. Vielleicht hätte sie damit auch eine Diskussion über Moral und Anstand in der Gruppe losgetreten.

Statt dessen bittet der Therapeut, ihr momentanes Befinden in ein „Stimmungsbild" zu kleiden. Der Gruppe wird erläutert, dass dieses wie ein Traumbild sein könnte, das die momentane Stimmung ausdrücken solle. Alle Teilnehmer sollten ebenfalls kurz in sich reinhorchen und abwarten, welche Gedanken oder bildhafte Vorstellung sich bei ihnen von alleine einstellten. Nach anfänglichen Schwierigkeiten gelang es auch dieser Patientin.

Es kristallisiert sich folgende Imagination heraus: Frau G. läuft bei strömendem Regen durch die Nacht. Sie hat keinen Regenschirm bei sich und ist ganz durchnässt. Lichter, an denen sie sich orientieren könnte, sind nicht in Sicht.

Als der Therapeut sie bittet, ihre Gefühle zu beschreiben, quält sie sich immer wieder mit der Frage, **warum** das jetzt wieder auftrete. Sie tut sich sichtlich schwer, etwas von ihrem Gefühlsleben mitzuteilen. Aus diesem Grunde fordert der Therapeut die übrigen Gruppenmitglieder auf, welche Gefühle das von ihr beschriebene Bild bei jedem einzelnen Teilnehmer hervorrufe oder was er damit assoziiere.

Die Gruppenmitglieder nennen folgende Einfälle, die der Therapeut als Gedächtnisstütze für die Patientin an die Tafel schreibt: „ungemütlich, trostlos, ungeschützt, ausgeliefert, kann sich nicht wehren, gleichgültig, einsam, allein gelassen, hat die überhaupt ein Zuhause?, suchend, 'wie ein ausgesetzter Hund'. Sprichwort: 'Bei so einem Wetter würde man nicht einmal einen Hund vor die Tür schicken'. Nimmt keine Hilfe an, ist viel Druck ausgesetzt."

Der Therapeut nimmt damit den Fokus etwas weg von der Patientin. Sie kann das ganze Geschehen etwas aus der Distanz betrachten. Dadurch, dass die anderen Patienten ihre eigenen Gefühle und Assoziationen in Bezug auf die Imagination von Frau G. benennen, kommt sie selbst langsam an ihre eigenen noch „verschütteten" Gefühle, die sich zuvor nur in Form ihrer Magenschmerzen und der starken Übelkeit äußerten. Gleichzeitig signalisiert es der Patientin, dass die anderen sie auf dieser Ebene verstehen.

Danach bittet der Therapeut die Gruppe und die Patientin Phantasien zu entwickeln, weshalb wohl jemand bei Regen, Dunkelheit und Kälte draußen ohne Schirm rumläuft. Frau G. selbst sagt, „um zu vergessen". Die anderen meinen: „Um sich zu bestrafen. Die denkt, die hat kein Recht, etwas Schönes zu erleben. Durch den Regen zu laufen ist wie eine Reinigung. Schuld abwaschen. Flucht, weglaufen."

Da es nicht immer wichtig ist, das Problem genau zu kennen, um eine Lösung zu gestalten, aber auch, um die Privatsphäre der Patienten zu schützen, sagt der Therapeut: „Wir machen jetzt einmal eine Art von Geheimtherapie. Wir brauchen gar nicht zu wissen, um was es genau geht. Wir können einfach in dem von der Patienten genannten Bild bleiben und damit weiterarbeiten".

Da lösungsfokussierte Therapie zukunftsorientiert ist, soll nicht zum Ausgangspunkt der Imagination zurückgegangen werden. Es soll also nicht die Situation untersucht werden, die Frau G. aus dem Hause getrieben hat. Es würde bei den anderen Gruppenteilnehmern Spekulationen über ein mögliches Vergehen in Gang setzten oder die Patienten dazu verleiten, „ihre Schuld zu bekennen". Stattdessen bittet der Therapeut die Patientin zu überlegen, wo die Frau, die im Regen durch die Straßen läuft, vielleicht hingehen könnte.

Pat.: Die könnte zu ihrer Familie gehen, zu den Eltern und der Schwester.

Th.: Was würde die Mutter denken, wenn die Tochter bei Nacht völlig durchnässt vor ihrer Haustür steht.

Pat.: *(gekürzt)* ... Die weiß ja, welches Problem ich habe ... Die ist nicht glücklich. ... Die kann sich erkälten.

Die Antworten der Patientin sind zunächst ausweichend und ganz auf das Problem fixiert. Sie kann oder möchte sich nicht in diese Situation „eindenken". Sie haftet in ihrem Denken ganz an dem Problem.

Th.: Was wird die Mutter **tun,** wenn sie die Tür öffnet und ihre Tochter so sieht?

Pat.: Sie wird 'Hallo' sagen und ihr ein Handtuch geben.

Th.: So cool wird sich ihre Mutter verhalten?

Um die Problemfixierung etwas zu lockern, bittet der Therapeut wieder die restlichen Gruppenmitglieder **stellvertretend** zu formulieren, was die Mutter wohl bei diesem Anblick der Tochter denken oder sagen könnte: „Warum bist du allein?, Wo sind dein Mann und die Kinder?", „Ist was Schreckliches passiert?", „Hat es Streit gegeben?", „Bist du rausgeworfen worden?".

Th.: Die Mutter wird vermutlich nicht cool reagieren, sie wird wohl eher **geschockt** sein, dass ihre Tochter mitten in der Nacht und vom Regen durchnässt plötzlich vor ihrer Haustür steht. Wenn man sich diese Szene so vorstellt, was **machen** Sie, wie verhalten Sie sich?

Pat.: Innen drin sieht es elend aus!

Th.: Und was **machen** Sie?

Pat.: Ich heule.

Th.: Und was macht die Mutter dann?

Pat.: Die nimmt mich in den Arm.

Th.: Wie fühlen Sie sich wenn sie da vor der Tür stehen?

Pat.: Als wenn jemand das Herz umklammert.

Th.: Und was noch?

Pat.: Wütend.

Th.: Spüren Sie noch etwas anderes im Körper?

Pat.: Schweißausbrüche, Unsicherheit, Herzrasen. Mir ist übel.

Th.: Und Ihnen ist, als wenn Sie erbrechen müssten?

Pat.: Ja.

Th.: Und weil es Ihnen zum Würgen ist, haben Sie vielleicht auch Essprobleme, bekommen keinen Bissen herunter und nehmen ab.

(kurze Pause)

Th.: Wir haben vorhin zusammengetragen, was Ihre Mutter möglicherweise über Sie denken könnte, und was denken **Sie** über **sich selbst**?

Pat.: Ich möchte wissen, **warum** ich das damals gemacht habe?

Th.: Weil vielleicht die Sterne ungünstig für Sie standen oder weil Freitag der 13 war. Hilft Ihnen das weiter?

Die Ursachenforschung kann eine unendlich lange Suche einleiten die wahrscheinlich nicht mit letzter Gewissheit den eigentlichen Grund herausfinden wird. Und wenn es einen Grund gäbe, würde es am Ereignis nichts ändern. Vielleicht bekommt die Patientin heraus, dass sie leichtsinnig war. Der Therapeut bringt absichtlich absurde Beispiele für mögliche Ursachen. Es wäre immer nur das, was man sich selbst als Erklärung zurechtlegt, ändern würde es im Nachhinein nichts mehr.

Pat.: Ich möchte wissen, **warum** ich so leichtsinnig war. Alle anderen sagen schon, dass ich überkorrekt bin, dass ich das wohl geerbt habe.

Th.: Sagen Sie zu sich auch: ‘Ich bin eine gute Mutter. Ich bin eine gute Ehefrau. Ich bin eine liebenswerte Person’ – was Sie zweifellos alles sind?

Der Therapeut gibt mit dieser Aussage direkt und indirekt Komplimente, um das Selbstwertgefühl zu stärken und um den Fokus der Sichtweise etwas aus dem einseitig negativen Blickwinkel herauszuverlagern.

Die anderen Gruppenmitglieder werden wieder mit einbezogen und sollen ihren Eindruck verbalisieren, was abgelaufen ist. Einige Stimmen: „Sie sagt zu sich ‘Ich bin ein Schwein! Ich bin schuld, ich bin böse, ich bin schlecht‘“. Das weitere Gespräch geht darum, dass Sie sich mit dieser Sichtweise selbst zu bestrafen versucht.

Th.: Woran würden Sie merken, dass Sie sich genug bestraft haben?

Pat.: Dass ich krank werde. Wenn es mir schlecht geht. Als ich es meinem Mann gesagt habe, hat er mich nicht bestraft, sondern in die Arme genommen.

Th.: Das hört sich so an, als wenn Sie lieber bestraft worden wären? Vielleicht ist das so ein inneres Muster, nach dem Ihr Denken verläuft.

Pat.: Ich habe das gemacht, was ich eigentlich verachte. Ich finde es ekelig. Ich habe vorher immer auf solche Frauen herabgesehen, wenn ich davon gehört habe.

Die Entwicklung, die zu dieser moralischen Haltung geführt hat, verfolgt der Therapeut nicht weiter. Es könnte dazu führen, dass sie anderen Personen die Schuld für eine einengende oder zu moralische Erziehung zuweist. Eine solche Aufarbeitung könnte Erklärungen provozieren und die Frage aufwerfen, was richtig oder falsch ist. Die Patientin kann sich mit einer anderen Sichtweise noch nicht so recht anfreunden.

Th.: Ich stelle Ihnen jetzt einmal eine etwas merkwürdige, vielleicht nicht ganz einfach zu beantwortende Frage. Stellen Sie sich vor, Sie gehen abends zu Bett und während Sie schlafen, ereignet sich ein Wunder und Ihr Problem ist gelöst. Nun haben Sie aber geschlafen und wissen nicht, dass ein Wunder während der Nacht passiert ist. Was wäre für Sie das erste Anzeichen, dass ein Wunder geschehen ist. Woran würden Sie selbst das bei sich merken?

Pat.: Dass ich mich besser fühle.

Th.: Woran würde Ihr Mann erkennen, dass Sie sich besser fühlen?

Pat.: Ich hätte ein entspanntes Gesicht.

Th.: Woran noch?

Es fällt der Patientin sehr schwer, sich diese hypothetische Situation vorzustellen. Da die Patientin in der Not-Situation im Regen zu ihrer Mutter gelaufen ist, knüpft der Therapeut hier an und fragt, woran die Mutter feststellen würde, dass das Wunder geschehen sei.

Pat.: Die würde das einfach merken. Ich wäre anders.

Die Patienten bleibt sehr vage. Der Therapeut versucht ihr deutlich zu machen, dass er versteht, wie schwierig es ist, sich eine Situation vorzustellen, die noch nicht stattgefunden hat.

Th.: Was wir im Moment machen, ist keine ganz einfache Sache. Man kann sich das so vorstellen: Wir versuchen, einen Film in der Zukunft zu drehen, wie Ihre Begegnung mit der Mutter wohl aussehen mag. Diesen Film nehmen wir dann und wollen ihn uns in der Gegenwart anschauen. Das ist gar nicht so einfach. Und wir wollen noch etwas anderes machen. Wir wollen den Film in Zeitlupe ablaufen lassen und ihn immer wieder stoppen, um genau zu schauen, was geschieht, um genau zu beobachten, wie sich jeder verhält.

Und dann ein Stückchen weiterspulen. – Manchmal ist es hilfreich, solch eine Situation einmal im Rollenspiel zu üben.

Die Patientin erklärt sich einverstanden damit. Es wird kurz erklärt, wie die Szene ablaufen soll. Die Begrüßungsszene mit der Mutter soll gespielt werden. Die Patientin wird gebeten, vor die Tür des Gruppenraumes zu gehen und sich zu überlegen, wie sie der Mutter mit neuem Verhalten gegenübertreten könnte.

Im Gruppenraum spielt eine Mitpatientin die Mutter, die dann die Tochter an der Tür empfängt, nachdem das Wunder geschehen ist. Mit beiden Protagonistinnen bespricht der Therapeut noch einmal den Ablauf. Dann soll die Patientin klopfen und beide begrüßen sich. Die Szene soll nur ganz kurz den Begrüßungsmoment darstellen. Die Protagonistin der Mutter unterbricht nach der Begrüßung durch die Tochter die Szene mit den Worten „Ich kann das nicht ....“

Th.: Das reicht auch schon. Sie haben das ganz prima gemacht. Es ging nur darum, ob Frau G. sich für einige Sekunden darin hineinversetzen konnte, dass das Wunder geschehen ist und wie sie sich dann fühlen würde.

Pat.: **Das konnte ich**, aber nur für einen Augenblick.

Th.: Um mehr ging es im Moment gar nicht. Was haben die anderen während dieser ganz kurzen Zeit beobachtet?

Es wird versucht, die Szene aus dem Gedächtnis wie bei einem Videorecorder Bild für Bild noch einmal in Zeitlupe ablaufen zu lassen. Die Mitpatienten beobachteten Folgendes: „Sie hatte ein entspanntes Gesicht. Sie hat einen großen Schritt auf die Mutter zu gemacht. Die Art und Weise, wie sie ‘Hallo‘ gesagt hat, war freundlich. Sie hat gelächelt“. Die Patientin selbst sagt, dass sie wahrgenommen habe, dass sie sich insgesamt leichter fühlte. Diese Leichtigkeit sei besonders in der Magengegend ausgeprägt gewesen.

Dann bitte der Therapeut, eine Alternativ-Szene zur Anfangsszene im Regen zu erfinden.

Th.: Was könnte man auf einem Film sehen, wie sie nach dem Wunder ihrer Mutter dieses mitteilt.

Pat.: Ich würde mit dem Auto fahren. Ich hätte meine beiden Kinder dabei. Wir würden in der Küche sitzen, meine Mutter und ich und die Kinder würden im Wohnzimmer spielen. Ich habe Brötchen mitgebracht.

Th.: Sie hätten wieder Appetit?

Die Patientin ist sichtlich verblüfft. Sie war zuvor nur symptomfixiert und erwartet sich Hilfe ausschließlich von Medikamenten. Auf der internistischen Abteilung wurde das Symptom „den Mund nicht öffnen zu können“ mit Injektionen des starken Medikaments Akineton aufgehoben, einem Mittel das man zur Behandlung von Parkinsonismus einsetzt und zur Reduktion von Nebenwirkungen, die durch Neuroleptika hervorgerufen werden.

Die Patientin hat in dieser Therapie begonnen, sich ansatzweise zu artikulieren, was ihr nicht leicht fiel. Die anderen Gruppenmitglieder taten dieses teilweise auch stellvertretend für sie. Sie artikulierten Gefühle, die die Patientin in dieser Form an sich selbst zunächst nicht zu registrieren schien. Neue Handlungsschritte und Lösungsmöglichkeiten schienen durch die **„Warum?-Frage“** blockiert gewesen zu sein.

Interessant ist, dass sie in der symbolhaften Lösung, d.h. der Phantasie, wie der Film wohl in anderer Form weitergehen könnte, ausgerechnet Brötchen zum Treffen mitbringt. Vielleicht hat sie nicht nur wieder Hunger, sondern auch wieder mehr **Appetit auf das Leben.**

Die Gruppenmitglieder sagten zum Schluss der Sitzung, dass sie recht „gnadenlos“ mit sich umgehe. Andere, d.h. ihr Ehemann und ihre Mutter hätten ihr längst vergeben. Sie selbst aber habe sich über Jahre hinweg nicht vergeben. Die Patientin wirkte nach der Stunde recht gelöst. Sie wirkte aber auch sehr nachdenklich. Ihre Übelkeit, die ja ihr eigentliches Anliegen noch vor der Gruppenstunde war, hatte sie vollkommen „vergessen“.

Nachbemerkungen

1. Es war nicht wichtig, das Problem in allen Einzelheiten aufzurollen, um eine Lösung zu finden. Im Gegenteil, ihre Selbstbezichtigung, ein schlechter Mensch zu sein, hätte ihr deprimierendes Gefühl wahrscheinlich noch verstärkt. Sie hatte es dem Ehemann schon „gebeichtet“ und auch der Mutter und trotzdem spielte ihr Körper „immer wieder verrückt“. Sie brauchte für sich eine **spürbare Gegenerfahrung**, die sie in der Gruppe machen konnte.

2. Die Bearbeitung des „Problems“ teilweise als „Geheimtherapie“ zu deklarieren, kann manche Patienten sehr entlasten. Frau G. hat ohnehin dieses Geheimnis jahrelang bewahrt. Es darf auch etwas in ihrer Privatheit bleiben und trotzdem kann ein wirkungsvolles Ergebnis erzielt werden – kann sie insgesamt Erleichterung verspüren. Und vor allen Din-

gen braucht sie die körperlichen Symptome wie die Appetitlosigkeit, die Übelkeit und die Kiefersperre nicht mehr als Bestrafung.

3. Die Arbeit mit bildhaften oder symbolischen Elementen weist viel Parallelen zur Bearbeitung von Traumbildern oder dem Katathymen Bilderleben auf, nur dass keine Trance etabliert wird. Wenn man so will, befindet sich die Patientin durch ihre Sichtweise in einer „Problem-Trance". Insofern liegt es nahe, über das anfängliche „Stimmungsbild" Zugang zu diesem Bereich zu bekommen. Die Symptome sind ja auch ein symbolischer Ausdruck ihres inneren Konfliktes.

4. Symbole oder gestaltete Bilder in der Kunsttherapie sind auch eine gute Informationsquelle über unbewusste Konflikte. Damit wird in der lösungsorientierten Therapie aber weniger gearbeitet. Trotzdem kann dieses Wissen für den behandelnden Therapeuten eine Hilfe sein, um „maßgeschneiderte" Interventionen zu kreieren. Eine Weiterentwicklung des imaginären Films, sowie ein Herausarbeiten der Verhaltensalternativen kann dann handlungssteuernd in der Realität wirken. Und vor allen Dingen wird auf diese Weise das tiefe emotionale Geschehen mit einbezogen und verändert.

5. Die Gruppe bietet Halt und hat Verständnis für das, was die Patientin bei sich selbst ablehnte. So können schamhaft verdrängte Anteile, die zu psychosomatischen Beschwerden und Eheschwierigkeiten geführt haben, wieder integriert und aufgelöst werden.

6. Die Kreativität der Gruppe kann genutzt werden, um einzelnen Patienten Hilfestellung zu geben und schneller zum Ziel zu kommen. In diesem Fall hat die Gruppe stellvertretend für die Patientin die Gefühle von Scham, Schuld und Wertlosigkeit artikuliert und zum Verständnis ihrer psychosomatischen Beschwerden beigetragen.

7. Die Gruppe bietet die Möglichkeit zur Einübung neuer Verhaltensweisen durch Probehandeln im Rollenspiel mit anderen Teilnehmern. Die Wahrnehmung für physiologische Vorgänge und für Gefühle wird geschärft. Dadurch konnte die Patientin ein anderes Verhalten ausprobieren und vor allem **sich anders erleben.**

14. Mordgedanken

<u>7. Fallbeispiel</u>: **Krise durch Mordphantasien eines schizophrenen Patienten**
Herr L., 21 Jahre

Überblick

- 21-jähriger Mann mit **paranoid-halluzinatorischer Psychose** in der Remissionsphase. Aufgrund familiärer Konflikte bestehen erhebliche Frustrationen und **aufgestaute Aggressionen**, die sich in **brutalen Phantasien** und Träumen äußern.
- akute Krise durch **drohende Entladung** dieser Phantasien in der Realität, da **Störung der Impulskontrolle und Affektivität** bestehen und bereits **konkrete Schritte zur Ausführung der Tat** unternommen wurden.
- **Abklärung des Gefahrenpotentials** für den Patienten selbst sowie für andere Personen und im besonderen für das Klinikpersonal.
- **Abwägung von Fakten für eine Zwangseinweisung** in die psychiatrische Klinik.
- Es wird beschrieben, wie starke Emotionen und **unkontrollierbare Impulse handlungssteuernd** sind. Bevor lösungsorientiert gearbeitet werden kann, ist die Herstellung einer **wertschätzenden Vertrauensbasis notwendig**, damit sich der **Patient öffnen,** seine inneren Spannungen und Gewaltphantasien mitteilen kann und konstruktive Ressourcen zutage gefördert werden.
- Es wird erläutert, wie die Therapiesituation bereits **Realraum** ist für 1. **positive Gegenerfahrung** (Anerkennung, Verständnis, Zuhören) 2. für die **Erprobung von Selbstbestimmung und Eigenverantwortung.**

Dauer der Krisenintervention: 35 Minuten

Vorbemerkungen

Herr L., ein 21-jähriger Patient, kam in die psychosomatische Klinik zur psychischen Stabilisierung, und weil die Klinik ein spezielles Behandlungsprogramm (ausführlich beschrieben in: Kuhn, 1998) zur Förderung von Ressourcen der Patienten anbot. Sein Heimatort war über 500 Kilometer entfernt, was es schwierig machte, Angehörige und Betreuer unmittelbar in den Therapieprozess mit einzubeziehen. Zu der behandelnden Ärztin bestand Telefonkontakt.

Der Patient hatte täglichen Kontakt zu dem Therapeuten, der auch sein behandelnder Arzt war, in Form der Sprechstunde, eines Morgentreffs der gesamten Gruppe und der dreimal wöchentlich stattfindenden verbalen Therapieeinheiten. Die Gruppe, bestehend aus acht Mitgliedern, setzte sich zusammen aus Patienten, die ebenfalls an einer Psychose erkrankt waren und sich in der Remissionsphase befanden. Alle Patienten erhielten Medikamente, die sie seit vielen Monaten, die meisten schon seit Jahren einnahmen.

Herr L. war sehr kooperativ im gesamten Therapieprozess, was Kunst- und Sporttherapie sowie betreute Freizeitaktivitäten einschloss. In den Gruppen gehörte er eher zu den aktiven Teilnehmern. Der Kontakt zu Mitpatienten und deren Anerkennung schien ihm sehr gut zu tun.

Zum Zeitpunkt des Auftretens der hier beschriebenen Krise war er bereits zwei Wochen in der Klinik. Die Krise trat zunächst gar nicht dramatisch in Erscheinung. Herr L. äußerte seine innere Spannung in einem Einzelgespräch, was ihm regulär zweimal wöchentlich angeboten wurde.

Verlauf der Krisenintervention und Kommentar

Pat.: Ich habe, solange ich denken kann, einen Wunschtraum, der sehr absurd ist in meinen Augen. Und zwar – ich traue mich gar nicht, es zu sagen – und zwar geht es so: Ich fessele die ganze Familie, Mutter, Vater, Bruder Schwester, ... und **exekutiere sie dann per Genickschuss**. Alle vier!

Th.: Ist das Ihr Wunschtraum?

Pat.: Schon seit langer Zeit, ja.

Th.: Und wer wird da exekutiert?

Da es sich um einen Patienten mit einer paranoid-halluzinatorischen Psychose handelt, drängen sich sofort zwei Fragen auf: 1. Ist die Psychose wieder akut ausgebrochen? und 2. Inwieweit besteht unmittelbare **reale Gefahr** für andere Personen?

Der Patient wird sehr engmaschig betreut, nimmt täglich an verschiedenen Therapieangeboten teil und auch der Therapeut sieht ihn täglich, entweder in einem kurzen Morgentreff mit der Gruppe, in der medizinischen Sprechstunde oder in der dreimal wöchentlich stattfindenden

Gruppentherapie. Von keiner Seite wurde bisher mitgeteilt, dass sein Zustand sich besorgniserregend verschlechtert habe. Im Gegenteil. Deshalb ist ruhig abzuklären, was der Patient mit dem Tötungswunsch meint und wie akut der vorgetragene Sachverhalt ist.

Pat.: Alle, außer mir.

Th.: Mutter, Vater und?

Pat.: Bruder, Schwester.

Th.: Bruder, Schwester

Der Therapeut fragt noch einmal nach. Er wiederholt die Personen nicht aus dem Grunde, weil er nicht verstanden hat, um wen es sich handelt, sondern, um dem Patienten ins Bewusstsein zu rücken, was er da gesagt hat – damit dieser Zeit hat, es auf sich wirken zu lassen und über das Reflektieren an seine Gefühle kommen kann, denn er erzählt dieses ziemlich 'cool' und unbeteiligt. Auch seine Wortwahl, dass er die Familie „per Genickschuss exekutiere" hört sich wie ein kaltblütiger Killer an, sehr distanziert.

Pat.: Woher der kommt, der Hass, weiß ich nicht.

Th.: Sie führen das auf Hass zurück?

Pat.: Vielleicht. Kann schon sein.

Th.: Erschreckt Sie das auch mal? Mich hat das erst mal erschreckt, das zu hören.

Herr L. erzählt noch immer ziemlich emotionslos über den Mord, den er sich ausgemalt hat. Der Therapeut verbalisiert stellvertretend für ihn die Gefühle, die er selbst nicht zu spüren scheint, da er das ziemlich distanziert vorträgt. Er ist der Meinung, wenn der Patient selbst solche Gedanken hat, sollte er über sich selbst erschrocken sein.

Pat.: Man gewöhnt sich an diesen Zustand mit der Zeit, an diese Gedanken. Früher war das sehr ... da wollte ich so was nicht wahr haben, dass sich so was in meinem Gehirn abspielt. Aber mit der Zeit ist es normal geworden, sagen wir es so.

Th.: Für mich klingt das auch so ein Stückchen nach Rache.

Pat.: Rache, wofür?

Th.: Ja, eben. Wofür?

Pat.: Also ... ich habe da auch ab und zu einen Traum, und zwar den: Ich bin auf dem Dach mit meinem Bruder und meinem Vater. Ich bin da am Seil und stürze da runter ... und dann schneidet mein Vater das Seil durch und ich stürze ab!

Th.: Also sehr gewalttätige Phantasien, was Ihnen da angetan wird.

Pat.: Ja, schon.

Th.: Wenn das Rache und Aggressionen sind – sagen wir mal eher Aggressionen: Gibt es da irgendwie so ein Ventil, wo sich das entlädt – oder in der Phantasie entlädt?

Es ist nicht ungefährlich, wenn diese Gedanken ein Stückchen zur Gewohnheit werden. Wenn er selbst nicht mehr darüber erschreckt, wird möglicherweise die Hemmschwelle, dieses auch wirklich auszuführen, kleiner. Zumal er sehr 'cool' darüber spricht. Und 'exekutieren' mag für ihn auch bedeuten, dass er die Bestrafung eines Verbrechens ausführt und nicht selbst damit eines begeht.

Er berichtet dann von einem Traum, der wohl das Verhältnis seines Vaters zu ihm – so wie er es aus seiner Sicht wahrnimmt – widerspiegelt. In einer Gefahrensituation rettet dieser nicht den Sohn, sondern er schneidet das Halteseil noch durch, um ihn los zu werden. Er selbst vermutet, dass der Vater zu solchen brutalen Handlungen fähig ist.

Die Aussagen mit den Mordphantasien und jetzt der Traum, in dem ihm Gewalt angetan wird, verdeutlichen seine innere Spannung. Daher ist abzuklären, ob es ein Ventil gibt, wo die Spannungen abgeführt werden oder ob sie sich weiter aufstauen.

Als weiterer Punkt ist abzuklären, ob die Möglichkeit einer harmloseren, aber realen Spannungsabfuhr gegeben ist, sodass er nicht nur darauf warten muss, seine Phantasien demnächst umsetzen zu müssen. Je mehr Frustrationen er erlebt, desto größer kann die Spannung werden, desto größer wird auch die Gefahr für andere Personen.

Für ihn selbst kann die Gefährdung in einer anderen Hinsicht zunehmen. Wenn die inneren Spannungen zu groß werden, sodass sie kaum auszuhalten sind und er sie auch nicht real abführen kann, kann er sich in die Psychose „flüchten", die dadurch gekennzeichnet ist, dass sie eine andere Realität für ihn schafft.

Der Therapeut vermutet, dass er sich mit den Mordphantasien ein Ventil für die realen Kränkungen verschafft. Aber da ein Psychosekranker sich durch diese Krankheit auch noch in einer anderen Realität erlebt, kann es sein, dass er daraus (z.B. Halluzinationen oder Stimmen, die ihn beauftragen) den legitimen Auftrag ableitet, diese 'Exekution' durchführen zu müssen. Zumal Selbststeuerungsmechanismen und damit die Kontrolle aggressiver Impulse nicht in ausreichendem Masse zu funktionieren scheinen. Dadurch besteht eine konkrete Gefahr für andere, dass er ganz nah an der Möglichkeit dran ist, diese Impulse auch in die Tat umzusetzen.

Pat.: Entladen tut sich das eigentlich nicht. Das wird vielleicht von der Heftigkeit weniger mit der Zeit.

Th.: Und sonst? Stehen Sie da auch unter Spannung? Zu Zeiten, wo sie nicht diese Gedanken haben?

Wenn er ständig unter Spannungen steht und immer neue Frustrationen hinzukommen, könnte das die Brisanz erhöhen, wird dieses wie eine 'Zeitbombe' sein. Der Therapeut klärt ab, unter wie viel Druck der Patient überhaupt steht. Dann wird er versuchen, Lösungen zu erarbeiten, die geeigneter sind, dass der Patient wieder mehr in Balance kommt. Eine Möglichkeit ist diese therapeutische Sitzung selbst.

Pat.: Eigentlich schon, ja.

Th.: Es könnte ja sein, dass das einfach so Bilder sind, wo sie sich sagen, da will ich die Spannung mit abführen. Könnten Sie damit etwas anfangen?

Der Therapeut bietet erst einmal eine harmlose Sichtweise auf die Phantasien des Patienten an, um ihn selbst zu entlasten, damit er nicht so erschrocken ist, was sich in seinem Inneren abspielt. Er möchte ihn entlasten, denn Schuldvorwürfe führen zu neuen inneren Konflikten.

Pat.: Nee, eigentlich nicht.

Th.: Und wenn Sie diese Phantasien in die Tat umsetzen? Gibt es da Überlegungen, das mal zu machen?

Jetzt klärt der Therapeut ganz konkret das reale Gefahrenpotential ab. Das ist geradezu eine Verpflichtung, um möglicherweise konkrete Sicherungsmaßnahmen für andere Personen und sich selbst treffen zu können.

Pat.: Eigentlich schon.

Th.: Und wie schützen Sie sich dann davor, dass das **nicht** passiert?

Der Patient hat Überlegungen, sein Vorhaben in die Tat umzusetzen. Der Therapeut könnte ja nun drohen, dass er ihn in einem solchen Fall in die geschlossene Psychiatrie einweisen müsste. Er hebt auch nicht die Gefahr für andere hervor. Er fragt, wie der Patient sich selbst schützen könne. Das impliziert, dass das Grenzgebiet zwischen Phantasie und Umsetzungsimpuls erst einmal eine Gefahr für ihn selbst bedeutet. Auf diese Weise hofft er, ihn wirklich zu erreichen. Verbote und Drohungen würden nur bedeuten, dass er sich mehr in sich verschließt und diese inneren Impulse vor sich hin 'schwelen'. Weiter unten wird er bestätigen, dass Verbote nicht seine psychotische Realität verändern, sondern nur, dass er darüber nicht mehr spricht.

Pat.: Indem ich real denken tue, an die Folgen denke, die das hat. Zum Beispiel Psychiatrie oder Knast oder irgend etwas.

Th.: Sie sagten, auch sonst flippen Sie einmal im Monat aus. Wie sieht denn das so aus?

Er selbst kann diese Impulse unter Kontrolle halten, indem er sich die Folgen ausmalt. Das ist eine beachtliche psychische Leistung. Was aber ist, wenn die Impulse stärker werden oder wenn das psychotische Geschehen zunimmt? Wird er sie dann auch noch kontrollieren können?

Pat.: Also, es fängt an, – so haben sie mir erzählt – mit verwaschener Sprache, *(spricht auch jetzt ganz verwaschen, sodass diese Aussagen ganz schwer verständlich sind)* Speichelfluss – unheimlich viel, nicht mehr 'schnallen,' was die anderen sagen, sondern nur Teile davon kapieren. Dann Leute *(die nicht da sind)* sehen, mich mit denen intensiv unterhalten, bestimmte Dinge machen, wie essen, all so Sachen. Und dann höre ich immer ziemlich laute Telefontöne und will immer ans Telefon gehen.

Th.: Aber das ist **nicht da**, das Telefon?

Pat.: Telefon ist schon da in der Wohnung, aber **es klingelt nicht.** ... Meine Mutter hat mir gesagt, dass ich sehr häufig wieder eingeschlafen bin – für 10 Minuten – und dann schrecke ich wieder hoch, weil ich zum Telefon will.

Th.: Und Sie **glauben** den anderen, dass das Läuten nicht da ist?

Die Psychose ist eine andere Wirklichkeit. Das, was **er** wahrnimmt, ist für ihn real, obwohl es für andere nicht vorhanden ist. Der Therapeut fragt, wie das 'Ausflippen' aussehe, damit, wenn er selbst erste Anzeichen feststellt, auch um Hilfe bitten kann und andererseits, dass das Klinikpersonal auf solche Prodromalzeichen achten kann, um von außen Maßnahmen zur Gegensteuerung einzuleiten.

Pat.: Kommt ganz drauf an. Mutter muss schon sehr laut werden, bis ich sage 'okay'. Wenn Sie es noch mal sagt 'hör auf' und so weiter, dann setzte ich meinen Willen durch. Aber wenn Sie dann lauter wird, dann schreck ich wohl zurück. So diese Richtung.

Th.: Also, Sie lassen sich dann in die Grenzen verweisen.

Die Mutter muss schon sehr laut werden, dann gibt er Ruhe, ist jedoch nicht wirklich überzeugt, dass das Klingeln nicht vorhanden ist. Wenn man sich in den Patienten eindenkt, vergrößert dieses aber auch seine Einsamkeit, denn keiner teilt seine Welt, keiner kann das nachvollziehen, was er erlebt.

Pat.: Ja, also leiten kann man mich noch.

Th.: Und **jetzt** haben Sie irgendwie Abstand zu den Dingen, wenn Sie die Situation aus zeitlicher Entfernung betrachten. Da können Sie erkennen, dass Sie 'ausflippen' und sagen: 'Da funktioniere ich nicht so, wie ich eigentlich möchte'?

Der Therapeut versucht mit diesen verschiedenen Realitäten zu arbeiten, dass er genau registriert, wie sich diese beiden unterscheiden. Dazu ist eine innere Distanz notwendig.

Pat.: Also, ich erkenne schon, dass ich **halluziniere** und Leute sehe und so weiter, aber ich **kann dagegen nichts machen.**

Th.: Aber es ist ganz gut, dass man dann wieder einen Abstand dazu bekommt. Sie sagen, wenn Sie in so einer Phase sind, dass Sie dann auch Hilfe in Anspruch nehmen.

Pat.: Eigentlich schon, ja.

Th.: Wie genau sieht es aus, wenn Sie 'ausflippen', wie Sie sagen. Da versteht ja jeder etwas anderes drunter. Hat das auch etwas mit aggressiven Durchbrüchen zu tun?

Herr L. erhält Anerkennung für die Fähigkeit, Abstand zu halten und dafür, Hilfe in Anspruch zu nehmen. Dann wird abgeklärt, was 'ausflippen' bedeutet. Zum einen, um zu sehen, ob es harmloser Natur ist oder bedrohlich und zum anderen, um sich innerlich darauf einzustellen, was die Station möglicherweise in den nächsten Tagen erwartet.

Pat.: Also, aggressiv – hat man mir gesagt – bin ich noch gar nicht geworden. Überhaupt nicht.

Th.: Wie oft sind denn diese Impulse da, die Familie zu fesseln und zu exekutieren?

Zuvor wurde die Möglichkeiten abgeklärt, was auftreten könnte. Der Therapeut kommt nun wieder ganz auf die reale Ebene zurück, hier und jetzt, auf das, was Herr L. als sein Anliegen zu Anfang des Gesprächs vorgetragen hat.

Pat.: Das ist ganz unterschiedlich. Mal ein paar mal am Tag, dann ist wieder Ruhe eine Weile. Kann sein, dass mal 14 Tage gar nichts ist.

Th.: Was spüren Sie denn im Körper, wenn diese Gedanken da sind?

Der Therapeut stellt diese Frage, um möglicherweise auf weitere Kontrollsicherungen aufmerksam zu machen. Bisher hat er davon berichtet, dass die Vorstellung von forensischer Psychiatrie oder Knast ihn von seinem Vorhaben abgehalten hat. Vielleicht spürt er auf der körperlichen Ebene ähnliche Warnsignale. Vielleicht ein Unwohlsein oder andere unangenehme Symptome im Körper, die ihn daran erinnern könnten, die Mordgedanken nicht in die Tat umzusetzen.

Pat.: **Glücksgefühle,** unheimliche! – Vielleicht noch damit zusammen **Macht**. Gewisse Macht ausüben zu können oder so in diese Richtung.

Th.: Und sonst, fühlen Sie sich dann ohnmächtig diesen Personen gegenüber?

Der Tatsache, dass ein Mord Glücksgefühle auslösen würde und das Gefühl von Macht befriedigt, kann man von therapeutischer Seite wenig entgegensetzen. Diese Gefühle erhöhen noch einmal die Brisanz der Situation und die Wahrscheinlichkeit, die Mordphantasien irgendwann in die Tat umzusetzen.

Pat.: Im normalen Leben oder wie? Also, gegenüber meinem Vater schon. Der versteht erstens meine Krankheit nicht. Zweitens denkt er, ich bin zu faul zum Arbeiten. Und wo ich damals nach S. *(eine größere Stadt)* gegangen bin, da hat er gesagt, 'das schaffst Du sowieso nicht da unten'. Und da wurde ich ja krank und kam doch zurück. War für ihn natürlich ein Riesenkick. Und der hat es doch nicht gepackt. Und ich habe ihm auch schon Bücher über Schizophrenie gegeben, sollte er mal durchlesen. Hat er alles nicht gemacht. Er hat nicht mal Willen dazu, Verständnis dem gegenüber zu zeigen.

Th.: Also ist es für Sie eine ganz schwierige Situation, da sozusagen auf einsamem Posten zu stehen und die anderen zu überzeugen?

Es scheint sich zu bestätigen, dass er Rache an seinem Vater nehmen möchte, der ihn so gar nicht versteht. Der ihn auch noch demütigt und ihn als Versager darstellt. Für den Vater sei es ein 'Riesenkick'. Diese Kränkungen rufen Wut bei ihm hervor.

Chancen, eine psychotherapeutische Wende in diesem Konflikt herbeizuführen, bestehen dadurch, dass der Therapeut sozusagen die Rolle einer 'gute Vaterfigur' einnimmt. Er hört zu, zeigt Verständnis, verurteilt ihn nicht, macht sich auch nicht lustig über ihn. Durch eine positive Gegenerfahrung beim Patienten kann sich dann der reale Konflikt entschärfen, sodass es nicht zur Ausführung der Mordtat kommen muss.

Pat.: Also Mutter, da würde ich sagen, die hat einen klaren Verstand, damit einigermaßen umzugehen. Aber der Bruder, der ist drei Jahre älter, der hat kein Gehirn, wie der das sieht. Und meine Schwester, die ist 17, und die versucht das zu verstehen.

Th.: Insgesamt scheinen Sie sehr unzufrieden damit zu sein, wie die Familie damit umgeht?

Zu Beginn es Gesprächs hat Herr L. Hass auf alle Familienmitglieder und will sie exekutieren. Jetzt beginnt er, die familiäre Situation differenzierter zu betrachten und damit auch seine Gefühle. Der Therapeut zeigt Verständnis dafür, dass er sich nicht verstanden fühlt.

Pat.: Eigentlich schon. Dann kommen immer diese Dinge wie 'Lass Dich nicht hängen!' und so was alles.

Th.: Welche Art Unterstützung hätten Sie sich denn gewünscht?

Pat.: Tja, nicht nur so eine Härte zeigen zu müssen, also bloß keine Schwäche zeigen, könnte ja von Nachteil sein. So in diese Richtung. Auch mal sagen zu dürfen, 'jetzt lass ich mich hängen, jetzt erzähle ich was'. Das wollten die gar nicht hören.

Th.: Das Sie das einmal dürften. Und wenn Sie sich hängen lassen würden, wie wünschten Sie sich, dass Ihr Vater darauf reagiert?

Mit den psychotischen Symptomen umzugehen, bedeutet für den Patienten wahrscheinlich einen ziemlichen Kampf. Das ist auch ermüdend und manchmal hoffnungslos, dass sich etwas dauerhaft ändert. Er möchte sich 'hängen lassen', möchte in dieser schwachen Phase auch angenommen werden.

Pat.: Dass er mich erst mal auffängt, wenn ich mich hängen lasse und sagt: 'Hör zu, ich bin hier, wenn Du mich brauchst.' Er hat immer so einen Drang zum Perfektionismus gehabt. Man muss ihn gleich nachahmen. Wenn wir zusammen an einem Trecker gebaut haben oder irgendwie so was, dann musste ich vorher schon wissen, was er tut, um ihm das Werkzeug zu geben. Und das nervt mich schon seit ewigen Jahren. Deshalb bin ich auch hauptsächlich von zu Hause ausgezogen, um dem zu entrinnen. Immer dieser Stress mit denen. – Ich habe jetzt hinten rechts *(zeigt eine Stelle am Hinterkopf)* ein totales Missempfinden. So ist es immer, wenn ich darüber spreche und so weiter.

Th.: Wann sprechen Sie denn sonst darüber?

Pat.: Wenn ich z.B. mit B. *(einem Mitpatienten)* zusammen bin, spreche ich darüber.

Th.: Und haben Sie eine Idee, was Ihnen das mitteilen will?

Nicht nur in dem Traum, dass er vom Seil abgeschnitten wird, wird der Konflikt mit dem Vater deutlich, sondern auch in dieser gerade geschilderten Begebenheit. Interessant ist, dass der **Patient** schon **eine Lösung** für die gespannte Situation hat, nur befasst sich keiner damit. Und die Lösung ist ziemlich einfach. Stattdessen staut sich der Hass auf, der soweit geht, dass die psychotischen Symptome wieder deutlicher hervorbrechen und ein längerer Klinikaufenthalt notwendig wird. Das ist weder gesundheitsfördernd noch kostengünstig. (Leider war es nicht möglich, mit den Eltern zu arbeiten, da diese 500 km entfernt wohnen. Der Kontakt war nur über die behandelnde Ärztin möglich). Von außen betrachtet, macht es den Eindruck, als wenn der Vater lieber einen gesunden Sohn hätte und auch nichts vom Krankheitsgeschehen wissen möchte. Herr L. wählt dann eine andere Lösung, indem er von zu Hause auszieht, was aber den Konflikt und das Sich-unverstanden-Fühlen nicht beseitigt.

Das Missempfinden im Hinterkopf ist in diesem Zusammenhang als deutliches Signal zu sehen, das mit dem Inhalt des Gesprächs zu tun hat. Das ist auch Herrn L. aufgefallen. Für den Therapeuten stellt sich die Frage nicht nur, was das inhaltlich bedeuten könnte, sondern auch, was das für die aktuelle Situation für Konsequenzen hat. Es kann bedeuten, dass der Patient an die Grenze seiner psychischen Belastbarkeit gekommen ist. Möglicherweise ist es auch ein deutliches Zeichen, dass er kurz davor ist 'auszurasten'. Deshalb ist es eine schwierige Entscheidung, wie man weiter im Gespräch verfährt. Um diese Missempfindungen nicht zu verstärken, indem man den Fokus auf sie richtet, wie genau sie sich anfühlen etc., wird die Aufmerksamkeit auf den zweiten Teil seiner Aussage gelenkt 'immer, wenn ich darüber spreche'. Da diese Stunde mit einer Art Beichte von ihm begonnen hat, ist es interessant, zu erfahren, mit wem er sonst schon darüber gesprochen hat.

Vielleicht hat der Patient auch selbst eine Hypothese, was dieses Signal für ihn bedeuten könnte.

Pat.: Ich soll aufhören damit, darüber zu reden, denke ich mir.

Th.: Ja?

Pat.: Ich denke schon. Das ist so etwas wie 'Das geht niemanden was an' so in diese Richtung. Das ist mir in der Psychiatrie das erste Mal aufgefallen, als ich darüber erzählen **wollte**. Da habe ich riesige Kopfschmerzen gekriegt.

Th.: Aber vielleicht erschreckt Sie das selbst, was Sie da denken?

Es macht den Eindruck, als wenn es eine Art 'Zensurschranke' bei ihm gibt. Es kann aber auch ein gewisser Schutzmechanismus sein. Eine hypothetische Annahme ist diese: Da er durch die vielen Aufenthalte in der Psychiatrie schon Erfahrungen gesammelt hat, kann es für ihn vielleicht bedeuten, dass er durch sein Schweigen andere Reaktionen oder Maßnahmen verhindert, von denen er weiß, dass sie für ihn unangenehme Konsequenzen hätten.

Pat.: Schon. Ja.

Th.: Also, **ich** nehme mir die Zeit, um Ihnen zuzuhören und Ihnen vielleicht auch ein bisschen Hilfe geben zu können. Wenn Sie sagen, sonst hört gar keiner zu. Vielleicht ist es auch Ihr Wunsch, dass **ich Ihnen** in dieser Sache ein bisschen weiterhelfen kann.

Pat.: Ja, darum bin ich eigentlich hergekommen.

Th.: Und dann finde ich das sehr mutig, dass Sie darüber sprechen.

Der Therapeut verdeutlicht, dass hier in diesem Moment eine Gegenerfahrung stattfindet. Er bekommt Zeit, Verständnis und Anerkennung statt Ablehnung und vielleicht Spott. Er erhält ein Kompliment dafür, dass er eine Lösung herbeiführen möchte.

Pat.: Habe auch ganz schön gerungen heute Nacht, überlegt, **ob** überhaupt. Gerade weil das doch ziemlich absurd ist.

Th.: Gab es denn da Befürchtungen, wie ich darauf reagieren würde?

Pat.: Ja, schon.

Th.: Nämlich?

Pat.: Vielleicht zuhören und dann im Endeffekt darüber grinsen. Denken, 'der spinnt ja ganz' oder so in dieser Richtung.

Th.: Also so, wie andere das auch machen würden.

Die Entscheidung, sich dem Therapeuten anzuvertrauen ist ihm nicht leicht gefallen. Dass er es jetzt macht, spricht für ein großes Vertrauen. Diese Situation ist eine ganz diffizile. Sollte er den leisesten Eindruck bekommen, dass der Therapeut ihn nicht ernst nimmt – und sei es nur aus einem Missverständnis heraus – kann die ganze Situation kippen. Der Patient würde sich verschließen und im schlimmsten Fall seine Frustration durch aggressive Impulse abführen, d.h. dass der Hass sich dann auch gegen den Therapeuten richten könnte und nicht nur die Eltern und Geschwister bedroht wären.

Pat.: Ja, wie der Großteil das macht.

Th.: Was wäre die Folge? denke ich mir da so. Das würde doch Ihre Einsamkeit dann noch vergrößern, oder?

Pat.: Ja, schon.

Th.: Und wenn **ich** das **verstehen würde** – ich kann das nicht nachvollziehen, wie Sie die Krankheit erleben, aber ich versuche das zu verstehen – was hätte das für Sie für Folgen?

Pat.: Da ist einer, der macht sich mal einen Kopf darüber. Der versucht, da eine logische Erklärung für zu finden, oder so.

Th.: Na, erst einmal merke ich, was Sie für einen inneren Kampf mit sich führen. Und wenn solche Impulse kommen, dann ist das eine erstaunliche Leistung, dass Sie es noch nicht in die Tat umgesetzt haben.

Der Therapeut zeigt jedoch Verständnis, dass eine Verurteilung seiner Gedanken, seine innere Einsamkeit noch verstärken würde. In Bezug auf seine Krankheit gibt er eine ehrliche Antwort, dass nämlich dem Verständnis auch Grenzen gesetzt sind, dass er sich nur bis zu einem gewissen Grad in die Symptome eindenken kann. Diese Ehrlichkeit, das Bemühen um Verständnis, kann das Vertrauensverhältnis aber eher noch stärken.

Herr L. bekommt wieder ein Kompliment für seine Leistung, wie schwer der innere Kampf ist und dafür, dass er diese Mordimpulse bisher noch kontrolliert hat. Dieses Verständnis wünscht er sich eigentlich auch von Seiten seines Vaters. Da er während des Klinikaufenthaltes dem Therapeuten gegenüber eine gewisse Vaterübertragung aufgebaut hat, kann dieses vielleicht auch versöhnlich seinem realen Vater gegenüber wirken, wenn er nun sozusagen stellvertretend Verständnis und Anerkennung entgegengebracht bekommt. Ein Teil seiner Wünsche und Bedürfnisse ist damit erfüllt – die innere Dramatik entschärft.

Pat.: **Noch nicht!** Aber ich habe Angst, dass ich mal irgendwann ein Blackout habe oder irgendwas und dann weiß ich nicht ...

Th.: Und da gibt es so Zeiten, in denen Sie sich nicht mehr so zurechnungsfähig fühlen?

Der Patient betont noch einmal, wie brisant die Lage ist. Die Gefahr, dass er die Tat irgendwann ausführen wird ist, doch relativ groß. Der Therapeut sagt nicht, es gibt Zeiten, in denen 'Sie nicht mehr zurechnungsfähig **sind'**, sondern in denen **'Sie sich nicht** zurechnungsfähig **fühlen'**. Das Wort 'sind' käme einer Verurteilung gleich. Bei der anderen Wortwahl kann er prüfen, ob er sich so fühlt.

Pat.: Ja, würde ich sagen.

Th.: Um so wichtiger ist ja, dass Sie jemanden ansprechen, so wie mich, der vielleicht dann die Notbremse ziehen kann. – Wie haben Sie das denn so hingekriegt, frage ich mich gerade, **dass** Sie es noch nicht verwirklicht haben?

Unzurechnungsfähigkeit wird nicht als Mangel angesehen, sondern als Signal, sich Hilfe holen zu sollen. Dann wird die Lösung betont, die er bereits praktiziert hat, die Tat **nicht auszuführen**.

Pat.: Also, eine Knarre und so habe ich mir schon alles gekauft.

Th.: Eine Knarre, wo haben Sie die denn her?

Er verdeutlicht, wie konkret sein Vorhaben ist. Es sind nicht nur Phantasien oder Sprüche, um sich wichtig zu machen, sondern die ersten Maßnahmen zur Umsetzung sind getroffen. Das unterstreicht, wie ernst man seine Äußerungen nehmen muss. Dann exploriert der Therapeut, bis zu welchem Punkt dieses Vorhaben bereits konkretisiert wurde. Möglicherweise sind auch ganz konkrete Schutzmaßnahmen für beteiligte Personen zu treffen. Es kann auch sein, dass Herr L. zwangsweise in die Psychiatrie eingewiesen werden muss, um ihn selbst und andere zu schützen.

Pat.: Von den Russen[7]. 400,- DM habe ich dafür bezahlt. Mit 50 Schuss. Bin auch schon mit dem Auto hingefahren nachts, vor der Auffahrt angehalten – Schlüssel hatte ich ja –, aber irgendwas hat gesagt **'heute nicht'.**

Th.: Wenn Sie das jetzt erzählen, – im nachhinein betrachten, – erschreckt Sie denn das, was Sie da gemacht haben?

Das sind alles sehr konkrete Angaben und nicht mehr nur Phantasien. Er hat bereits so etwas wie eine unvollständige 'Generalprobe' durchgeführt, nur den letzten Schritt noch nicht gemacht.

Der Therapeut benutzt das Wort 'erschreckt', um an die Gefühle des Patienten und an die moralische Instanz (seine „Tötungshemmung") zu gelangen. Wo sind die Gefühle, die ihn auch bremsen?

Pat.: Schon ganz schön skrupellos.

Th.: Wie würde Ihr Leben denn aussehen, wenn Sie die nun umgebracht hätten?

Er weiß, dass es skrupellos ist. Er spricht darüber so, als wenn ein anderer diese Tat dann ausführen würde. Und in der Tat, er ist ja schizophren. Deswegen ist er in Behandlung. Ein anderer Persönlichkeitsteil würde diese Tat dann ausführen.

Pat.: Ich schätze mal, ich würde in die Forensische Psychiatrie kommen oder in den Knast.

Th.: Wäre denn das ein Leben, wie Sie sich es vorgestellt hätten?

Über die Folgen ist er sich durchaus im klaren. Die würden ihn im Endeffekt wohl nicht davon abhalten. Das 'unwahrscheinliche Glücksgefühl' ist eine starke Kraft, die schwer von der Einsicht in die Folgen allein unterdrückt werden kann.

Pat.: Eigentlich nicht. Aber das **Glücksgefühl** dabei, wenn ich so daran denke, das machen zu können, ist **unwahrscheinlich groß.**

Man wird wohl auch als Leser den Eindruck nicht los, dass dem Therapeuten ein potentieller Killer gegenüber sitzt.

---

[7] Nach dem Fall der Mauer war es wohl möglich, von den in seinem Heimatort stationierten russischen Einheiten Waffen zu erwerben.

Th.: Vielleicht ist es für einen kleinen Moment ein Glücksgefühl. Das ist auch für Leute, die aus dem Wolkenkratzer springen, – in dem Moment, wenn sie runterspringen – wahrscheinlich ein Glücksgefühl, oder so ähnlich. Aber dann, wenn sie unten sind, ist das Leben vorbei. **Sie** in diesem Fall sind zwar nicht tot, aber für Sie wäre das Leben dann auch fast vorbei, wenn Sie im Knast säßen. **Vierfacher Mord.** – *(Pause)* Gibt es denn noch etwas anderes, was Ihnen manchmal Glücksgefühle oder Zufriedenheit verschafft?

Der Therapeut benutzt ein drastisches Bild und führt ihm vor Augen, dass mit dem Ausführen der Tat sein Leben fast zu Ende wäre. Er betont noch einmal, dass es sich dann um vierfachen Mord handele. Da aber die Tat so ein positives Gefühl hervorrufen würde, gibt es wohl kaum etwas, was an dessen Stelle treten könnte.

Pat.: Zur Zeit nicht.

Th.: Also das muss so ein Kick sein. Die Folgen wären ja nun fatal für Ihr Leben.

Pat.: Ja, schon.

Th.: Und irgendetwas in Ihnen hat dann so die **Notbremse gezogen** und gesagt: 'Mach das lieber nicht, verzichte auf den Kick, führe eher so ein geregeltes Leben, dann lebst Du länger oder hast ein lebenswertes Leben'. Ist das so bei Ihnen?

Pat.: Vielleicht will ich gar nicht ein geregeltes Leben führen.

Th.: Was stellen Sie sich denn so vor?

Pat.: Im Grunde genommen, ein geregeltes Leben kann **jeder** haben. Aber ich will so Höhen und Tiefen mitmachen, und zwar Extreme halt.

Th.: Na ja, im Moment hat Ihr Leben ja Höhen und Tiefen. Wie extrem soll denn das sein, wenn es jetzt nicht zu so einem Massenmord kommt? Das ist dann schon extrem, Ihr Glücksgefühl.

Herr L. hat noch keine differenzierte Vorstellung über eine Alternative. Vielleicht verbindet er den Begriff 'geregeltes Leben' auch mit den Eltern, und so wie sie will er ja auf gar keinen Fall werden. Deren Verhalten verurteilt er.

Pat.: Ja, ich würde sagen, ich müsste bloß irgendetwas finden, worin ich erfolgreich sein kann, **ohne krank** zu werden. Also, ein gesundes

Limit, aber was mir ein Glücksgefühl bringt und sagt: 'Du hast trotzdem was geschafft'.

Th.: Also, vielleicht gibt es ja etwas, was das schaffen kann.

Der Patient hat eine ziemlich konkrete und gesunde Vorstellung von einer Lösung. Besser kann man es nicht beschreiben. Auch eine solche Lösung hatte der Therapeut zu Beginn des Gesprächs im Sinn und seine weiteren Interventionen darauf abgestimmt.

Pat.: Ich habe mir auch schon was überlegt, und zwar der **ehrliche** Versicherungsvertreter. Ich habe ja 1 1/2 Jahre Versicherungen vertrieben und da werden die Leute ja nach Strich und Faden beschissen. Und da ich die Tricks alle kenne, würde ich halt solchen Leute gegen ein gewisses Entgelt eine Finanzanalyse oder so etwas machen.

Th.: Das heißt, Sie wollen die Leute dann auch bescheißen?

Pat.: Nein, ich will ihnen zeigen, wie sie Geld sparen können, ohne beschissen zu werden. Genauso kommt ein Versicherungsvertreter ins Haus. Die Lebensversicherung besteht schon drei Jahre und die sagen:, 'Meine Versicherung, die ist günstiger'. Aber nach drei Jahren Aufbauzeit braucht man keine neue Versicherung mehr abzuschließen, egal wie schlecht die ist. Und solche kleinen Dinge will ich den Leuten dann sagen.

Th.: Ich finde das eine interessante Alternative. Statt die Leute umzubringen, machen Sie etwas, was Ihnen Spaß macht und wo Sie Geld für bekommen.

Diese Wendung ist nun ziemlich verblüffend, nachdem er zuvor gesagt hatte 'ein geregeltes Leben kann jeder führen'. Offensichtlich verbindet er mit dem Beruf des Versicherungsvertreters etwas anderes, als was man landläufig darunter versteht. Es wäre auch müßig, mit ihm darüber in eine Diskussion einzutreten. Er sieht sich bei dieser Tätigkeit vielleicht als eine Art 'Robin Hood', der auf Seiten der Schwachen kämpft.

Pat.: Ob das klappt, ist die Frage.

Th.: Würden Sie den Weg denn weiter verfolgen wollen oder gibt es noch etwas anderes, was Ihnen **jetzt** erst einmal ein bisschen mehr Zufriedenheit verschafft?

Pat.: Wüsste ich nichts.

Th.: Was muss passieren, damit Sie Ihrem Ziel ein Stückchen näher kämen, dem Versicherungsvertreter?

Der Therapeut könnte zwar begeistert sein, dass der Patient für sich eine harmlose, unblutige Lösung gefunden hat, die er realisieren möchte, aber er fragt, ob es noch etwas anderes gibt, das ihm Zufriedenheit verschafft. Zufriedenheit oder 'den Kick', wie Herr L. sagt, den er dadurch bekommen würde, liegt ja noch in einer fernen Zukunft. Deshalb möchte der Therapeuten, dass Herr L. sich Zwischenziele setzt, wie er schrittweise seinem Ziel näher kommen kann.

Pat.: Vielleicht nach der Lehre in A. – 1 1/2 Jahre dauert ja die Wartezeit – dann eine neue Lehre wählen.

Th.: Jetzt müssten Sie die erst einmal abschließen, oder?

Pat.: Also, ich müsste jetzt eine neue Lehre anfangen und die müsste ich dann abschließen und danach ... Und ich habe mir jetzt überlegt, wenn ich hier wieder weg bin, Volkshochschule, irgend etwas machen, Schreibmaschinenkurs oder irgend etwas belegen, damit der Tag besser ausgefüllt ist.

Th.: Das würde noch einige Jahre dauern. Die neue Lehre, was für eine Richtung wäre das?

Es hat fast den Anschein, als wenn Herr L. zu optimistisch ist. Deshalb bringt der Therapeut die Zeitperspektive ein. Herr L. hat sich aber auch schon selbst Zwischenziele gesetzt. Das scheint sehr überlegt und eigenverantwortlich zu sein.

Pat.: Das dauert 18 Monate und ich habe keine Ahnung, was ich da machen würde. Man läuft da in einem Vier-Wochen-Test durch und danach entscheiden die, was gut ist *(das Testergebnis als Entscheidungsgrundlage)*.

Th.: Wie könnten Sie denn mit Ihren immer wieder auftretenden Spannungen oder mit dem, was Sie überfällt, **umgehen?** Sie sagen, 1 1/2 Jahre oder längere Zeit dauert es, bis Sie dieses Glücksgefühl durch den Beruf hätten.

Der Therapeut möchte nicht, dass er einer unrealistischen Lösungsidee des Patienten Vorschub leistet und lenkt das Augenmerk wieder auf die Ausgangslage, ob das damit zu vereinbaren ist. Die immer wieder auftretenden Spannungen sind eine Realität, sie werden aller Wahrscheinlichkeit nach auch in absehbarer Zukunft seine Bemühungen überschatten. Es wird versucht, möglichen Krisen damit vorzubeugen, dass er sich schon vorher darüber Gedanken macht, was er tun könnte, falls dieses wieder auftritt.

Pat.: Früher habe ich getrunken. Heute ...

Th.: Früher haben Sie getrunken? Also, Sie haben sich betrunken gemacht, damit Sie diese Spannungen nicht mehr hatten?

Pat.: Ja, dass die eingedämmt sind.

Th.: Immerhin. Zu trinken in Ihrem Fall ist zwar nicht so gut, aber vielleicht noch besser, als wenn Sei jemanden dann ermorden.

Man könnte als Therapeut versucht sein, ihm vor Augen zu führen, wie schädlich Alkohol in Kombination mit den Medikamenten gegen die Schizophrenie ist, die er auch weiterhin nehmen muss. Alkohol war **eine** Möglichkeit, die Spannungen zu lösen, jedoch keine so optimale in seinem Fall.

Pat.: Denke ich auch.

Th.: Wir können ja zusammen überlegen, ob es auch andere Möglichkeiten gäbe, statt zu trinken, da Sie ja Medikamente nehmen.

Pat.: Trinken tue ich seit einem halben Jahr so gut wie gar nicht mehr, und das will ich auch gar nicht wieder anfangen. Ich suche im Grunde genommen nach einer Lösung, Probleme abzubauen oder einzudämmen, so in diese Richtung. Die Probleme hatte ich auch durch die vielen Gespräche, die ich geführt habe *(mit verschiedenen Hilfspersonen an seinem Heimatort)*. Aber ich bin der Meinung, das ist nicht die richtige Lösung, weil die Selbständigkeit dadurch unheimlich verloren geht. Man ist ja angewiesen auf diese Gespräche.

Th.: Das haben wir ja letztes Mal schon besprochen, dass Selbständigkeit wichtig für Sie ist. Das sehe ich auch so, wieder Verantwortung für sich zu übernehmen. Aber die Gespräche können ja auch dazu beitragen, für sich mehr Verantwortung zu übernehmen und mehr Selbständigkeit zu bekommen. Das könnte ja auch dabei rauskommen.

Erstaunlich ist, welche gesunden Anteile bei Herrn L. zum Vorschein kommen. In seinem Heimatort scheint die Hilfe für ihn recht gut organisiert zu sein – vielleicht sogar ein wenig zu viel Betreuung vorhanden zu sein, denn Herr L. traut sich viel mehr Selbständigkeit zu, als ihm wohl gewährt wird. Ungünstig wäre es, die Mit-Therapeuten für ihre eher ängstliche oder wie auch immer zu bezeichnende Haltung zu tadeln. Erstens weiß man nicht, ob die Aussage von Herrn L. den Tatsachen entspricht und zweitens geben sie ihm wichtigen Schutz und haben auch zu seiner Stabilität beigetragen.

Pat.: Okay, ich würde mich soweit schützen, ein Gespräch **nach Bedarf.** Das wäre in Ordnung für mich. Zu sagen, wenn ich Hilfe brauche und nicht mehr weiter weiß, dann ist es okay. Aber nicht so geregelt, und dann wird immer wieder der Tagesablauf abgefragt: **wie, was, wo** gab es Schwierigkeiten?

Th.: Das heißt, zu Hause oder **hier** in der Klinik?

Pat.: Erst mal hier in der Klinik.

Th.: Würden Sie Gespräche nach Bedarf wollen?

Pat.: Nee, Entschuldigung. **Hier** würde ich gerne diese regelmäßigen Gespräche wahrnehmen, bloß zu Hause halt nicht mehr. Denn ich bin ja hier zum Herausfinden: Warum? Wieso? Weshalb?

Th.: Hier wäre das okay?

Pat.: Ja, auf jeden Fall.

Th.: Ich hatte Ihnen diesen Gesprächstermin angeboten. Sollen wir das demnächst so machen, dass Sie danach fragen? *(Patient schüttelt den Kopf)* – Meinen Sie, Sie kriegen das zu Hause irgendwie hin, dass Sie sagen, Sie wollen einen Termin nur nach Bedarf wahrnehmen?

Immer die gleichen Fragen nerven ihn. Er mag sie wahrscheinlich auch wie eine permanente Kontrolle empfinden. Er stellt sich mehr Mitbestimmung am Behandlungsablauf vor. Das, was gerade Gesprächsgegenstand ist, ist nicht nur eine organisatorische Frage. Deshalb verweilt der Therapeut an dieser Stelle und fragt präzise seine Wünsche nach. In diesem Moment wird Mitbestimmung und Selbstverantwortung bereits eingeübt.

Pat.: Ja, ich denke, das ist kein Problem.

Th.: Das wäre für Sie ein Zeichen, dass Sie selbständiger wären?

Pat.: Ja. Bei den Anonymen Alkoholikern werde ich auch rausgehen, habe ich mir überlegt, weil da ziemlich viel Selbstbeschiss ist, was da stattfindet, zumindest in dieser Gruppe. Wie oft die wieder nass *(rückfällig)* werden und das macht keinen Spaß.

Th.: Sie erleben das nicht als Unterstützung.

Interessant ist, dass Herr L. auch an einer Gruppe der Anonymen Alkoholiker teilnahm. Aus Unterlagen ging dieses nicht hervor. Sein Alkoholproblem muss gravierender gewesen sein, als bisher bekannt war, obwohl er zum Zeitpunkt dieser aktuellen Krise, schon zwei Wochen stationär behandelt wurde. Es macht den Eindruck, als wenn der Patient die Gruppe der AA – er sagt 'zumindest in dieser Gruppe' – differenziert beurteilen kann. Das ist keine einfache kognitive Leistung.

Die Aufgabe des Therapeuten ist es, eher kritisch zu hinterfragen, ob das, was er sich so vorgestellt hat, auch gut für ihn wäre, denn es ist nicht unbedingt von Vorteil, alle Regelmäßigkeiten in seiner Betreuung einzureißen.

Pat.: Nicht mehr. Am Anfang schon, aber jetzt nicht. Da ist zuviel Routine eingekehrt, gefällt mir nicht mehr. Und ich sehe diese Kur *(den momentanen Reha-Aufenthalt)* als Schadensveränderungsbehandlung. Ich gehe hin und sage, aufgrund der Kur habe ich mir das so und so überlegt, und so bleibt es.

Th.: Wie viel Unterstützung bräuchten Sie denn überhaupt? Also, Anonyme Alkoholiker, das ist für Sie keine Unterstützung mehr, sondern eher eine Belastung?

Pat.: Zur Zeit ja.

Th.: Diese regelmäßigen Gespräche zu Hause, das empfinden Sie als Einschränkung?

Pat.: Ja, schon.

Th.: Wie viel Unterstützung bräuchten Sie?

Pat.: Psychotherapie vielleicht einmal im Monat und Sozialarbeiter alle drei Wochen oder so etwas. So könnte ich mir das vorstellen.

Th.: Könnte ich mir auch vorstellen. Weiterhin die Medikamente als Unterstützung?

Es handelt sich zunächst darum, welche **Vorstellungen** Herr L. selbst entwickelt. Dann wird später noch einmal im einzelnen genau überlegt werden müsse, wie das zu organisieren ist. Auch sollte dann Rücksprache mit den Betreuungspersonen am Heimatort genommen werden, da sonst der Eindruck entsteht, die gesamte Betreuung solle umgekrempelt werden. Abgeklärt werden sollte auch, was als Konstante in der Betreuung bestehen bleiben sollte. Es wäre ungünstig, verschiedene Komponenten der Betreuung gleichzeitig zu ändern. Die Medikamente sollten als wichtiger Basisschutz weiter gegeben werden. Die Nachfrage, ob diese bestehen bleiben sollen, klärt auch ab, wie realistisch seine anderen Vorstellungen sind.

Pat.: Auf jeden Fall. Also, ich habe schon mal eigenständig was weggelassen und habe gesehen, was dann passiert.

Th.: Und wie wäre das denn, wenn Sie wüssten, in Krisenfällen könnten Sie sich an jemanden wenden? Das, glaube ich, müsste dann auch noch irgendwie installiert werden.

Der erreichte Erfolg in der Behandlung wird nicht immer bestehen bleiben. Relativ klar ist, dass das psychotische Geschehen in Schüben verläuft. So sollten für einen solchen Notfall noch einmal die Möglichkeiten ins Bewusstsein gerückt werden, die er dann hat, wenn er wieder Hilfe braucht.

Pat.: Ist schon installiert. Und zwar gibt es einen Notruf, da kann man Tag und Nacht jemanden anrufen und der kommt dann vorbei. Ist also recht gut für beschütztes Wohnen, da ist dann einer in Bereitschaft.

Th.: Da haben Sie, wie Sie mir auch letztes Mal schon zeigten, ganz konkrete Ideen über Ihre Zukunft, die sich ein bisschen unterscheidet von der Zukunft im Knast, wenn Sie jemanden umbringen würden. Ist das reizvoll für Sie, solche Zukunft zu haben?

Nachdem die Brisanz des Anliegens entschärft wurde, mit dem er in die Therapiestunde gekommen ist, alternative Möglichkeiten gedanklich durchgespielt wurden und Wünsche für eine zukünftige Betreuung umrissen wurden, kommt der Therapeut wieder auf den Ausgangspunkt der Stunde zurück. Er bringt noch einmal die Realität des Augenblicks hinein und zeigt damit aber auch auf, welche Entwicklung der Patient in diesen 35 Minuten der Krisenintervention gemacht hat. Es wurden konkrete Lösungsideen entwickelt und Selbstbestimmung praktiziert.

Pat.: Ist ein **Kick.**

Th.: Was meinen Sie damit genau?

Pat.: Das ist ein Ausbrechen aus dem normalen Leben.

Th.: Das ist das, was für Sie im Moment **jetzt normal** ist. Das heißt, es würde ein Stückchen in Richtung Gesundung gehen.

Pat.: Schon!

Th.: Ich fände das erfreulich für Sie. Und wie finden Sie es selbst?

Auch wenn diese Intervention relativ erfolgreich verlaufen ist, so muss man sich vor Augen führen, wie fragil die erreichte Stabilität des Patienten ist. Er bezeichnet das, was sich als alternative Zukunft abzeichnet als 'Kick'. Es ist die Frage, ob er das eventuell nicht zu euphorisch sieht, denn Kick war ja für ihn etwas ganz Besonderes.

Es ist zu vermuten, das er mit dem Ausdruck 'normales Leben' das meint, das er jetzt führt – ein Leben mit den Unberechenbarkeiten der Krankheit. Weiter oben sagte er einmal: Ein geregeltes Leben kann jeder führen'. Seine Beurteilungsgrundlage ist wahrscheinlich eine andere als die von nicht-schizophrenen Menschen. Denn das, was er sich jetzt zurechtgelegt hat, wäre für andere ein eher normales, geregeltes Leben.

Pat.: Ja, im Augenblick weiß ich nicht.

Th.: Können Sie sich gar nicht vorstellen?

Pat.: Nein, noch nicht.

Th.: Aber Sie machen sich ja diese ganzen Gedanken nicht einfach nur so als Gedankenexperiment, sondern weil Sie schon irgendwie **Verantwortung für sich empfinden**. Sonst würden Sie doch nicht planen.

Das Erreichte wird hervorgehoben und ein indirektes Kompliment gegeben. Dann ist es wichtig, die Sitzung noch einmal abzurunden, ein Fazit zu ziehen.

Pat.: Genau.

Th.: Ja, wie war denn für Sie heute die Gesprächsstunde?

Pat.: Anstrengend.

Th.: Gab es etwas, was Ihnen da weitergeholfen hat?

Pat.: Mir ist schon bewusster geworden, **was wäre, wenn.** Das ist mir vorher nicht so durch den Kopf gegangen.

Th.: Also die Möglichkeit, wenn Sie den Mord wirklich ausführen würden. – Was mir aufgefallen ist, dass Sie doch eigentlich schon ziemlich viel Verantwortung für sich übernehmen, aber manchmal vielleicht Leute da sind, die Ihnen diese Verantwortung noch gar nicht so zutrauen.

Pat.: Ja, das stimmt schon.

Th.: Was ich bewundere, ist, dass Sie nach schwerem Kampf heute Nacht doch den Mut gefasst haben, über ihr Inneres zu sprechen.

Was ja auch sehr viel Energie abzieht, wenn Sie diese Impulse immer unterdrücken müssen. Wenn Sie die nicht mehr hätten, könnten Sie diese Energie auch für die Gestaltung der Zukunft verwenden. – Und was mir noch aufgefallen ist, dass Sie sich sehr viel Gedanken machen über sich, ganz konkrete Gedanken, realistische Gedanken, hätte ich nicht so gedacht. Dass es aber auch noch eine lange Zeit dauert, bis vielleicht der eine oder andere Wunsch in Richtung Beruf in Erfüllung geht. – Und was mir klar geworden ist, dass Sie eigentlich einen sehr schweren Stand haben zu Hause. Dass kaum jemand nachvollziehen kann, was mit Ihnen ist. Und insofern denke ich, könnte für Sie diese Gruppe eine Hilfe sein, dass da auch andere sind, die das nachvollziehen können, dass Ihre Lage nicht ganz so leicht ist, so eine Krankheit zu haben, damit fertig zu werden. – Gut, wollen wir es so lassen, erst einmal?

Pat.: *(Kopfnicken).* Ja.

Der Therapeut hebt zum Schluss noch einmal die Fähigkeiten des Patienten hervor, ruft sie noch einmal ins Bewusstsein. Damit gibt er wieder ein Bündel Komplimente. Herr L. war sehr interessiert, diese Rückmeldungen über sich zu hören. Hiermit bekommt er noch einmal das Verständnis und die Anerkennung, die er sich von der Familie und speziell von seinem Vater gewünscht hatte.

Nachbemerkungen

An diesem Beispiel wird vielleicht deutlich, wie viele weitere Aspekte mit in das Gebiet der Krisenintervention hineinreichen. Zu Anfang des Gesprächs, als der Patient seine Mordphantasien äußerte, wird man geneigt sein, zu glauben, dass er damit nur innere Spannungen abführen will. Das mag durchaus ein Aspekt der ganzen Thematik sein, aber es geht um sehr viel mehr.

Aufgabe des Therapeuten ist es, die Gefährlichkeit der bekundeten Absicht einzuschätzen und eventuell Präventionsmaßnahmen einleiten zu müssen. Ihm kommt dadurch eine sehr große Verantwortung zu. Welche Maßnahmen stünden ihm in dieser Situation zur Verfügung? In diesem Fall liegt die Überlegung sehr nahe, den Patienten mit PsychKG[8], d.h. zwangsweise in die Psychiatrie einzuweisen.

---

[8] Gesetz über Hilfen und Schutzmaßnahmen bei psychischen Krankheiten (PsychKG). In jedem Bundesland gibt es ein Gesetz, das die zwangsweise Unterbringung von psychisch Kranken ermöglicht, die eine Gefahr für die öffentliche Sicherheit und Ordnung darstellen, weil sie **andere oder sich selbst** in erheblichem Maße gefährden.

Was würde dieses jedoch für den Therapieprozess und das Therapeuten-Patienten-Verhältnis bedeuten? Herr L. würde für seine Offenheit, sich mit seinen inneren Spannungen vertrauensvoll an den Therapeuten zu wenden, quasi bestraft werden, denn es wäre ihm sicher schwer zu vermitteln, dass dieses eine Schutzmaßnahme ist.

Auch würde er sich zukünftig mit diesem Problem vermutlich nicht mehr an einen Therapeuten wenden. Somit würde der Patient bei den nächsten starken Spannungen sehr unberechenbar werden. Keiner wüsste, was in ihm vorgeht. Somit könnte es durchaus zu einer Affekthandlung kommen.

Auch für den weiteren Therapieprozess wäre es keine gute Ausgangsbasis, den Patienten zwischenzeitlich zwangsweise eingewiesen zu haben. Die Entscheidung des Therapeuten wird von der Einschätzung der Gesamtlage abhängen. Dabei spielen verschiedene Faktoren eine Rolle. Zunächst hängt es auch von der therapeutischen Erfahrung ab, die der Behandler mit psychotischen Patienten hat und davon, als wie tragfähig er die Patienten-Therapeuten-Beziehung einschätzt.

Zu den weiteren Rahmenbedingungen zählen das übrige Klinikpersonal und die Gesamtlage der Station, auf der sich der Patient befindet. Es muss bedacht werden, wer den Patienten außerhalb der offiziellen Dienstzeit des Therapeuten betreuen kann. Welche Erfahrungen hat die Nachtschwester mit diesem Patienten, kennt sie ihn, hat sie einen guten Kontakt? Welcher Arzt hat Bereitschaftsdienst, falls sich nachts die Lage noch einmal zuspitzt? Ist der Patient diesem Kollegen bekannt oder nicht? Wie gespannt oder entspannt ist die gesamte Situation auf der Station? Gibt es noch weiter „Problempatienten", die einen labilen Patienten durch eigene Krisen schnell aus dem Gleichgewicht bringen könnten? Ist die Therapiegruppe, in der sich der Patient befindet eher tragfähig oder labil? Wie ist der Bezug des Patienten zur Gruppe überhaupt, fühlt er sich akzeptiert oder eher abgelehnt?

In diesem Fall hatte sich der Therapeut entschieden, den Patienten nicht zu verlegen, denn er hatte den Eindruck, die Krisenintervention sei sehr erfolgreich verlaufen und die Rahmenbedingungen waren sehr tragfähig.

Der Zufall wollte es, dass am Nachmittag die klinikinterne Supervision mit einem externen Supervisor stattfand und dass der Therapeut die Krisensitzung auf ein Videoband aufgenommen hatte. In dieser Sitzung stellte er den Patienten Herrn L. vor, weniger, um seine Entscheidung abzusichern, als die Kolleginnen und Kollegen zu informieren, die Dienst hatten. Seine Entscheidung, den Patienten in der Klinik zu behalten, war recht begründet und abgesichert.

Die Reaktion in der Supervisionsgruppe war unterschiedlich. Die Bandbreite der Meinungen reichte von „Der Patient will sich nur wichtig machen“ bis hin zu „Das ist ein gefährlicher Killer, der muss sofort verlegt werden“.

Was waren die Argumente, weshalb er sich nur wichtig machen wolle? Auf die Kollegen wirkte er wenig überzeugend, dass er seine Familienangehörigen umbringen wolle. Ihnen fehlte der Leidensdruck, was sie an seinen relativ wenigen Emotionen festmachten. Er wirke sehr „cool“. Das aber genau war das Argument für die andere Fraktion, ihn nicht zu unterschätzen. Und in der Tat, ist das Fehlen der Affekte genau der Punkt, der ihn gefährlich macht. Die abgespaltenen Affekte sind gerade auch ein Charakteristikum seiner Erkrankung, der Schizophrenie. Der Therapeut hatte in der Einzeltherapie versucht, die Emotionen des Patienten dafür zu wekken, was er da eigentlich plane, was es für die Betroffenen und für ihn selbst bedeute, einen kaltblütigen Mord zu begehen. Seine moralische Schranke, die „innere Tötungshemmung", oder wie man es bezeichnen möchte, schien nicht sehr stark zu sein.

Und noch ein Punkt ist sehr wichtig. Der Patient hatte schon konkrete Handlungen ausgeführt, wobei es nur noch eines sehr kleinen Schrittes bedurfte, die Tat auszuführen. Er hatte sich eine Waffe gekauft – das schien sehr glaubwürdig –, er nannte den Preis und die Bezugsquelle, er hatte sich 50 Schuss Munition besorgt, war zum Haus der Eltern gefahren, hatte den Schlüssel des Hauses, und er hatte ein Tatmotiv. Er hatte auf spätere Nachfrage zwar gesagt, er habe die Waffe an seinem Heimatort gelassen, der ja 500 Kilometer von der Klinik entfernt war, aber wie glaubwürdig war diese Aussage? Er hätte die Waffe ja auch auf dem Klinikgelände oder dem angrenzenden Wald versteckt haben können.

Außerdem spielt noch die Frage, bis wann man als Arzt oder Therapeut an seine Schweigepflicht gebunden ist, eine Rolle. Auch die Frage des illegalen Waffenbesitzes und einiges darüber hinaus, ist wichtig zu berücksichtigen, was aber hier den Rahmen sprengen würde.

Der Therapeut konnte das Verbleiben des Patienten für diese Nacht auf der Station begründen, wobei natürlich ein Risiko nicht ausgeschlossen werden konnte. Die Gefährdung bestand seines Erachtens eher in einer schlaflosen Nacht für den Patienten oder einer psychotischen Dekompensation. Bevor der Therapeut die Klinik nach Dienstschluss verließ, schaute er noch einmal nach Herr L., dem es gut ging und der sich offenbar erleichtert fühlte.

Am nächsten Morgen wurde in der Teambesprechung berichtet, dass der Patient von der diensthabenden Ärztin in die Psychiatrie verlegt worden sei. Aufgrund des geschilderten Hergangs war dieses auch vollkommen in Ordnung. Kurz vor dem Schlafengehen hatte sich Herr L. an die Nachtschwester gewandt, weil er ein zunehmendes Unruhegefühl in sich verspürte. Diese habe die Ärztin gerufen, die gerade ihre Ausbildung angefangen hatte und zudem den Patienten nicht kannte, weil sie auf einer ganz anderen Abteilung arbeitete. Sie habe ein Gespräch mit dem Patienten geführt und Herr L. habe dann darum gebeten, ihn für die heutige Nacht zu verlegen.

Ein Telefonat mit der Psychiatrie, in die er verlegt wurde, ergab, dass die Nacht für den Patienten gut verlaufen sei, keine psychotischen Symptome aufgetreten seien und er nach einem Tag Beobachtung wieder zurückverlegt werden könne.

Als Herr L. zwei Tage später wieder an der Gruppe teilnahm, schildert er den ganzen Vorgang als einen Erfolg für sich. Er habe das erste Mal um Hilfe gebeten, **bevor** es ihm ganz schlecht ging. Er habe diese Vor-Zeichen sonst auch selbst gar nicht so mitbekommen, dass die Gefahr bestünde, dass er wieder in einen akuten psychotischen Schub gerate. Nach dem Gespräch mit der Ärztin habe er selbst darum gebeten, dass er verlegt würde. Offenbar habe er sich unter den gegebenen Umständen nicht genügend geschützt gefühlt. Er erlebte die Situation, wieder in der Psychiatrie gewesen zu sein, nicht als Niederlage, sondern als Erfolg, in der Hinsicht, dass er für sich die Verantwortung übernommen hatte, beziehungsweise sah, dass er sie in dieser Situation für sich nicht mehr in ausreichendem Maße übernehmen konnte. Er hat sich selbst damit geschützt und außerdem war es für ihn wichtig, wie er sagte, dass er das Vertrauen hatte, sich Hilfe zu holen.

Man kann spekulieren, ob der Verlauf ein anderer gewesen wäre, hätte eine erfahrene Kollegin oder eine Kollegin, die den Patienten persönlich schon kannte, Dienst gehabt. Es spricht einiges dafür, aber die Kollegin hat vollkommen richtig gehandelt, denn sie ist im Nachtdienst ganz auf sich gestellt und hat damit die Verantwortung für die ihr anvertrauten Patienten. Vielleicht ist es für den Patienten auch ganz wichtig gewesen, diese Erfahrung zu machen, auch zu testen, wie er für sich selbst Verantwortung übernehmen kann, um Hilfe bitten kann oder auch herauszufinden, wie sicher er in der Klinik ist und wie gut Hilfe organisiert ist.

Vielleicht gehörte zum Therapieerfolg auch das Durchlaufen dieser Krise. Nach dem sechswöchigen Klinikaufenthalt, der speziell seine Stärken und Fähigkeiten fördern sollte, sagte er im Abschlussinterview Folgendes: „Ich habe durch die Therapie eine *neue Orientierung,* eine *neue Motivation* bekommen. Ich bin mit der Einstellung hierher gegangen 'Du ziehst deine Rente durch und verhältst dich dementsprechend im Leben. Ich wollte einfach nur rumgammeln. Und *jetzt fühle ich mich gut.* Ich muss aufpassen, damit ich nicht zu motiviert bin. Ich werde nach dem Aufenthalt mit vielen Leuten Gespräche führen. Mit der Sozialarbeiterin zum Beispiel und anderen. Insgesamt hat es mir *viel Positives gebracht.* Also, ich habe jetzt '*auf Leben Bock*' sozusagen. Ich weiß nicht, wie man das gemacht hat. Das würde mich interessieren. Das Resultat finde ich gut. Sehr gut sogar."

15. Worte sind wie Valium

<u>8. Fallbeispiel</u>: **Panikattacke im Medikamentenentzug**
Frau T., 34 Jahre

Überblick

- 34-jährige Frau mit **akuter Panikattacke** bei Tranquilizerabhängigkeit
- akute Krise in der Klinik in der Phase des **Medikamentenentzugs**
- **Wenig medizinischer Handlungsspielraum**, da Medikamente aufgrund der Abhängigkeitserkrankung nicht gegeben werden können.
- Daher bleibt nur akute **Notfall-Psychotherapie**.
- Es wird beschrieben, wie Paniksymptome zu kaum kontrollierbaren körperlichen Reaktionen führen. Eine Notfall-Medikation kann aufgrund der Vorerkrankung nicht gegeben werden. **Lösungsorientierte Therapie** wird **kombiniert** mit einer Art **imaginärer Wirkung einer Beruhigungstablette.**
- Wichtige Themen sind: **Schutz, Sicherheit und das Ableiten von Spannungsimpulsen**

Dauer der Krisenintervention: 20 Minuten

Vorbemerkungen

Manchmal wird ein Arzt oder Psychotherapeut zu einer Krisenintervention gerufen, ohne den Patienten oder seine Vorgeschichte zu kennen. Dann ist keine Zeit vorhanden, um ausführlich die Krankenakten zu studieren. Ein Blick auf die Diagnose und die verordneten Medikamente muss zunächst reichen, um sich zu orientieren. Der Patient wartet schon in höchster Not, dass etwas zu seiner Entlastung passiert.

In diesem beschriebenen Fall ist der Therapeut der Bereitschaftsarzt in einem Therapiezentrum mit mehreren Reha-Kliniken für Abhängigkeitserkrankungen und psychosomatische Störungen. Es ist abends 22.00 h. Der diensthabende Arzt erhält einen Anruf von der Nachtschwester, dass er sofort kommen möge. Eine Patientin sagt, sie bekäme gleich einen Anfall. Was genau unter „Anfall“ zu verstehen ist, hätte die Patientin nicht sagen können. So kann es sich um einen epileptischen Anfall oder um eine Migräneattacke handeln oder eine Panikattacke.

Die Patientin ist bereits drei Wochen in der Klinik zu einer Entwöhnungsbehandlung. Sie habe jahrelang große Mengen Schlaf- und Beruhigungsmittel genommen, weiß die Krankenschwester. Die Patientin sei zu ihr ins Schwesternzimmer gekommen, weil sie schon den ganzen Tag ein Spannungsgefühl gehabt habe, was sich gegen Abend immer mehr verstärkt habe.

Für den diensthabenden Arzt ist es die erste Begegnung mit dieser Patientin. Als er im Schwesternzimmer eintrifft, sitzt die Patientin im Nebenzimmer, völlig zusammengekauert, zitternd und mit hochrotem Kopf. Eine Hand hat sie ans Herz gepresst, so als ob sie pectanginöse Herzbeschwerden hätte.

Nachdem jedoch kein Anhalt für eine organmedizinische Ursache vorhanden ist außer einem stark erhöhten Blutdruck, der die innere Erregung aufgrund der Angst widerspiegelt, versucht der Therapeut eine lösungsorientierte Kriseninterventlon, wobei auch Imaginationen bezüglich einer Medikamentenwirkung mit einbezogen werden.

Verlauf des Gesprächs und Kommentar

Th.: Die Schwester hat mich angerufen, dass es Ihnen nicht so gut geht. Können Sie einmal schildern, weswegen Sie sich an die Schwester gewandt haben?

Pat.: Ich habe eine wahnsinnige Angst, die immer mehr zunimmt. Ich habe Angst, dass ich das nicht mehr aushalte, nicht mehr kontrollieren kann. Dass ich verrückt werde.

Wichtig ist das Aufbauen eines vertrauensvollen Kontaktes. Der Therapeut solle dabei Ruhe ausstrahlen und überlegt die notwendigen Maßnahmen durchführen. Nachdem ein kurzer körperlicher Check erfolgte, steht das Krisengespräch im Vordergrund. Die Patientin hat vermutlich eine Angstneurose und hat daraufhin jahrelangen Abusus von Beruhigungsmitteln betrieben.

Th.: Ich möchte gerne wissen, wie stark Ihre Angst ist. Stellen Sie sich dazu einmal so etwas wie ein Barometer vor. Das zeigt normalerweise die Temperatur an. Null ist der Gefrierpunkt und 100 Grad sind ganz heiß. Wenn Sie Ihre Angst einmal auf einer ähnlichen Skala einordnen dann ist Null = keine Angst und 10 = das Allerschlimmste, was Sie nicht aushalten könnten. Wo stehen Sie da im Moment?

Pat.: Auf 8 mit der Tendenz nach oben. Ich habe Angst, dass ich heute Nacht eine Panikattacke bekomme, die ich nicht mehr kontrollieren kann.

Die Patientin war nicht mit der lösungsorientierten Therapie und mit Skalen vertraut, weil dieses in der Klinik, zu der der diensthabende Arzt gerufen wurde, nicht Bestandteil der Therapie ist. Es kann sehr hilfreich sein, den Angstscore wie auf einem Thermometer zu erheben. Für Therapeuten wie für die Patientin ist die Einstufung der Dramatik damit sehr schnell vorgenommen. Es wird **nicht empfohlen**, detailliert zu erfragen, wie sich die Angst sonst noch bemerkbar macht. Das würde einen Fokus auf die Angst setzten.

Th.: Wahrscheinlich haben Sie diese Angst heute nicht zum ersten Mal, oder?

Pat.: Nein.

Th.: Wann hatten Sie denn den letzten Angstanfall?

Pat.: Hier in er Klinik erst vor ein paar Tagen. Das ist jetzt das zweite Mal.

Es wird kurz in die Vergangenheit geschaut, aber nur, um die Suche nach bisher erfolgreich praktizierten Lösungswegen in der Vergangenheit einzuleiten, um dann in dieser akuten Situation daran anknüpfen zu können. Sie hatte bereits in der Klinik eine Panikattacke und hat diese wahrscheinlich irgendwie bewältigt. Auch diesmal hat sie wieder das Gefühl, es nicht kontrollieren zu können oder gar daran zu sterben. Die Attacke ist aber irgendwie vorbei gegangen; darauf soll mit dieser Frage das Augenmerk gelenkt werden.

Th.: Mich würde interessieren, **wie** Sie es **geschafft** haben, die Angst zu überwinden.

Pat.: Vor ein paar Tagen war die nicht so stark. Ich weiß nicht, wie das weggegangen ist. Gestern und heute hatte ich Besuch von meiner Familie. Ich habe geraucht und bin da schon immer auf und ab gelaufen.

Die Therapeutenfrage impliziert, dass sie selbst es ist, die etwas dazu beigetragen hat, die Situation zu entschärfen. Sie selbst ist wahrscheinlich der Auffassung, dass sie diesem Geschehen ganz hilflos ausgeliefert ist. Wir erfahren auch etwas darüber, dass diese zugespitzte Situation möglicherweise mit dem Besuch der Familie zu tun haben könnte. Es ist jedoch in dieser Situation nicht ratsam nach den Ursachen des Problems zu suchen. Es wäre damit in diesem Moment nichts gewonnen, außer dass bei der Patientin der Eindruck erweckt würde, dass ihre Familie Schuld an ihrem Zustand sei.

Th.: Und wie war das zu Hause, als Sie einen Angstanfall gehabt haben? Wie haben Sie das denn damals hinbekommen, dass es wieder besser wurde?

Pat.: Dann habe ich Rohypnol genommen. Das ist ein ziemlich starkes Beruhigungsmittel. Dann ging es mir besser. *(Rohypnol wird hauptsächlich in der Anästhesie zur Einleitung von Narkosen verwendet und ist rezeptpflichtig).*

Außer der Zuflucht zu einem Medikament hat sie nach ihrer Ansicht keine Bewältigungsstrategie zur Verfügung. Die bisher praktizierte Lösungsmöglichkeit für ihre Panikattacken hat eine Sucht zur Folge gehabt. Das Problem hat sich mit diesem Lösungsversuch erheblich verschlimmert.

Th.: Das kann ich Ihnen natürlich nicht geben, wie Sie wissen. Sie sind ja hier, um eine Entwöhnungsbehandlung von all diesen Beruhigungsmitteln zu machen. Aber um Ihnen helfen zu können, muss ich noch ganz genau wissen, wie das denn bei Ihnen immer gewirkt hat.

Pat.: Wenn ich Angst habe, ist das so, als wenn hinter mir die Angst steht und zieht oder irgendjemand zieht und ich weiß nicht, wohin es mich zieht. Ich weiß auch nicht, wie das weiter geht. Ich habe Angst, verrückt zu werden.

Die Patientin versucht auch gar nicht auf den Arzt einzureden, dass er ihr Beruhigungsmittel gibt. Er deutet jedoch an, dass Hilfe möglich ist. Das lässt die Patientin vielleicht hoffen und kooperativ sein. Er müsse jedoch ganz genau wissen, wie die Medikamente bei ihr gewirkt hätten. Damit wird die Aufmerksamkeit auf positive Empfindungen gelenkt. Ein innerer Suchprozess beginnt. Sie muss sich vorstellen, welche Auswirkungen Rohypnol gehabt hat. Außerdem beginnt sie mehr und mehr zu erzählen, was den Druck etwas entlasten kann.

Th.: Wie lange hat es denn immer gedauert, bis Sie die Wirkung der Tablette gemerkt haben?

Pat.: So etwa eine halbe Stunde.

Th.: Und **wie genau** haben Sie gemerkt, dass die Tablette wirkte? *(Die Patientin scheint in einen ziemlich intensiven Suchvorgang einge-*

taucht zu sein, um sich in die Wirkweise der Tablette hinein zu versetzen. Sie wirkt etwas abwesend, ihre Augen sind nach schräg oben gerollt).

Pat.: Es ging mir besser.

Einerseits kann klar werden, dass die Tablette auch nicht unmittelbar gewirkt hat und dass ein wesentlicher Effekt dadurch zustande kam, die Gewissheit zu haben, etwas Wirkungsvolles genommen zu haben. Andererseits wird der Prozess des Fokussierens auf die positiven Auswirkungen verstärkt. Die Patientin imaginiert die Wirkung. Das ist auch an ihrer starken Konzentration und an ihrer Position der Augen abzulesen.

Th.: Was heißt 'besser'? Wie hat sich das bemerkbar gemacht?

Pat.: *(Sie überlegt angestrengt weiter).* Ich weiß nicht.

Th.: Haben Sie das irgendwo körperlich gespürt, ... in irgendeinem Körperteil? Im kleinen Zeh vielleicht oder in den Armen oder sonst wo?

Pat.: Im Kopf.

Ihre Wahrnehmung in der angespannten Situation ist sehr eingeschränkt. Deshalb kann sie die Auswirkungen nicht unmittelbar benennen. Die Aufmerksamkeit wird auf den Körper gelenkt: „Was haben Sie gespürt?" Es werden Beispiele genannt, die eher fern liegen wie „im kleinen Zeh", um nicht suggestiv vorzugeben, wie die Wirkung gewesen sein könnte.

Th.: Interessant. Was haben Sie da im Kopf gespürt?

Pat.: Es wurde leichter. *(Macht eine Handbewegung, als wenn etwas vom Kopf über die Schultern hinweg abfließt).*

Die Patientin unterstreicht mit der Handbewegung das, was sie sich in Erinnerung gerufen hat. Sie gibt damit auch noch mehr Informationen, als sie verbal benennt.

Th.: Ich habe den Eindruck, dass sich diese Leichtigkeit besonders in den Schultern und im Hinterkopf bemerkbar machte.

Pat.: Genau. *(Die Patientin horcht in sich hinein. Ihre Atmung ist ruhiger geworden)*

Th.: War mit dieser Leichtigkeit noch etwas anderes verbunden?

Pat.: Ich hatte mehr Sicherheit. Die Gedanken kreisten nicht mehr so wild. Ich hatte mehr Abstand zur Angst. ... *(Pause)* **Ich bin jetzt sehr ruhig**. ... Ich kann hier aber nicht mehr sitzen.

Das Gesprächsthema ist nicht mehr die Angst und die befürchtete Katastrophe. Sie folgt dem durch den Therapeuten angestoßenen inneren Suchprozess nach einem positiven Körpergefühl. Und es hat auch schon Wirkung gezeigt, ohne dass sich die Patientin dessen vielleicht bewusst geworden ist. Kurz danach erwähnt sie es selbst. Das Gespräch verläuft entspannter. Auch ihre schnelle Atmung, die zuvor eine Hyperventilation befürchten ließ, ist deutlich langsamer geworden.

Th.: Was möchten Sie tun?

Pat.: Wenn ich mich bewegen kann, ist es besser zu ertragen.

Th.: Was genau ist dann besser?

Pat.: Ich bin dann nicht mehr so nervös.

Th.: Und was noch?

Pat.: Insgesamt ist die Spannung dann weniger.

Th.: Wo spüren Sie das am meisten, dass die Spannung weniger ist?

Pat.: In den Beinen ... und in den Schultern. ... Auch die Übelkeit wird dann etwas weniger.

Wenn der Krise und damit der inneren Gespanntheit die erste Spitze genommen ist, ist es sinnvoll, wieder die Entscheidungskompetenz der Patienten zu betonen und wenn es nur darum geht zu fragen, was sie gerne tun möchte. Sie hat für sich schon einen sinnvollen Weg in Erwägung gezogen, nämlich Spannungen durch Bewegung abzubauen. Dann kann man als Therapeut weiter den Fokus auf die Erleichterung legen und fragen, wo genau es besser wird und wodurch das gekennzeichnet ist.

Th.: Sollen wir zusammen auf dem Flur ein wenig auf und ab gehen. Wir können uns dabei auch unterhalten.

Pat.: Im Moment nicht. Ich möchte gleich vor die Tür gehen und rauchen.

Th.: Ok. Sie haben schon ein gutes Mittel gefunden, um die Spannung abzuführen. Bei der Angst werden Stresshormone ausgeschüttet und bei körperlicher Bewegung werden diese schneller abgebaut. Das haben Sie schon ganz gut gemacht. ... Ich möchte gerne weiter wissen, was die Tablette noch bei Ihnen bewirkte. Rohypnol entspannt ja auch die Muskulatur. Merken Sie das bei sich auch?

Pat.: Nein.

Th.: Was merken Sie denn?

Pat.: Das gibt mir einen Schutz. Dann fühle ich mich sicherer.

Beim Gehen über den Flur redet es sich manchmal leichter. Der Therapeut bietet dieses an. Er bietet damit auch gleichzeitig einen gewissen Schutz an. Jemand, der da ist, wenn sie fachliche Hilfe braucht, jemand der durch die bloße Anwesenheit psychischen Beistand gibt. Und zwei Sätze später sagt die Patientin auch, dass sie dieses von dem Beruhigungsmittel bekommt. Insofern ist eine wesentliche Funktion, die sie sonst vom Medikament bekommt, durch die Krisenintervention erfüllt worden. Weiterhin hat der Therapeut ihr zuvor ein Kompliment gemacht, dass sie bereits selbst ein gutes Mittel gefunden habe sich zu regulieren.

Th.: Rohypnol kann ich Ihnen ja nicht geben, aber möglicherweise brauchen Sie Schutz in irgendeiner anderen Form. Können die Krankenschwester oder ich Ihnen Unterstützung geben? Was würde Ihnen helfen?

Pat.: Wenn ich nicht das Gefühl hätte, auf meinem Zimmer eingesperrt zu sein. Wenn ich so unruhig und ängstlich bin, kann ich nicht im Bett liegen. Herumlaufen kann ich da aber auch nicht. Dann störe ich meine Zimmernachbarin.

In Suchtkliniken gibt es oftmals strenge Regeln, die einen Ausgang einschränken. Es wäre ihr geholfen, wenn sie sich nicht so eingesperrt fühlte. Oftmals sind nicht nur therapeutische Lösungen hilfreich, sondern auch ganz praktische Regelungen. Es wird auch noch einmal betont, dass die Nachtschwester als Gesprächspartner zur Verfügung steht.

Th.: Wäre es für Sie eine Hilfe, wenn Sie hier zur Schwester kommen könnten oder auf dem Flur auf und ab gehen könnten?

Pat.: Ja. ... Am besten ist es, wenn man mich ganz in Ruhe lässt. Ich möchte mich am liebsten verkriechen ... Aber ich bin ja vorhin hier zur Schwester gekommen. Vielleicht bedeutet das ja, dass ich irgendwie doch Hilfe haben möchte.

Manchmal ist die Hemmschwelle, sich Hilfe von der anwesenden Schwester zu holen sehr hoch. Deshalb kann man anbieten, ob die Krankenschwester mal nach der Patientin schaut. Das hat dann einen fürsorglichen Charakter und wird in vielen Fällen gerne angenommen. Erstaunlich ist dann die Einsicht, dass ihr Verhalten an diesem Abend ihr signalisierte, dass sie doch gerne Hilfe haben möchte.

Th.: Das kann durchaus sein. Mir wäre daran gelegen, dass wir noch ganz klar besprechen könnten, wie Sie für heute Nacht entsprechenden Schutz und eine Sicherheit bekommen könnten.

Pat.: Ich möchte auch mal eine rauchen können.

Th.: Okay. Wir können Ihnen auch anbieten, hier in der Aufnahmestation neben dem Schwesternzimmer zu schlafen. Dann sind Sie in der Nähe der Schwester und haben vielleicht dadurch eine gewisse Sicherheit. Sie dürfen auch nachts vor die Tür gehen und eine Zigarette rauchen. Gibt es noch weitere Hilfen, die Sie brauchen?

Pat.: Im Moment geht es mir besser.

In der Intervention werden mögliche Wege der Hilfe angeboten, die ihr selbst im Moment der Panik nicht präsent sind. Im Moment ist jedoch keine weitere Unterstützung notwendig. Die Patientin hat sich wieder „im Griff“. Die Zuspitzung der akuten Krise ist abgewendet.

Th.: Vielleicht möchten Sie einen Schluck Wasser trinken. Sie können sich auch jederzeit an die Schwester wenden. Oder wäre es Ihnen lieber, wenn sie ab und zu nach Ihnen schaut?

Pat.: Das wäre mir lieber.

Nachbemerkungen

Insgesamt hat diese Krisenintervention zwanzig Minuten gedauert. So schnell hätte ihre Tablette Rohypnol nicht einmal gewirkt. Für die Patientin ist wichtig zu erleben, dass sie über gewisse Selbststeuerungsmechanismen verfügt.

Durch ihr Verhalten hat sie sich geradezu in eine „Angst-Trance“ hineingesteigert. Durch das therapeutische Vorgehen wurde nun versucht, sie in eine „Lösungs-Trance“ zu versetzten und ihre Ressourcen zu mobilisieren.

Die körperlichen und psychischen Symptome des Medikamentenentzuges können bisweilen sehr heftig sein. In diesem Fall war es wohl so, dass eine Angstneurose bestand, die sie mit Tabletten überdecken wollte. Im Entzug kommen dann nicht nur die Entzugssymptome zum Tragen, sondern auch die ursprüngliche Angstneurose in ihrer vollen Ausprägung.

In der weiteren Therapie wird es wichtig sein, die Selbstregulierung zu stärken. Und, da sie ganz gut auf Imaginationen anzusprechen scheint – jedenfalls beherrscht sie die **Imagination der Panik** fast perfekt – könnte man diese Fähigkeit in positiver Richtung ausbauen.

16. Psychosomatische Symptome als Spiegel innerer Konflikte

9. Fallbeispiel: **Blutdruckkrise mit Todesängsten**
Frau D., 64 Jahre

Überblick

- 64-jährige Klientin mit dreimalig aufgetretenem **Blutdruckkrise (220/130 mm Hg) und Todesängsten** bei jahrelang bestehendem Hochdruck, der medikamentös behandelt wird.
- Mehrfache **internistische Abklärung** aller Parameter erbrachte keine Anhaltspunkte für eine somatische Ursache. Der Internist vermutet einen **psychosomatischen** Zusammenhang.
- Im Krisengespräch ergeben sich zahlreiche Anhaltspunkten für **innere wie äußere Konflikte,** wobei hier der Ehemann und die verstorbene Mutter zentral zu sein scheinen.
- Weitere körperliche Symptome (Atemnot) drohen die Situation zuzuspitzen.
- Es wird beschrieben, wie die Krisenintervention nicht nur **verbal**, sondern **auch bildhaft** in Form einer Imagination, die in eine Trance übergeht, durchgeführt wird. Dabei kristallisiert sich heraus, wie **Krankheitssymptome ein nichtsprachlicher Ausdruck** dieses Konfliktgeschehens sein können. Es wird aufgezeigt, wie die Klientin wieder **Zugang zu** ihren **abgespaltenen Gefühlen** erhält und wie in der Trance Weichen für eine **positive Gegenerfahrung** gestellt werden. Beeindruckend dabei ist, wie das Unbewusste **Selbstheilungskräfte organisiert** und in der Imagination realisiert.
- Es werden **symbolhaft, verschlüsselte Lösungen** gefunden, die **positive Rückwirkungen** auf das **reale Verhalten** der Klienten und auf ihre **Krankheitssymptome** haben.

Vorbemerkungen

Frau D. ist eine 64-jährige Frau, die sehr vital ist. Der Therapeut kennt die Klientin bereits aus einer Begegnung vor sechs Monaten, als sie zusammen mit ihrem Ehemann aufgrund einer sich lange zugespitzten Situation in der Ehe, die Beratung aufsucht. Drei gemeinsame Gespräche konnten die häusliche Situation wesentlich entschärfen. Für die Klientin zeigte sich jedoch auch, dass sie einige Vorstellungen und Wünsche in dieser Beziehung nicht mehr wird realisieren können. Die Situation verbesserte sich für beide Ehepartner so, dass einige gemeinsame Interessen besser gelebt werden konnten und sich beide mit etwas mehr Respekt begegnen konnten. Das war schon ein großer Fortschritt für beide.

Die momentane Blutdruckkrise trifft die Klientin ganz unvermittelt. Wegen ihres erhöhten Blutdrucks ist sie in regelmäßiger ärztlicher Behandlung und nimmt bereits seit Jahren Blutdruckmedikamente und zwar Betablokker. Sie ist der Meinung, dass diese Medikamente sie auch psychisch, und zwar in negativer Weise, beeinträchtigen würden, sie dämpfen würden, ihre Gefühle abschirmen würden.

Ganz unvermittelt erlebt sie nun eines nachts eine Blutdruckkrise mit Werten von 220/130 mm Hg, was zu erheblichen Herzbeschwerden und Todesängsten führte. Sie weckt ihren Ehemann, der ihr medizinisch natürlich nicht helfen kann, aber auch keinen Notarzt verständigt. Er gibt ihr jedoch auch keinen emotionalen Beistand. Sie verbringt viele angstvolle Stunden alleine im Wohnzimmer, nimmt eine zusätzliche Blutdrucktablette und versucht sich „selbst in den Griff" zu bekommen.

Am nächsten Tag sucht sie ihren Internisten auf, der sie gründlich untersucht, aber keine medizinische Ursache findet und meint, dass die Symptomatik möglicherweise psychische Ursachen habe. Ein paar Tage später erlebt sie erneut eine nächtliche Blutdruckentgleisung mit Todesängsten. Inzwischen stellten sich schon Befürchtungen vor den Nächten ein. Internistisch wurden noch einmal alle Parameter untersucht. Nach der dritten Blutdruckkrise sucht die Klientin psychotherapeutische Hilfe auf.

Auch das einleitende Gespräch zwischen Klientin und Therapeut wird in Auszügen hier wörtlich wiedergegeben, damit der Leser selbst herausfinden kann, wo möglicherweise therapeutische Ansatzpunkte für eine schnelle und effektive Behandlung der Krise sind. Das Gespräch ist nicht nur Informationssammlung, sondern gleichzeitig wird sich die Klientin über einige Verhaltensweisen und Umstände in ihrem Leben klarer.

Verlauf der Krisenintervention

Einleitendes Gespräch

Th.: Sie sagten, Sie haben einige körperliche Beschwerden, die ärztlicherseits nicht in den Griff zu kriegen seien. Jetzt geht es mir weniger darum, dass Sie erst einmal diese körperlichen Beschwerden erzählen, sondern um folgende Frage: 'Wie meinen Sie, könnte die Arbeit mit mir Ihnen weiterhelfen?'

Kl.: Also meine vage Vorstellung ist – weil ich ja erlebt habe, wann bei mir immer diese hohen Blutdruckattacken kamen – dass die immer damit zu tun hatten, dass ich mit bestimmten Menschen nicht klar kam. Sie haben irgendetwas bei mir ausgelöst. Ich könnte sagen, das hat Missgunst bei mir hervorgerufen, das hat Neid hervorgerufen. Ich habe gedacht 'Siehst Du, jetzt bist Du schon wieder hinten dran'. Dass andere bevorzugt wurden, dass sie mehr gehört wurden. Dann kam Ungerechtigkeit. Und es löste sich dann auch meinerseits in Ungerechtigkeit anderen gegenüber auf. ... Ich musste mich immer durchboxen. Ich war schon das ganze Leben lang immer die Letzte in der Reihe. Immer die Kleinste sein, das hat sich bei mir irgendwie eingeprägt. Immer hinten an zu stehen. ... Ich habe festgestellt, dass ich Dinge dann doppelt gut machte. Das ist mir eigentlich in den letzten Attacken, die ich hatte, ganz bewusst geworden.

Th.: Wie sehen Sie denn da den Zusammenhang, dass Ihr Körper jetzt darauf reagiert?

Kl.: Ich bin nicht gesehen worden und ich habe das Gefühl, ich setze mich damit unter Druck. Ich mach dann zuviel und ich bekomme Angst, nicht das zu erreichen, was ich erreichen möchte – oder keine Zuneigung zu bekommen.

Th.: Zwei Dinge höre ich daraus. Einmal, sie sind nicht gesehen worden – könnte das unbewusst bedeuten, dass Sie sich sagen: 'Jetzt habe ich Symptome, jetzt muss ich ja gesehen werden?" *(Der zweite Punkt wird später angesprochen, da die Klientin sofort antwortet).*

Kl.: Also, ich habe immer entdeckt, wenn ich besondere Dinge machte, wurde ich plötzlich gesehen. Wenn ich als Kind bastelte und zeichnete, habe ich zu Weihnachten immer etwas ganz Besonders gemacht für meine Eltern oder Geschwister. *(erzählt einige Beispiele).* Ich habe mich da auch immer unter Druck gesetzt.

Th.: Sie geben jetzt ein positives Beispiel, was Sie gemacht haben, um Aufmerksamkeit zu bekommen. Meine Frage ging in die Richtung, ob Sie jetzt mit diesen **Symptomen** Aufmerksamkeit erreichen möchten? Und Sie haben automatisch die Brücke geschlagen zu anderem Beispielen, um Aufmerksamkeit zu bekommen. Sehen Sie denn da einen Zusammenhang?

Kl.: Habe ich eben **nie gesehen**. Und ich kann sie mir heute nicht erklären, denn ich habe die Symptome jetzt mit dem hohen Blutdruck. Die hatte ich vor 26 Jahren in Afrika in entgegengesetzter Richtung. Nach einem schweren Abortus in Deutschland bin ich nach Afrika zurückgekehrt und bekam so einen niedrigen Blutdruck, dass ich häufig umgekippt bin.

Th.: Haben Sie denn da die Aufmerksamkeit bekommen, die Sie brauchten?

Kl.: Ich hab das gar nicht gemerkt, weil ich fast auf mich gestellt war, weil mein Mann soviel geschäftlich zu tun hatte. Wenn ich jetzt drüber nachdenke, wollte ich damit Aufmerksamkeit haben.

Th.: Haben Sie denn welche erhalten?

Kl.: Nein, eben nicht. Es wurde immer schlimmer. Ich habe sie in dem Moment bekommen, als ich **umkippte**. Es musste aber bis zu diesem Punkt kommen, dann bekam ich sie. ... Ich habe auch schon mal gedacht, ob das so gewesen ist, dass ich damit sagen wollte 'Jetzt guckt mich mal an. Schaut her, ich bin auch noch da.' ...

Th.: Das sind jetzt hypothetische Erklärungen. Ich **weiß nicht**, ob das so ist. Gab es denn Situationen, wo Sie Zuwendung gebraucht hätten und nicht bekommen haben?

Kl.: Ich wollte Anerkennung und Zuwendung in der Familie. In dem Moment, wo ich besondere Dinge machte, wollte ich auch gelobt werden, wenigstens respektiert werden, für das, was ich tue. Und das habe ich **nie** gekriegt.

Th.: Das lass ich mir gerade mal so durch den Kopf gehen – Sie sagten, dass hätten Sie **nie** bekommen. Und sagen das so ganz beiläufig. Stimmt es, dass Sie es **nie** bekommen haben?

Kl.: Ich habe es jedenfalls nicht gemerkt. Aber, wenn ich an meine Ehe zurückdenke: Wo es mir das erste Mal auffiel, als ich den hohen Blutdruck hatte, das war nach einem Seminar, was ich gegeben habe. Ich bin mit meiner Arbeit nicht anerkannt worden, von meinem Mann, von meiner ganzen Familie. Das war ganz schlimm, das muss ich dazu sagen. Ich hörte nur: 'Warum musst Du das tun? Das ist gar nicht notwendig!' Man hat mir dann einen Hund geschenkt, dass ich keine Zeit mehr für meine Arbeit hatte, die ich mir gerade aufbaute. ... *(Führt es ausführlicher aus).* Ich habe gemerkt, mit dem Hund wird mir etwas aufgedrängt, was ich gar nicht will. Ich war bitter enttäuscht. Ich wusste, mir wird in dem Moment ganz viel Zeit weggenommen. ... Ich sagte 'Mensch, seid ihr denn bescheuert, ich fange gerade etwas Neues an und jetzt setzt ihr mir dieses arme Würmchen von Hund hier vor. Den habe ich nicht nur einen Tag, den habe ich 15 Jahre. Der muss versorgt werden. Ich werde durch den Beruf oft nicht da sein. Wie stellt ihr euch das vor?'. Da bekam ich zu hören: 'Damit Du Verantwortung lernst'. Und das hat mich ganz tief getroffen. Haben die nicht mal gemerkt, dass ich Verantwortung auch für sie getragen habe, in der ganzen Zeit, als ich sie großgezogen habe. Es war ungeheuerlich. Es hat mich auch ganz ganz tief getroffen. *(Sie erzählt weitere demütigende Beispiele).*

Th.: Ich versuche, dass einmal zu strukturieren, was Sie verschiedentlich angedeutet haben.

(Sprung)[9]

Kl.: Und wenn meine Tochter mal anruft, sind es **immer Vorwürfe.** 'Habt ihr schon euer Testament gemacht? Tretet mal ein bisschen kürzer!' (...) Da ist wieder eine Bevormundung und die ist immer da und die ist mir **soo vertraut**. Die habe ich schon als Kind gehabt – von meiner Mutter. (...) Ich brauchte die Liebe, ich brauchte die Streicheleinheiten, einfach Zärtlichkeit, und die habe ich **nicht bekommen!**

(Sprung)

Kl.: *(Die Klientin berichtet, dass sie einmal mit einem für sie großen Problem zu der Mutter gegangen sei – damals war sie 21 Jahre – und habe auf Beistand gehofft.).* Und ich bekam zur Antwort: 'Ach, Mädchen, das ist doch Kinderkram, komm lass mich damit in Ruhe'. Das war ein Schlag für mich. Es erforderte erst einmal Mut, auf sie zuzugehen und das zu sagen und dann wurde ich wieder weggestoßen. Da kam dann der Punkt, das gleiche Gefühl, was ich auch jetzt wieder habe. Ich wusste, dass sie sich mit meiner Schwester lang und breit, ja nächtelang auseinandergesetzt hat. Wenn meine Schwester mit solchen Kümmernissen kann, wurde das alles durchgesprochen. Ich hatte das Gefühl, dass man mir alles Schlechte zutraute. Und da kommen wir noch einen Schritt zurück: Ich bin ja mal missbraucht worden im Krieg auf der Flucht. Ich war 7 1/2 Jahre. Das war für mich entsetzlich. Ich wurde auch geschlagen von

[9] An diesen Stellen wurden für den Kontext unwichtige Passagen ausgelassen.

dem Mann und ich bin dann nach Hause gegangen und meine Mutter hat mich deswegen verprügelt.

(Sprung)

Kl.: Ich musste mich immer für andere verändern. Ich habe festgestellt, dass ich immer viel zu viel für andere getan habe, und dass ich mich persönlich eigentlich immer in die Ecke gestellt habe. (...). Ich hatte Angst, nicht geliebt zu werden, ich hatte Angst, nicht anerkannt zu werden. Ich habe mich da immens unter Druck gesetzt. (...) Ich habe jetzt Wut. Ich nenne es eine innere Rebellion. Ich mach doch schon soviel. Herrgott, sieht denn das keiner. Und das ist jetzt gerade bei einigen Personen ganz aktuell geworden.

Th.: Sie sagten vorhin 'Sieht denn das keiner'. Man sieht nicht Ihre Bedürftigkeit nach Liebe, Zuwendung und Schutz, ist das richtig? Wenn sie nun nachts im Bett mit Notfallsymptomen liegen, dann muss es ja wohl irgendjemandem auffallen – zumindest Ihrem Mann. Das ist ja kaum zu übersehen.

(Sprung)

Kl.: Er hätte mich in die Arme nehmen können. Er hätte mir gut zureden können. Aber dann kommt nur 'Siehst Du, das ist Deine ganze Arbeit, die Du machst. Das ist alles viel zu viel'. Deshalb habe ich ihn bei der letzten Blutdruckattacke schon gar nicht geweckt. Ich bin leise aus dem Zimmer gegangen und habe mich verkrochen. Wenn ich schon am Boden liege, dann bekomme ich noch einen Tritt.

(Sprung)

Kl.: Ich muss ehrlich sagen, ich habe mit meinem Mann resigniert. Das ist eine Resignation auf der ganzen Linie. Und die, die tut innerlich sehr weh. Die ist sehr schmerzhaft. Und ich habe das Gefühl, ich möchte irgendwann einmal weinen. Ich kann nicht mehr richtig weinen.

Th.: Sie sehen jetzt auch so aus, als ob Sie sehr bewegt sind.

Kl.: Kurz davor. Ich möchte das mal rauslassen. Ich habe wirklich resigniert und kann nicht mehr. Ich kann nicht mehr weiter, mit **ihm** jedenfalls nicht, mit der Situation nicht.

Th.: Aber wenn Sie resigniert haben, dann ist immer noch ein riesiges Loch, was gerne mit Zuwendung und allem möglichen gefüllt werden möchte.

Kl.: Das ist da. Und was jetzt neuerdings auftritt, ist, dass ich auch so furchtbar tief Luft holen muss, dass ich auch mit der Atmung Schwierigkeiten kriege. Als ob mir hier die Luft abgeschnürt wird.

Th.: Sie seufzen. Wenn man das bildlich ausdrückt, könnte man sagen, dass Sie vieles auf den Schultern zu tragen haben? Wenn Sie Ihren jetzigen Zustand einmal in einem Bild ausdrücken würden, wie würde das aussehen? – Schließen Sie einmal die Augen. –

Der Anlass der Krisenintervention war der unerklärlich hohe Blutdruck, der aber internistisch auch nicht zufriedenstellend behandelt werden konnte. Die bedrohlichsten Blutdruckkrisen traten zweimal nachts auf, wenn sie neben dem Ehemann in Bett lag. Dann stellte sich Todesangst ein. Es zeigte sich auch, dass der Ehemann eher hilflos oder unbeholfen war, auf sie einzugehen. Er benachrichtigte keinen Notarzt oder kümmerte sich sonstwie um seine Frau, die dann im Wohnzimmer vor Angst umherlief.

Sie sagt, sie habe resigniert, aber es ist viel mehr. Sie erhält noch nicht einmal in der Notsituation den Beistand, den sie sich sonst erhofft. Sie scheint den inneren Konflikt und ihre Gefühle zu somatisieren, d.h. ihr Körper drückt etwas in Form eines Krankheitssymptoms aus, was ihr sonst nicht möglich ist, sprachlich auszudrücken. In diesem Fall vermutlich den Wunsch nach Zuneigung, Anerkennung oder einfach nach Aufmerksamkeit.

Die Symptomatik der Blutdruckkrise war schon sehr heftig, aber sie führte trotzdem nicht zum Ziel. Jetzt entwickelt sie – ohne ersichtlichen medizinischen Grund – asthmatische Symptome, sodass diese ebenfalls psychosomatischer Natur sein können, sozusagen als die andere Seite der gleichen Medaille angesehen werden können.

Um sich auszudrücken, wählt der Körper bei psychosomatischen Erkrankungen eine bildhafte Sprache und zwar in Form von Krankheitssymptomen. Das kann soweit gehen, dass daraus schwere körperliche Krankheiten entstehen, die dann auch nicht mehr durch Psychotherapie allein behandelbar sind. Bei einer anderen Patientin äußerte sich einmal die Symptomatik dergestalt, dass sie, wenn der Ehemann abends von der Arbeit nach Hause kam und die Haustür öffnete, sie sofort ein zunehmendes Engegefühl im Brustkorb verspürte, was sich bisweilen so zuspitzte, dass sie mit dem Rettungswagen in die nächste Klinik gebracht werden musste.

Da der Therapeut die Hypothese hat, dass auch in diesem Fall die Symptome ein bildhafter Ausdruck dessen sind, was anders nicht gesagt werden konnte oder überhaupt nicht bewusst war, bittet er die Klientin, ein Bild für ihre momentane Stimmung, ihr momentanes Gefühl zu finden. Ein Bild, das Traumbildern vergleichbar ist.

Imagination und Kommentar

Th.: Wenn Sie jetzt Ihr Gefühl, das Sie momentan empfinden, in ein Bild kleiden würden, oder in eine Landschaft, wie auch immer... So dass Sie sagen können, 'dieses Bild passt jetzt im Moment zu meinem Zustand'. ... Das kann ein Gemälde sein, ... es kann sein, dass Sie irgendwo unter einem Baum sitzen und sich entspannen, oder kann etwas ganz anderes sein. .... Was für ein Bild oder eine Landschaft ist damit verbunden, mit dem jetzigen Zustand? Dass das ausdrückt, wie Sie sich im Moment fühlen.

Kl.: Ich sehe mich jetzt im Regen stehen.

Th.: Aha.

Kl.: ...und friere.

Th.: Und wo stehen Sie da? In welcher Umgebung?

Kl.: Das ist eine Straße. Rechts und links sind Häuser, so alte Häuser. Kopfsteinpflaster. Es ist abends und es ist so eine komische Lampe an. Eine Laterne, eine Straßenlaterne und dann das Pladdern des Regens und ich stehe da mitten... Barfuß stehe ich da.

Die Klientin hat sehr schnell Zugang zu diesen Bildern. Sie kann sehr gut visualisieren. Um mit dieser Form des nicht-sprachlichen[10] Ausdrucks ihres Problems zu arbeiten, ist nicht unbedingt eine sehr gute Fähigkeit der Visualisierung nötig. Es reichte, dass sich die Klientin in die Situation mehr oder weniger „eindenken" oder eine recht vage Vorstellung davon entwickeln würde. Wenn man beim lösungsorientierten Vorgehen ein inneres Bild von der Zukunft entwickelt, entwirft man auch ein inneres Bild von der Lösung, aber ohne dass ein Trancezustand speziell herbeigeführt wird.

Der Therapeut lässt die Klientin einfach beschreiben, was sie mit geschlossenen Augen vor der inneren Leinwand sieht. Das hat verschie-

[10] Das Problem der Klientin oder ihre inneren Konflikte werden nicht besprochen, sondern in Form eines Bildes oder einer Szene **symbolisch** ausgedrückt. Lediglich über das Geschehen in der Imagination erfolgt dann ein verbaler Austausch.

dene Funktionen. Dadurch wird das Bild immer konkreter, immer deutlicher und die Klientin gibt sich mehr und mehr in diese Szene hinein. Weiterhin erhält der Therapeut genauere Informationen darüber, wo sich die Klientin gedanklich gerade befindet, um sie unterstützend begleiten zu können.

Th.: Sind Sie so alt wie jetzt?

Kl.: Nein, ich bin ein kleines Mädchen.

Th.: Aha.

Kl.: So zwölf, dreizehn Jahre.

Th.: Was sehen Sie noch so um sich herum?

Kl.: Ja, alles zu. Türen zu, Fenster zu und kein Mensch ist draußen.

Th.: Sie stehen also in einer Straße mit Kopfsteinpflaster...

Kl.: ...Kopfsteinpflaster, das glänzt und...

Th.: Gegen Abend ...

Die Frage nach dem Alter ist eine sehr wichtige, die schon recht früh in der Imagination gestellt werden sollte, da sie Hinweise gibt, auf welcher Zeitebene sich die Klientin befindet. Die Klientin ist regrediert. Sie **fühlt** sich wie ein kleines Mädchen. Das heißt aber nicht zwangsläufig, dass in diesem Alter ein zentraler Beziehungskonflikt angesiedelt sein muss, der heute noch von Bedeutung ist.

Der Therapeut begleitet die Klientin nur in der Weise, dass er sie detailliert beschreiben lässt z.B. 'Was sehen Sie noch ...?' Er wiederholt Passagen aus ihren Antworten, damit genügend Zeit ist, dass sich die bildhaften Szenen weiter entwickeln können. Es sollte sich alles wie von selbst aus dem Unbewussten der Klientin heraus gestalten.

Kl.: Gegen Abend. Eine Straßenlaterne ist an, die eine Schatten wirft und man sieht im Licht die Regentropfen fallen. Mir läuft der Regen auch so durch die Haare. Ich merke das, die Haare sind auch pitschnass.

Th.: Das ist ja eine relativ trostlose Situation.

Die Klientin beschreibt die Situation aus einer Beobachterposition heraus. Sie scheint sie gefühlsmäßig noch recht distanziert zu erleben. Deshalb benutzt der Therapeut das Wort 'trostlos', um ihre Gefühlsebene anzusprechen. Es ist beabsichtigt, sie wieder zu ihren verschütteten Gefühle zu führen, an das, was sie sonst nur auf der Symptomebene ausdrücken kann. Erinnern wir uns daran, was die Klientin eingangs sagte: 'Ich möchte irgendwann einmal weinen. Ich kann nicht mehr richtig weinen.' Zu diesem Zeitpunkt weiß man noch nicht, ob Weinen eine angemessene Lösung *(auch im Sinne von Verhärtungen lockern)* wäre. Es ist therapeutisch keinesfalls beabsichtigt. Es ist jedoch beabsichtigt, einen adäquaten Ausdruck für ihre Gefühle zu finden, sodass die Symptome diese Funktion verlieren.

Kl.: Und ich **weine**. Aber ich bleibe stehen, ich gehe auch nicht weiter.

Th.: Worüber weinen Sie?

Kl.: Weil ich friere.

Th.: Und worüber noch?

Die Klientin weint nicht, sondern sie sieht sich weinen. Sie erlebt es aus einer gewissen Distanz heraus – und das kann sehr heilsam sein. (Ich teile keinesfalls die therapeutische Auffassung, dass die Klientin noch einmal durch den Schmerz hindurch gehen muss, um ihn zu überwinden). Es ist aber wichtig, das anzuschauen, was ist, ohne etwas zu verdrängen, zu beschönigen oder zu verändern.

Kl.: Es macht keiner auf. Ich gucke rechts zum Haus hoch, da ist ein Fenster oben erleuchtet. Aber, es macht keiner auf!

Th.: Dieses klein Mädchen ist wie alt?

Kl.: Zwölf.

Th.: Fühlt sich das hilflos?

Kl.: Allein. Hilflos und allein. Hilflos ... nein, eigentlich nicht: **allein**. Wie ausgesetzt. Ich habe das Gefühl, mit Gewalt könnte ich wieder zurück.

Th.: Bleiben Sie ruhig noch einmal bei diesem Bild, ohne dass Sie das jetzt versuchen zu verändern. Begeben Sie sich da noch einmal ganz rein. – Also es regnet, es läuft der Regen durch die Haare, ... barfuß, ... es ist kühl, ... ausgesetzt. ...Traurig und trostlos ist das irgendwie.

Und das ist das Gefühl, dass Sie jetzt haben nach über fünfzig Jahren? Dieses kleine Mädchen ist jetzt im Moment in Ihnen?

Und ohne dass wir jetzt etwas verändern wollen oder damit arbeiten wollen, ist es erst einmal wichtig, diese kleine Mädchen **zu spüren**, diese Hilflosigkeit in sich. Dieses, was man eigentlich braucht.

Man könnte als Therapeut geneigt sein, so schnell wie möglich die Klientin von dem trostlosen Bild wegzuführen, aber das macht sie ja ohnehin schon in der Realität, dass sie sich ihre Gefühle nicht zugestehen darf. Ihre intensive Betroffenheit spiegelt sich auch hier nicht in einer adäquaten Gefühlsqualität wider.

Keiner hat Mitgefühl mit ihr, wenn sie die Blutdruckkrisen und die Todesangst hat, aber in gewisser Weise spürt sie sich auch gar nicht selbst. Spürt nicht das Ausmaß ihrer Traurigkeit oder anderer Gefühle. Erst dann kann sie selbst Lösungen für sich finden. Der Therapeut hält sich ganz zurück mit Vorschlägen, was jetzt gut und hilfreich sein könnte. Die Formulierung 'Dieses, was man eigentlich braucht' soll Suchprozesse in ihr selbst in Gang setzten. Der Therapeut vertraut darauf, dass ein 'weiser Teil in ihr' schon die richtige Lösung für sie finden wird.

Kl.: Da kommt gerade ein Gedanke hoch bei dem kleinen Mädchen: 'Was tue ich eigentlich hier? Was tue ich eigentlich da? Wieso stehe ich da? **Wollte** ich das eigentlich so'?

Th.: Ist es für Sie im Moment wichtig, diese Fragen zu beantworten?

Die Beantwortung der sich selbst gestellten Fragen kann dazu führen, dass sie eine rein intellektuelle Ursachenforschung einleitet, wodurch sie aus dem szenischen Verlauf aussteigen würde. Der Therapeut fragt nur, ob es für den weiteren Verlauf wichtig sei.

Kl.: Ich habe das Gefühl, **ja**.

Th.: Haben Sie auf eine gewisse Art und Weise Mitgefühl mit diesem kleinen Mädchen?

Kl.: Das ist nicht einmal Mitgefühl, würde ich sagen. Ich sehe nur dieses Mädchen stehen, frieren und sehe diese Trostlosigkeit. Das ist fast wie abgestumpft.

Th.: Das Mädchen ist fast abgestumpft?

Kl.: Ja. Das Gefühl ist auch sehr mulmig.

Th.: Als ob das Mädchen abgestorben ist?

Die Gefühlsqualität 'Mitgefühl' ist ihr sich selbst gegenüber in diesem Moment nicht zugänglich. Sie ist sich selbst gegenüber – und zwar in der Gegenwart, in der sie Bluthochdruck und asthmatische Beschwerden hat – gefühlsmäßig abgestumpft. Sie lässt sich vom Ehemann und anderen Personen so behandeln, wie sie es eigentlich nicht möchte. Sie rebelliert innerlich und nicht auf der Handlungsebene. Der Therapeut drückt es deshalb noch etwas pointierter aus, mit den Worten 'als ob es abgestorben ist'.

Kl.: Ja. Ich glaube, wenn ich jetzt einen nassen Hund sehen würde, den würde ich trösten.

Th.: Das Mädchen ist so ähnlich wie ein nasser Hund?

Kl.: Hmm. Ja.

Th.: ... das da so ganz orientierungslos herumläuft.

Kl.: Möchte aus dem Regen raus. Der ist nicht gut.

Th.: Wir könnten damit arbeiten, das zu verändern. – Das wäre aber wie eine Fluchtbewegung da heraus, weil das vielleicht ein Bild ist, das nicht behaglich ist. Aber Sie **erleben** sich noch **nicht.**

Einer anderen Kreatur gegenüber empfindet sie Gefühle, hätte sie Mitleid, nicht aber dem kleinen Mädchen gegenüber. Die Situation des Mädchens ist jedoch Ausdruck ihrer seelischen Verfassung, ausgelöst durch verschiedene Situationen.

Die Klientin spricht fast unbeteiligt über sich selbst. Deshalb beginnt der Therapeut noch nicht die Suche nach einer Veränderung, nach einer Lösung auf der Symbolebene. Um eine Erlebnisqualität zu verändern, muss man gewissermaßen erst eine **erlebte gefühlsmäßige Ausgangslage** haben und nicht eine nur beschreibende oder intellektuelle. Ihr Ziel war ja, sich zu spüren und **nicht nur** ein Gefühl **zu erahnen** – dass sie so traurig ist, dass sie irgendwann darüber einmal weinen könnte.

Kl.: Nein.

Th.: Vielleicht wäre es wichtig, Ihre Gefühle wieder zu finden?

Kl.: *(Lange Pause)* Ja.

Th.: Was bräuchte diese Mädchen?

Dies ist nun der entscheidende Wendepunkt im therapeutischen Verlauf. Hier werden die Weichen für einen negativen oder positiven weiteren Verlauf der Imagination gestellt. Der Therapeut hat nicht die Hypothese, dass die Klientin unbedingt weinen müsste, damit sich etwas verändert. Es wäre zu diesem Zeitpunkt nicht allzu schwer, sie in diese Richtung zu führen. Für die Klientin könnte es aber auch unbewusst bedeuten, dass soviel Leid in ihr ist, soviel ungeweinte Tränen vorhanden sind, dass dieses insgesamt dann für sie eine Negativ-Erfahrung wäre, obwohl Tränen ihr vielleicht eine gewisse Erleichterung verschaffen würden. Aber das wäre **noch keine konstruktive Lösung** auf der Symbolebene. Das wird erst eingeleitet mit der Frage 'Was bräuchte das Mädchen?'. Jetzt wird die Klientin dazu angeleitet, selbst für sich Lösungen zu suchen – und zwar zunächst auf der Gefühlsebene oder auf der Symbolebene. Das jedoch ist die gleiche Ebene, auf der sich ihre Krankheitssymptome manifestieren.

Kl.: Es braucht Wärme. Ich friere so furchtbar. Wärme, etwas Freundliches, an die Hand genommen werden.

Th.: All das ist im Moment ja nicht, wenn das kleine Mädchen da herumirrt.

Kl.: Trockene Kleider...

Th.: Also ganz elementare Dinge?

Kl.: Ganz elementare Ding. Kuscheleinheiten. Jemanden, der einfach da ist.

Th.: Also noch eine andere Person?

Kl.: Eine andere Person.

Th.: Es braucht Kuscheleinheiten, Kleider... Was noch?

Die Klientin gestaltet ihre Lösungen ganz selbständig. Das, was sie während der Imagination **erlebt**, kann eine rein verbale Therapie, also lediglich ein Gespräch zwischen Therapeut und Klientin, nicht in diesem Maße erfahrbar machen. Dort würde überlegt werden, was **sie in der Realität** machen könnte, um diese Zuwendung, dieses Verständnis etc von ihrem Ehemann oder anderen Personen zu bekommen. Hier in der Imagination geschieht schon **die erste Umsetzung des Neuen.**

Die Imagination hat sie inzwischen in eine mittlere Trance geführt. Dieses ist für sie auch Realität und sie erlebt es, hört, sieht und fühlt das Trostlose, aber auch das, was sie braucht, die Kuscheleinheiten und die weiteren Dinge, die sie gerade im Moment entwickelt. Das hat eine sehr heilsame Wirkung.[11]

[11] Dieses konnte ich immer wieder in meiner langjährigen Tätigkeit in der psychosomatischen Medizin feststellen.

Kl.: Ich habe nicht einmal Hunger. Habe keinen Hunger und keinen Durst.

Th.: Heißt das, Sie bräuchten etwas zu essen?

Kl.: Nein! Jemanden der mich anlächelt.

Th.: Dass jemanden Sie anlächelt? Irgendwer?

Kl.: Menschen, die ich **auch** lieb habe.

Th.: Wer wäre das denn?

Die Klientin führt sich auf ganz natürliche Weise selbst zum zentralen inneren Konfliktpunkt – aber findet auch gleich die Lösung dafür. Sie hat keinen Hunger, sie braucht keine Nahrung, aber etwas, was genauso elementar ist, um zu leben. Sie braucht ein Lächeln und das, wofür dieses Wort nur stellvertretend steht.

Kl.: Meine Mutter.

Th.: Wenn die da käme... So, wie Sie sie **kennen**? Oder so, wie Sie sie sich wünschen? ... Sie können das ja mal durchprobieren, wie es ist, wie Sie sich Ihre Mutter **jetzt wünschen**.

Kl.: Wie ich sie mir wünsche...

Th.: So wie Sie sie kennen, können Sie es ja genau beschreiben. *(hat dieses in dem Gespräch vor dieser Imagination schon gemacht).* Wenn sie sagen würde: 'Du kriegst jetzt den Hintern voll, weil Du im Regen barfuß raus gehst' das würde Ihnen in diesem Moment vielleicht gar nicht helfen. Aber überlegen Sie einmal: ... Wie würde sich ihre Mutter verhalten, so wie Sie **es sich wünschen**?

Die seelischen Verletzungen, die ihre Mutter ihr zugefügt hat, scheinen noch nicht verheilt zu sein. Im Unbewussten scheint Zeit nicht in der gleichen Weise wie in der Realität zu existieren. Da ihre Mutter aber schon viele Jahre tot ist, hat sie sonst keine andere Möglichkeit mehr, sich mit ihr auszusöhnen. Hier bietet die innere Erlebnisebene eine große Chance.

Und wenn man mit der Methode der Traumbearbeitung *(nach C.G. Jung)* das Ganze betrachtet, so steht die Mutter auch noch für den eigenen mütterlichen Anteil in ihr selbst, d.h. wie sie sich selbst annehmen kann, fürsorglich mit sich umgehen kann oder nicht. All das wird gelernt, erfahren, ohne dass es verstandesmäßig analysiert werden muss, um eine Wirkung zu haben. Es werden sozusagen Selbstheilungskräfte der Klientin mobilisiert.

Kl.: Dass die Tür aufgeht, dass sie rauskommt mit einer Decke... Die Decke um mich legt, mich in die Arme nimmt und drückt und sagt: 'Du, so habe ich das gar nicht gemeint. Du bist doch mein Mädchen.'

Th.: Dass sie Trost spendet,...

Kl.: Ja!

Th.: ...sich entschuldigt,...

Kl.: ...rein holt und mich versorgt. ... Aber nicht nur so versorgt, sondern auch einfach mal **hinhört**, wenn ich etwas sage.

Th.: Dass sie hinhört, dass sie Sie versorgt. Was gehört noch dazu, dass sie Sie versorgt, damit Sie sich wohlfühlen?

Kl.: Dass ich das Gefühl habe, immer zu ihr gehen zu können.

Th.: Vertrauen.

Vielleicht liegt in diesem, mehr als fünfzig Jahre zurückliegenden Konflikt, der Ursprung für ihr lebenslanges Streben nach Zuwendung und Anerkennung. Und es hat schon etwas Tragisches, wenn sie sagt, dass sie dieses ihr ganzes Leben nicht erhalten hat – zumindest nicht in der Weise, wie sie es sich immer gewünscht hat. Diese positive Gegenerfahrung, die sie gerade dabei ist, selbst zu machen, wird nun inhaltlich mehr und mehr ausgestaltet. Es wird ihr viel Zeit gewährt, möglichst viel von diesem positiven Erlebnis zu assimilieren.

Kl.: Ja, ich wünsche mir was ganz Besonderes, dass man mich so nimmt, wie ich bin.

Th.: Und wie wäre das dann?

Kl.: Ja eben anders, als **sie** sich das gewünscht hat. Ich bin anders, als meine Eltern es sich gewünscht haben. Ich bin anders, als meine Schwester mich sieht.

Th.: Sie sprechen jetzt von den kleinen Mädchen?

Kl.: Von dem kleinen Mädchen da.

Th.: Was macht das kleine Mädchen denn jetzt?

Die Klientin spricht in diesem Fall wahrscheinlich nicht nur von dem kleinen Mädchen, sondern auch von sich als erwachsener Frau. Sie wünscht sich etwas Besonderes, was aber eigentlich in einer liebevollen Beziehung eine Selbstverständlichkeit sein sollte.

Kl.: Jetzt bin ich ja rein geholt worden.

Th.: Ach, Sie sind von der Mutter rein geholt worden?

Kl.: Hm.

Th.: Aha.

Kl.: Und jetzt sitze ich im Zimmer. Zwar noch ohne Schuhe, aber ich bin warm, meine Mutter sitzt mir gegenüber.

Th.: Und was macht sie jetzt?

Kl.: Sie fragt mich, warum ich das gemacht habe. Wie es mir jetzt geht... Dass das nicht mehr vorkommt... Dass sie jetzt mehr Zeit hat für mich.

Th.: Wie fühlen Sie sich denn jetzt dabei?

Kl.: Ach, sehr zwiespältig. Meine Geschwister sitzen da auch.

Th.: Ist das eher gut, dass die da sitzen?

Kl.: Ich wollte lieber alleine mit ihr sein.

Th.: Vielleicht regelt sich das irgendwie.

Das innere bildhafte Geschehen hätte ja auch ganz anders ablaufen können. Sie hätte ja auch als Erwachsene eine Generalabrechnung mit der Mutter vornehmen können. Hätte mit den Fähigkeiten der erwachsenen Person jetzt auf einer Stufe mit der Mutter stehen können und es ihr „heimzahlen" können. *(Das ist möglicherweise der Ansatz mancher Therapieformen, bei denen die Klientin auf ein Kissen einschlagen müsste, um ihre Wut zu „befreien").* Der Therapeut begleitet sie bei ihrem eigenen Heilungsvorgang, ohne dass er zuviel vorgibt oder etwas forciert.

Die Klientin möchte lieber mit der Mutter alleine sein. Dabei stören sie ihre Geschwister. Der Therapeut könnte nun geneigt sein, diese nicht ganz einfache Situation lösen zu wollen, könnte Vorschläge machen, sie wegzuschicken oder bitten, zu gehen. Er vertraut jedoch darauf, dass irgendwo in ihr eine Lösung gefunden wird. Die „Tendenz zur Lösung" stößt er nur damit an, dass er sagt 'Vielleicht regelt sich das irgendwie'.

Kl.: Sie sagt, ich kann heute Nacht bei ihr mit schlafen.

Th.: Wie wäre das?

Man könnte als Therapeut geneigt sein, das Angebot der Mutter für eine wunderbare Lösung zu halten. Endlich bekommt die Tochter das, was sie sich wünscht. Aber man weiß als Außenstehender nie ganz genau, was sie sich wirklich wünscht. Deshalb die eher lapidar klingende Frage, wie das für sie wäre.

Darüber hinaus hat sie die Möglichkeit, Nähe und Distanz selbst zu regulieren. In ihrem bisherigen Leben wurde mehr Distanz aufgebaut. Auf die Gestaltung von Nähe hatte sie kaum einen Einfluss. Das ist nun für sie eine ganz wichtige Erfahrung, die sie jetzt in dieser Imagination macht.

Kl.: Das habe ich gar nicht so gern.

Th.: Das wäre Ihnen zu nahe.

Kl.: Ja.

Th.: Könnten Sie das sagen, dass Sie das nicht möchten?

Die Klientin möchte Nähe, aber **sie möchte nicht vereinnahmt werden.** Der Therapeut spricht jetzt ihre Kompetenzen an, ob sie ihre **Wünsche äußern** könnte.

Kl.: Habe ich schon gesagt.

Th.: Bräuchten Sie noch etwas anderes, damit Sie sich wohler fühlten?

Weiter oben beschrieb sie nur, was sie machte. Jetzt wird auf ihre Bedürfnisse eingegangen, auf das, was sie emotional **bräuchte.**

Kl.: Dass ich mal auf ihrem Schoß sitze, **jetzt**. Und da könnte ich auch einschlafen auf ihrem Schoß.

Th.: Sie könnten also auf ihrem Schoß einschlafen, da fühlen Sie sich ganz geborgen.

Kl.: Sie ist ja auch kräftig. Ich kann mich so richtig ankuscheln. *(lange Pause)* ... Sie wärmt mir jetzt die Füße, die sind so kalt.

Th.: Aha. Wie macht sie das?

Die Klientin beschreibt **sehr real** ihr Wohlgefühl, was selbst hier in der schriftlichen Form noch heraushörbar ist. Sie erlebt es in diesem Moment **'jetzt',** wie sie sagt. Der Therapeut verifiziert mit seinen weiteren Fragen, wie real sie das Geschehen erlebt.

Kl.: Sie reibt sie mit ihren Händen. Das ist angenehm.

Th.: Ja.

Kl.: Ich bin sehr müde.

Th.: Aber Sie sind nicht mehr so traurig.

'Ich bin sehr müde' deutet an, dass sie die Bereitschaft hat, sich ihr anzuvertrauen, dass sie nicht mehr hellwach und auf der Hut sein muss. Sie hat Vertrauen gewonnen, könnte auf dem Schoß der Mutter einschlafen. Der Therapeut hebt mit seiner Bemerkung 'Aber Sie sind nicht mehr so traurig' hervor, welche Entwicklung stattgefunden hat. Von dem Gefühl ausgesetzt worden zu sein hin zur wohligen Geborgenheit.

Kl.: Nein.

Th.: Was **bräuchte** dieses kleine Mädchen jetzt?

Kl.: Ein warmes Bett und schlafen. Und das Gefühl haben, dass ich nicht mehr allein bin.

Th.: Und haben Sie das Gefühl, nicht mehr allein zu sein?

Der Therapeut prüft mit seiner Frage, ob sich ihr Wunsch realisiert hat.

Kl.: Ich habe es, aber ich vertraue dem noch nicht so ganz. Ob das immer so bleibt?

Th.: Das ist ja auch irgendwie etwas Neues?

Kl.: Ja.

Th.: Und ob sich das als zuverlässig erweisen wird?

Kl.: Ob das morgen noch so ist? Und in den nächsten Tagen auch noch so ist?

Th.: Das ist vielleicht ganz berechtigt?

Kl.: Ob das nicht gerade nur heute so ist, weil ich weggelaufen bin.

Th.: Da ist vielleicht Vorsicht angesagt, damit man nie wieder so eine Enttäuschung erlebt. Aber für heute könnte das akzeptabel sein, dass Sie sich besser fühlen?

Der Therapeut sollte ihre Skepsis durchaus unterstreichen, denn in der Realität wird jetzt nicht plötzlich alles idealtypisch und komplikationslos verlaufen. Ihr bisheriges Muster war, dass Vorsicht angebracht ist, um sie vor den immer wiederkehrenden Verletzungen zu schützen.

Kl.: Ich fühl mich **wohl** im Moment. Im Moment fühl ich mich wohl als kleines Mädchen. Ich bin warm, habe warme Füße. Ich hocke auf dem Schoß der Mutter. Sie summt jetzt auch ein Lied. Die Arme um mich gelegt. ... Jetzt höre ich meine Schwester etwas sagen.

Th.: Was sagt die?

Kl.: 'Erst machst Du so'n Mist, dann schmeißt Du sie raus und jetzt nimmst Du sie wieder in die Arme.'

Th.: Und wenn wir die Geschwister mal so ein bisschen außen vor lassen? Bei Seite schicken. Vielleicht verändert sich das auch von alleine.

Hier deutet sich eine Geschwisterrivalität an. Die Klientin hat eine ganz zentrale innere Erfahrung gemacht, die nicht mit neuen Erlebnissen oder Konflikten überdeckt werden sollten.

Kl.: Sie schickt sie jetzt raus.

Th.: Dann möchte ich noch mal, dass Sie dieses Gefühl auskosten, da auf dem Schoß zu sitzen und dass sie den Arm um Sie gelegt hat. Ist das für Sie jetzt so?

Kl.: **Ja, sehr schön!**

Th.: Dann möchte ich noch einmal, dass dieses Mädchen, dieses kleine Mädchen Ihnen – der ganz erwachsenen Frau D. – einen Rat mit auf den Weg gibt, einen weisen Rat. Irgendetwas, was sie Ihnen vielleicht noch sagen wollte. Für die Zukunft, oder worauf Sie achten sollten, ... oder vielleicht einen Trost. Je nach dem. Gibt es etwas, was dieses kleine Mädchen der erwachsenen Frau D. mit auf den Weg geben möchte?

In ihrer Imagination schützt die Mutter die Tochter und schickt die Geschwister fort. Dadurch erhält die Erfahrung, auf dem Schoß der Mutter zu sitzen, noch einmal einen besonderen Stellenwert.

Die Lösung der aktuellen Krise liegt darin, dass die Klientin zunächst diese Gegenerfahrung machen konnte. Dann wird es darum gehen, ihren Alltag anders zu gestalten, sich anders zu verhalten, beispielsweise Wünsche zu äußern oder einiges nicht mehr in der bisherigen Weise mit sich machen zu lassen.

Es wird darum gehen, weitere Ressourcen zu mobilisieren und Lösungsideen zu entwerfen. Ein besonderer Kunstgriff besteht darin, die Lösungen, die sozusagen schon im Unbewussten bereitliegen, abzurufen und zwar durch einen weisen Rat, den die Hauptperson des gerade abgelaufenen inneren Films der erwachsenen Klientin erteilt. Die Erfahrung hat gezeigt, dass diese Lösungsvorschläge eine verblüffende Überzeugungskraft haben, weil sie nicht von außen kommen und weil es irgendwie aus der Tiefe gespeist ist, nicht rational überlegt ist. So ein Ratschlag ist etwas, was sie mit hinüber nehmen kann in die Realität.

Kl.: Ja, da kommt etwas: 'Du musst Dir etwas von ganzem Herzen wünschen und fest daran glauben. Wenn es Dir gegeben wird, dann nimm es auch an.'

Th.: Das waren so die Worte, die sie Ihnen noch auf den Weg mitgegeben hat.

Kl.: Die hat sie mir jetzt gerade gesagt, ja.

Th.: Und dann, wenn Sie damit einverstanden sind, würde ich das jetzt einfach noch ein Stückchen bestehen lassen mit diesem angenehmen Gefühl. – Dann wechseln, so dass die Bilder wieder verschwinden und Sie wieder in Gedanken zurück kommen auf diesen Stuhl, und Sie merken: 'Aha, wo sitze ich eigentlich'. ... Und dann, so nach ein paar Augenblicken wieder ganz hier sind in der Gegenwart.

Ende der Imagination und Nachgespräch

Th.: Und wie geht es Ihnen jetzt?

Kl.: Ja, ich habe keine Schmerzen mehr, die sind irgendwo weg.

Th.: Wo war der Schmerz?

Kl.: Ja, vorhin war es kurz davor, ich hätte fast geheult. Es kam so in Wellen hoch und das ist jetzt weg.

Th.: Also Schmerz im Sinne von **Trauer**.

In der Imagination ging es auch um Abschiednehmen. Die Mutter ist bereits seit vielen Jahren tot und sie wird real nicht mehr das von ihr bekommen, was sie sich ihr Leben lang immer gewünscht hat. Vielleicht kann sie jetzt ihre eigentliche Gefühlsqualität empfinden und ausdrükken. Ihre Schmerzen und die anderen körperlichen Symptome waren eventuell in diesem Fall der Klientin ein suboptimaler Versuch der Lösung, mit diesen inneren Spannungen umzugehen.

Kl.: Ja. Das ist so eine tiefe Trauer. So eine Trauer, die ohne Antwort ist. Und ich haben so ein bisschen Angst vor dieser Trauer, weil die so hoffnungslos ist.

Th.: Mir gehen bestimmte Assoziationen durch den Kopf... Sie haben erzählt, dass Sie immer ganz viele Leute um sich gehabt haben, Ihr ganzes Leben lang. Aber im Grunde genommen kommt es mir so vor, als ob Sie da allein durchs Leben gegangen sind.

Der Therapeut nennt einen möglicherweise schmerzlichen Sachverhalt beim Namen. Sie hat Angst vor dem Alleinsein, hat aber bereits bewiesen, wie stark sie ist, auf sich selbst gestellt, durch das Leben zu gehen.

Kl.: Ja. Stimmt. Wenn ich so darüber nachdenke, auch so an Menschen, die ich persönlich kenne, die mich aufgesucht haben, die mal wiederkommen. Ich habe das Gefühl, ich bin so ein Durchgangslager.

Th.: Oder Sie sind eine Ratgebende.

Der Therapeut bietet eine Umdeutung ihrer negativen Selbsteinschätzung an. Da sie auch in einem helfenden Beruf tätig ist, assoziiert der Begriff 'Durchgangslager', dass ihr etwas genommen wird. Vielleicht ist es eine Spitzfindigkeit, aber der Begriff "Ratgeber' zielt mehr auf ihre Kompetenzen ab und weswegen sie geschätzt wird.

Kl.: Ja. Und ich habe noch ein sehr schönes Bild in Träumen. Das male ich im Moment auch. Das ist..., wo ich mich immer so als Türsteher sehe. Ich fühle mich sehr wohl dabei. Menschen, die vor einem Trümmerhaufen stehen, müssen da durch, weil ihr Weg dahinter weiter geht. Und man kann nicht rechts oder links vorbeigehen, und ich stehe an der Seite und habe ein Türchen mit einem kleinen Gang und da kann ich sie durchführen. Und ich führe sie da auch **heil** durch. Und drüben lasse ich sie allein weitergehen. Und da freue ich mich. Das ist ein schönes Gefühl. Ich habe die Träume immer wieder gehabt. Aber ich gehe immer wieder zurück und hole die nächsten. Und ich habe mich noch nie gefragt: **'Wann gehe ich mal diesen Weg? Soll ich immer Türsteher sein** und Leute rein lassen?' Sie können an dem Geröllhaufen vorbei gehen, denn ich habe den Weg ja frei gemacht! Eigentlich könnte **ich** ihn ja auch mal gehen. Denn da drüben ist **Licht,** da ist es **hell.** Und davor, vor diesem Trümmerhaufen, stinkt es.

Th.: Also Sie würden auch gern Neuland betreten.

Hier ist die Frage, inwieweit die Klientin wirklich schon aus der Trance aufgetaucht ist. Die gerade zu Ende gegangene Imagination war schon ausführlich genug, sodass kein neuer Einstieg gewählt werden sollte.

Im ganzen Verlauf der Sitzung wird deutlich, dass die Krise als Umbruchssituation zu sehen ist. Dieses macht sich auf verschiedenen Ebenen bemerkbar, angefangen von den Symptomen – dass es so nicht weitergehen kann – bis hin zu dem Traumbild, der es noch einmal auf eine andere Weise ausdrückt. Die Krise scheint die Funktion zu haben, sie aufzurütteln, weil sie bisher vielleicht wichtige Signale übersehen hat oder nicht auf ihre Wünsche und Bedürfnisse hört.

Kl.: Ja, oft stehe ich dann drüben. ... Ich habe das Bild das erste Mal gemalt, wo ich dann vor und zurück ging. Und jetzt bin ich dabei, dass ich länger auf der hellen Seite stehe und denen **lange nachschaue**, die da gehen. Manchmal kommen sie noch zurück und fragen noch einmal, aber dann gehen sie immer weiter.

Th.: Das ist so wie eine gewisse Sehnsucht und Sie denken sich: 'Ich könnte ja vielleicht auch mal da rüber gehen.'

Kl.: Ich könnte ja mal eine Strecke mit ihnen gehen. Oder es könnte ja mal eine andere Person Türsteher sein. Das ist mir in den letzten Zeiten immer so in Erinnerung gekommen.

Th.: Vielleicht können wir in der nächsten Stunde noch einmal dran arbeiten, sonst wird das heute zu viel und wird wieder durch neue Dinge überlagert.

Nachbemerkungen

In dieser Krisenintervention wird eine sehr komplexe Hintergrundsituation deutlich. Zunächst hatte die akute therapeutische Intervention folgende Ziele:

1. Die akute Dramatik zu entschärfen, sowie die psychische und muskuläre Anspannung zu verringern.
2. Die Ängste – die Patientin spricht sogar von 'Todesängsten' – zu reduzieren und ebenfalls eine unbewusste Erwartungsangst, das so etwas bald wieder aus heiterem Himmel geschehen könne, zu dämpfen.
3. Durch die ersten beiden Maßnahmen Einfluss auf eine Blutdrucksenkung zu nehmen.

Des weiteren arbeitete die Klientin in der Krisensitzung an verschiedenen, sie belastenden Situationen, die mit zentralen Beziehungspersonen – der verstorbenen Mutter, sowie dem Ehemann – zu tun haben. Einige Situationen, die die Klientin schildert, haben sogar traumatischen Charakter. Sie wirken unterschwellig weiter und werden durch akute Konflikte mit dem Ehemann immer wieder genährt.

Die Klientin hat einen starken inneren Konflikt mit der Mutter, der sozusagen noch virulent ist, und einen ganz aktuellen mit dem Ehemann, der sich bereits über viele Jahre hinzieht. Welche gravierende körperlichen Symptomatik ein solches Geschehen auch langfristig hat, soll kurz erläutert werden.

Unter psychischem Stress ist nicht nur eine angespannte Situation zu verstehen, sondern auch ein innerer Zustand der Hoffnungslosigkeit (Klientin: „Ich muss ehrlich sagen, ich habe mit meinem Mann resigniert"). Eine solche Situation kann durchaus zu einer Depression führen. Es gibt Formen der Depression, die sich weniger durch eine depressive Stimmung manifestieren als nur durch diverse körperliche Symptome (larvierte d.h. maskierte Depression).

In den USA werden ungefähr 2,5% aller Herzattacken durch Ärger ausgelöst (Verrier & Mittleman, 1996 u. 2000). Weiterhin wurde festgestellt, dass Stress u.a. die Gerinnungsfähigkeit des Blutes erhöht, was die Gefahr einer Thrombose in den Koronararterien vergrößert (Rüegg, 2001). Darüber hinaus fanden Fraser-Smith et al. (1999) heraus, dass Depressionen die Sterblichkeit und das Risiko Herzkranker, einen Infarkt zu erleiden, sogar auf das Fünffache erhöht. Das unterstreicht, dass eine rein medikamentöse Therapie, die die Blutdruckkrise akut behebt, langfristig gesehen zur Erhaltung der Gesundheit nicht ausreicht.

Mit der Mutter ist im vorliegenden Fall keine Klärung mehr möglich, da diese vor vielen Jahren verstarb. Es ist auch fraglich, ob eine Klärung, wenn sie noch am Leben gewesen wäre, überhaupt möglich und/oder angezeigt wäre. Die Klientin widmet sich in der Trance ihren verletzten Anteilen, kann sich innerlich nach vielen Jahren mit der Mutter aussöhnen, sodass Energie frei werden kann, die zuvor für Verdrängungsprozesse im Sinne der Psychoanalyse, gebunden war.

Die Klientin versöhnt sich nicht nur mit der Mutter, sie macht auch eine wichtige Gegenerfahrung, die ihr in der Realität zu diesem Zeitpunkt gar nicht mehr möglich ist. Auch das Erleben in der Trance ist eine sehr evidente Erfahrung, hat sozusagen den Charakter einer **Erfahrungsgewissheit.** Sie ist der Bedeutung der realen Erfahrung – im alltagssprachlichen Sinne verstanden – fast gleichzusetzen. Die Tranceerfahrung ist für denjenigen, der sie durchlebt, in dem Moment ja auch eine ganz reale Erfahrung, die alle Sinneskanäle umfasst. Es ist sozusagen eine angeleitete Traumerfahrung.

Wird auf der unbewussten, auf der symbolhaften Ebene der Psyche etwas verändert, – ein Konflikt entschärft, eine neue positive Erfahrung gemacht

–, so hat dieses Rückwirkungen auch auf andere Ebenen der gesamten Person, d.h. auf das Bewusstsein, auf die Stimmung und auch auf die körperliche Gesundheit. „Da das Unbewusste nicht nur die Matrix der Träume, sondern auch die der psychogenen Symptome ist, kommt der Frage nach der Haltung des Unbewussten eine besondere praktische Wichtigkeit zu“ (Jung, 1971, S. 318).

Die Wirksamkeit der hier praktizierten Vorgehensweise der Imagination bzw. der Trance untermauern gerade neueste Forschungsergebnisse aus dem interdisziplinären Grenzbereich zwischen Neurophysiologie und Psychosomatik. In den letzten Jahren konnten weiterführende Erkenntnisse über die Repräsentation kognitiver Prozesse im Gehirn gewonnen werden, die ihrerseits ein neues Licht auf die Möglichkeit von Wechselwirkungen zwischen Körper und Psyche werfen.

Das Gehirn mit seinen neuronalen Netzwerken beeinflusst offenbar auch die Gesundheit des übrigen Körpers. Als Ursache für psychosomatische Erkrankungen werden häufig seelische Verletzungen angenommen, die sich ins Gedächtnis des betreffenden Menschen eingraben und dabei die synaptischen Verbindungen neuronaler Netze durch Umstrukturierung (neuronale Plastizität) längerfristig verändern. Damit liegt ein Modell für die Speicherung von Erfahrungsinhalten und für die Bereitschaft vor, entsprechend diesen Erfahrungen zu reagieren (Rüegg, 2001). Zugleich wird vorstellbar, wie die Therapie – durch ein therapeutisches Gespräch oder noch intensiver durch einen hypnoiden Zustand – die Strukturen neuronaler Netzwerke verändern kann.

Diese Annahmen konnten weiter untermauert werden. Offensichtlich wirken Erinnerungen, Imaginationen und aktualisierte Bilder aus der Vergangenheit ähnlich wie unmittelbares, reales Erleben und sind fähig, Schaltstellen des neuronalen Netzwerkes im Gehirn zu modifizieren. Untersuchungen mit der Positronen-Emissions-Tomographie (PET), bei denen der Glukosestoffwechsel im Gehirn gemessen wurde, zeigten, dass die Betrachtung eines Gesichts ebenso wie die Erinnerung an dieses dieselben Strukturen des visuellen Systems ansprechen. Auch wird die Hirndurchblutung nicht nur durch eine ausgeführte Bewegung, sondern bereits durch deren intensive Vorstellung verstärkt. Es konnte gezeigt werden, dass Imaginationen oder Halluzinationen dieselben Bereiche der visuellen Gehirnzentren aktivieren wie reale Bilder (Rüegg, 2001). Die hier angewandte Form der Therapie besitzt also das Potential, den emotionalen Schaltplan zu reorganisieren und stellt somit ein sehr effektives Therapieverfahren dar.

Es zeigt sich in der Darstellung der Krise dieser Klientin, dass in dem Krisengeschehen sehr viele verschiedene Dinge kulminierten. Eine einmal stattgefundene Intervention wird es nicht leisten können, alle Traumata, Konflikte und sonstigen klärungsbedürftigen Punkte aufzuarbeiten. Die eine oder andere weiterführende Therapiesitzung könnte in diesem Fall von Nutzen sein.

Diese Einzelsitzung hat jedoch unter den gegebenen Bedingungen enorm viel geleistet. Die Symptomatik war unter der Medikation von blutdruckregulierenden Medikamenten (Betablocker) aufgetreten. Die medizinische Betreuung der Klientin lief parallel weiter. Für eine Veränderung der Dosierung des Medikaments bestand jedoch kein Anlass.

Eine weitere Blutdruckkrise trat zunächst nicht wieder auf, obwohl die häuslichen Bedingungen mit dem Ehemann und andere Spannungen sich nicht gravierend veränderten. Die Klientin jedoch veränderte einige Verhaltensweisen, wurde klarer ihrem Mann und anderen Personen gegenüber, vertrat viel entschiedener ihren Standpunkt, ohne das Gefühl zu haben, dass sie deswegen nicht mehr gemocht würde. Sie begann auch, mit sich selbst etwas liebevoller umzugehen und mehr auf das zu achten, was ihrer Gesundheit gut tat.

Weitere Therapiesitzungen schlossen sich zunächst aus Termingründen seitens der Klientin als auch des Therapeuten nicht an. Erst nach einigen Wochen, als die Symptomatik – diesmal in leicht abgeschwächter Form – wieder auftrat, wurden noch drei weitere Therapiesitzungen in größerem zeitlichen Abstand wieder unter Einbeziehung von Hypnotherapie durchgeführt.

17. Wege aus der Trauer-Trance

<u>10. Fallbeispiel</u>: **Krise im Alter durch Verlust und Trauer**
Frau C., 78 Jahre

Überblick

- 78-jährige Frau mit **Altersdepression**, diversen körperlichen Leiden und Zustand nach **Suizidversuch mit Medikamenten**.
- schleichende Krise, die sich zuspitzte und **„appelativen Charakter“** aufwies.
- Es stellte sich heraus, dass gutgemeinte Medikamente auch **Lösungen verhindern** können.
- **Spezifische Themen** für die Psychotherapie **alter Menschen** werden erläutert.
- Es wird beschrieben, wie wichtig es ist, die **richtige Zugangsebene** zu Patienten zu finden und wie relativ einfach dann Interventionen aussehen können. Ferner wird aufgezeigt, wie **Ressourcen gefördert** und entscheidend zur Selbstheilung beitragen können.
- Krisenintervention unter Einbeziehung einer **supportiven Gruppentherapie** im stationären Setting werden erläutert.

Dauer der Krisenintervention: 90 Minuten

Therapie alter Menschen durch Aktivierung ihrer Ressourcen

Es ist noch nicht so lange her, da galten alte Menschen als „nicht therapierbar“. Diese Haltung wurde u.a. damit begründet, dass ihre Persönlichkeitsstruktur bereits sehr verfestigt und nur noch ein geringes Maß an Introspektionsfähigkeit vorhanden sei.

Alte Menschen können jedoch ihre Probleme nicht den Möglichkeiten und Grenzen der Psychotherapie anpassen. Es sollte eher umgekehrt sein, dass neue Ideen und Behandlungsmöglichkeiten für diesen Personenkreis entwickelt werden.

Es hat sich in den letzten Jahrzehnten gezeigt, dass alte Menschen auch im hohen Alter in zunehmendem Maße heute körperlich relativ fitter und geistig sehr rege sind und dementsprechend auch am gesellschaftlichen Leben teilnehmen.

Diese war nicht immer so. Im Jahre 1949 veröffentlichte Bertolt Brecht (1990) die Kurzgeschichte „Die unwürdige Greisin“. Nach einem arbeitsreichen Leben ändert eine alte Frau mit dem Tod ihres Mannes ihren Lebensstil und führt zur Verwunderung ihrer Verwandten in aller Freiheit ein vergnügliches Dasein.

Über diese Aktivitäten waren wohl nicht nur die Angehörigen in der Geschichte von Brecht verwundert. Auch die Vorstellung der Gesellschaft, was alten Menschen angemessen ist oder was man ihnen zugesteht, war bis vor nicht allzu langer Zeit geprägt von eben diesem, dort dargestellten Denken. Schon seit etwa zwei Jahrzehnten ist hier ein gravierender Wandel zu verzeichnen. Vielleicht haben sich nicht nur die alten Menschen verändert, sondern auch die gesellschaftliche Auffassung über eben diese. Vielleicht sind wir dabei, das Defizitmodell durch ein Kompetenzmodell zu ersetzten.

Nicht nur bei den Interviews mit alten Menschen – wie eingangs in diesem Buch geschildert – erlebte der Autor Menschen mit vielen Kompetenzen und erstaunlicher Vitalität. Auch in seinem persönlichen Freundeskreis gibt es eine in England lebende alte Dame, die sich noch im Alter von 85 Jahren einen neuen Wagen kaufte, weil dieser „more powerful“ als ihr altes Modell sei. Seit nunmehr zehn Jahren ist sie alleinstehend, unternimmt noch Reisen nach Kanada oder Teneriffa und erwägt, ihr Haus zu verkaufen und in eine andere Grafschaft von England zu ziehen.

Es gibt viele Beispiele von alten Menschen, die uns aufhorchen lassen. Die Schätze an Lebenserfahrung, Klugheit und Besonnenheit alter Menschen weiß unsere schnellebige Gesellschaft im großen und ganzen leider nicht recht zu würdigen. Dabei wäre es wünschenswert, ja vielleicht sogar notwendig, Erkenntnisse und Lebensweisheit einer älteren Generation in stärkerem Maße als bisher an die nächste Generation weiterzugeben.

Vielleicht sind die oben skizzierten gesellschaftlichen Einstellungen und Rahmenbedingungen **auch mit** dafür verantwortlich, weshalb alte Menschen in manche Krise geraten. In diesem Alter geht es nicht mehr um den Aufbau einer Persönlichkeitsstruktur, um den Erwerb sozialer Kompetenz zur Bewältigung des Lebens oder um die Behandlung von Neurosen. Die Psychotherapie wird somit bei diesem Personenkreis unter ganz anderen Prämissen stattfinden müssen.

In diesem Alter ist der größte Teil des Lebens gelebt. Es verbleibt noch eine mehr oder weniger überschaubare Lebensspanne, wobei die Themen für eine psychotherapeutische Begleitung unmittelbar aus dieser Lebenssituation ableitbar sind: Zunahme körperlicher Gebrechen und damit weniger Mobilität, Verlust des Ehepartners oder die Krankheit des Partners, Isolation nach dem Tod von Freunden und Verwandten, vielleicht auch Generationskonflikte oder der in greifbare Nähe gerückte eigene Tod. Das sind die Gegebenheiten, mit denen alte Menschen schlecht umgehen können und die zu Krisen führen können.

An dieser Stelle soll von einer Patientin berichtet werden, die stellvertretend steht für eine Reihe anderer alter Menschen, die aufgrund einer akuten Krise in die Klinik eingewiesen wurden. Dieses Beispiel macht vielleicht auch deutlich, wie relativ einfach manchmal Krisenintervention sein kann, wenn man die zentralen Punkte der Klienten trifft. Es macht aber auch deutlich, wo in Bezug auf eine Krisen-Prävention bei alten Menschen angesetzt werden könnte.

Die meisten alten Menschen, die der Autor im Laufe vieler Jahre in einer psychosomatischen Klinik betreute, waren zwischen 65 und 82 Jahren alt. Bis auf die üblichen Altersgebrechen befanden sich die meisten Patienten in körperlich guter Verfassung. In psychischer Hinsicht jedoch ging es ihnen recht schlecht. Und sie beklagten nicht ihre Defizite, ihre kleinen körperlichen Gebrechen, die das Alter halt so mit sich bringt. Sie beklagten, dass sich kaum jemand für sie interessierte und niemand mehr etwas von ihren Kompetenzen wissen wollte.

Vorbemerkungen

Frau C., eine 78-jährige Frau wurde in einer akuten Krise in die Psychotherapie-Klinik aufgenommen. Sie hatte einen Suizidversuch unternommen, der eher ihre Hilflosigkeit demonstrierte als wirklich dazu geeignet war, aus dem Leben zu scheiden. Die Überdosis Tabletten, eine Mixtur aus Medikamenten, die sie aufgrund einiger Altersleiden bekam, war nicht dazu geeignet, ihr Leben zu beenden. Diese Patientin befand sich in einem mittelschweren depressiven Zustand, in dem sie fortwährend von ihren Befürchtungen sprach und hoffte, nicht so zu enden, wie ihr Ehemann. Sie war in dritter Ehe verheiratet und ihr zu diesem Zeitpunkt 86-jähriger Mann war aufgrund von Alzheimer in ein Pflegeheim gekommen.

In dem Aufnahmegespräch berichtet sie, dass sie dreißig Jahre als Sekretärin tätig gewesen und eigentlich ein sehr lebensfroher und kontaktfreudiger Mensch gewesen sei. Doch seit drei Jahren verbringe sie tagsüber viele Stunden im Bett, da sie die Langeweile sonst nicht zu bewältigen wisse. Sie habe eine kleine Wohnung bei der Tochter ihres zweiten Ehemannes, wo sie jedoch weitgehend nur mit Essen versorgt würde. Sozialkontakte habe sie bis auf die Begegnung, wenn ihr die Stieftochter das

Essen bringe, nicht. Mit der Nachbarin zu sprechen sei ihr auch von der Stieftochter verboten worden. Ihr sehnlichster Wunsch sei, dass einmal jemand vorbeikäme, um mit ihr ein paar Worte zu wechseln. Ob die Isolation von der Stieftochter in dieser Weise aufgebaut wurde, ist schwer zu überprüfen, aber die Patientin erlebt es in dieser Weise.

An Selbstmord habe sie schon seit langen Jahren gedacht. Sie bete auch regelmäßig, „dass der Herrgott sie bald zu sich holen möge." Nach einem medizinischen Check-up und dem kurzen Aufnahmegespräch am Vortag sollte die Patientin gleich am nächsten Morgen an der Psychotherapiegruppe teilnehmen, in der sich noch weitere ältere Patienten befanden, was für das Klientel dieser Klinik eher ungewöhnlich war, was sich aber als ein besonders schöner „Zufall" erwies.

Verlauf der Gruppentherapie und Kommentar

Frau C. berichtete noch am frühen Morgen der Nachtschwester, dass sie praktisch die Nacht kaum geschlafen habe, weil das Schlafmittel abgesetzt worden war, das sie regelmäßig zu Hause nahm. Sie sei nur mit Mühe aus dem Bett gekommen und würde sich am liebsten wieder schlafen legen. Sie wirkte ausgesprochen depressiv und antriebslos. Zudem fühle sie sich körperlich sehr schlecht.

Für diesen Tag war ihr angekündigt worden, dass sie gleich an der um 9.00 Uhr stattfindenden Gruppentherapie teilnehmen sollte. Dort saß sie dann in sich zusammengefallen und klagte in einem fort, wie schlecht es ihr ginge. Sie eröffnete die Gruppentherapie mit den Worten: „Ich habe die ganze Nacht wach gelegen. Ich war hellwach und klar im Kopf, als wenn ich ganz gesund wäre. Es war **furchtbar.** Ich brauche das Schlafmittel. Das kann ich nicht noch einmal mitmachen". Eine recht paradox klingende Aussage. Die Patientin schien sich nicht bewusst zu sein, was sie da gerade gesagt hatte.

In ihrem Protest, dass die Schlaftabletten abgesetzt worden waren, wirkte sie jedoch ausgesprochen lebendig und geistig klar. Ihr Gesicht wirkte ausdrucksvoller und nicht mehr so maskenhaft wie am Tag zuvor. Sie erzählte mit kräftiger, wenn auch klagender Stimme. Möglicherweise war diese Veränderung auch auf den unfreiwilligen Schlafentzug zurückzuführen, der sich bisweilen bei stark depressiven Patienten recht positiv auswirkt. Auch die anderen Gruppenmitglieder bestätigten, dass sie trotz der „verlorenen Nacht" wacher und lebendiger wirke. Das wollte sie jedoch nicht zur Kenntnis nehmen.

Als der Therapeut versuchte, ihr einen möglichen Zusammenhang von Schlafentzug und Stimmungsaufhellung nahe zu bringen, entgegnete sie protestierend: „Dann soll ich auch die andern Nächte überhaupt nicht schlafen? Das halte ich nicht aus. Dann reise ich morgen ab". In der Weise jedoch, wie sie ihre Empörung über diese Zumutung vortrug, wirkte sie sehr resolut und wenig depressiv. Von einer solchen Maßnahme war keineswegs die Rede gewesen. Der Therapeut versuchte ihr nur einen kleinen Fortschritt zu verdeutlichen, dass sie trotz des Schlafmangels (oder vielleicht gerade deswegen) wacher und klarer wirke.

Was die Patienten herausgehört hatte, war: 1. Dass man ihr etwas Vertrautes wegnehmen wollte und 2. dass ihre Schlafgewohnheiten oder sogar der ganze Tagesablauf sich damit verändern würden. Aber genau diesen eintönigen Tagesablauf hatte sie ursprünglich beklagt, und er hatte vermutlich dazu beigetragen, den Selbstmordversuch zu verüben.

Dieser häusliche Tagesablauf schien wie ein Ritual zu sein. Er war eingespielt und sie hatte sich daran gewöhnt. Sie beschrieb ihn folgendermaßen: Zu Hause lege sie sich um 20.00 Uhr ins Bett und erst am nächsten Morgen um 10:00 Uhr stehe sie wieder auf. Danach fühlte sie sich keineswegs ausgeschlafen. Im Gegenteil, sie sei müde, lustlos und zerschlagen und wertete dieses als Zeichen von Schlafmangel.

Die Patientin gönnte sich somit 12 Stunden Bettruhe. Es ist zu vermuten, dass sie in diesen Stunden durchaus einige Zeit wach lag. Da sie sich müde und zerschlagen fühlte, sah sie die Notwendigkeit, sich auch tagsüber noch einige Stunden ins Bett zu legen. Die Patientin schien den Maßstab dafür verloren zu haben, was angemessen und gesundheitsförderlich für sie ist.

Ihr Verhalten schien jedoch der Versuch einer Problemlösung zu sein, nämlich die tägliche Leere auszufüllen. Die reichlich vorhandene Zeit musste irgendwie gefüllt oder sogar „totgeschlagen" werden.

Die vielen Stunden Schlaf erschöpften ihren Körper, statt ihm Kraft zu geben. Die lange Immobilität wirkte sich auf den ganzen Organismus negativ aus. Das regelmäßig genommene Schlafmittel wirkte noch zusätzlich sedierend. Es diente wohl auch als Betäubung gegen die allgemeine Sinnleere ihres Lebens. All das wäre für den weiteren Verlauf ungünstig gewesen, hätte der Therapeut ihr diese Vermutungen kundgetan. Sie hätten wahrscheinlich nur noch mehr Protest hervorgerufen und dazu geführt, dass sie sich nicht verstanden gefühlt und sich wieder verschlossen hätte.

An diese Stelle kann man als Therapeut gut auf die Ressourcen der Gruppe zurückgreifen, indem man die Meinung oder Erfahrungen der anderen Teilnehmer einholt. Eine 82-jährige Patientin berichtete, wie sie mit ihrer Schlaflosigkeit umgehe. Meistens würde sie gegen 3:00 Uhr nachts wach. Dann stünde sie auf, ginge in den Wintergarten, hülle sich in eine Wolldekke und rauche eine Zigarette. Bald darauf würde ihre 60-jährige Tochter erscheinen, weil sie von dem nächtlichen Wandern der Mutter regelmäßig wach werde. Beide säßen dann ein Stündchen im Wintergarten, klönten ausgiebig und gingen dann wieder zu Bett. Es drängt sich die Frage auf, wie viel Zuwendung und gemeinsame Gespräche hätte sie, wenn sie ihre Schlafstörung nicht hätte?

Wer aber hörte Frau C. zu, wer interessierte sich wirklich für ihr Leben, wer sah ihre Fähigkeiten, ihre Wünsche und Interessen? Die Gruppe hatte gerade im Protest gegen das Absetzen der Schlaftabletten erlebt, dass diese alte Dame gar nicht so apathisch war, wie eigentlich aus ihrem Lebensrhythmus abzuleiten gewesen wäre. Sie hatte nur kein Umfeld, in dem sie sich entfalten konnte. Zudem hatte sich sich wahrscheinlich einen umgekehrten Tages-Nacht-Rhythmus angewöhnt. Da sie auch tagsüber ruhte, lag sie nachts wach, sodass sie Schlaftabletten brauchte. Ein absurder Kreislauf.

Frau C. hätte sich auf diese Sichtweise noch nicht einlassen können. Für sie stand nur der Verlust der Schaftablette und damit ihrer Schlafmenge im Vordergrund. Sie hatte nicht mehr viel im Leben und nun wollte man ihr auch noch etwas wegnehmen. So mag es die Patientin wohl empfunden haben. Aber der Therapeut wollte ihr gar nichts wegnehmen. Seine Absicht war, ihr ein Stück Lebendigkeit und Lebensqualität zurückzugeben.

Das Klagen über ihre Symptome sicherte Frau C. ein gewissen Maß an Aufmerksamkeit – in der Gruppe und wahrscheinlich auch zu Hause. Sie erhielt zudem Zuwendung und Verständnis. Mit Aussagen wie: „Wenn ich vom Aussichtsturm springen würde, wäre ich dann wohl tot?“ oder „Ich glaube, ich gehe ins Wasser“ schien sie ihre Lage noch einmal unterstreichen zu wollen. Die Patientin hatte sich allem Anschein nach nicht ernsthaft überlegt, sich auf diese Weise umzubringen. Die anderen Gruppenmitglieder versicherten ihr daraufhin, dass sie noch viel zu fit sei, um zu sterben. Sie erhielt nun zahlreiche Angebote, mit einzelnen Teilnehmern oder auch der gesamten Gruppe etwas gemeinsam zu unternehmen.

Ihr Jammern und Wehklagen setzte Frau C. vermutlich nicht bewusst ein. Im Grunde genommen schien sie auch nicht sterben zu wollen, sondern wollte in einer ihr adäquaten Form am Leben teilnehmen. Schon ihre äußere Erscheinung unterstrich diese Vermutung. Sie kleidete sich ausgesprochen geschmackvoll. Im Vergleich zu anderen alten Damen eher ungewöhnlich „flott“ mit eleganter gelber Strickjacke, weißer Hose und auffälligem roten Mantel. Die grauen Haare hatte sie tadellos frisiert. Das alles sprach dagegen, dass sie eigentlich nichts mehr vom Leben erwartete.

Th.: Was würden Sie machen, wenn Sie weniger lange im Bett liegen bleiben würden?

Pat.: Ich weiß nicht.

Th.: Was ich bisher von ihnen mitbekommen habe, ist, dass Sie eine Menge Fähigkeiten haben.

Pat.: Ich habe keine Fähigkeiten. Früher ja, aber jetzt nicht mehr.

Th.: Was hatten Sie denn früher für Fähigkeiten?

Pat.: Da hatte ich eine Menge.

Th.: Was zum Beispiel?

Pat.: Da habe ich oft den ganzen Betrieb unterhalten. Ich habe sehr viel Gedichte geschrieben, aber das interessiert ja hier in der Gruppe wohl keinen.

Th.: Doch, doch, das ist spannend. Mich zum Beispiel würde das interessieren.

Pat.: Einmal habe ich ein Gedicht über einen ganz hässlichen und gemeinen Mitarbeiter gemacht, der uns im Schreibbüro schikaniert hat.

Die Bitte, es vorzutragen, wartet sie gar nicht erst ab. Frau C. springt vom Stuhl auf, nimmt Anlauf, als betrete sie eine imaginäre Bühne. Ihr mit viel Esprit vorgetragenes Gedicht reißt sie selbst mit, versetzt sie zurück in jene sehr lebendige Zeit. Mit geradezu traumwandlerischer Sicherheit trägt sie, ohne ein einziges Mal ins Stocken zu geraten, alle Strophen vor, unterbrochen von eingestreuten Kommentaren zur Erläuterung des damaligen Hintergrundes. Sie erhält spontanen Szenenapplaus von den Mitpatienten. Frau C. scheint in ihrem Element zu sein.

Die Gruppe ist fasziniert von dem plötzlichen Wechsel und von ihren Fähigkeiten. Ihre Stimmung ist vergnüglich, ihr Enthusiasmus ansteckend. Von Wehleidigkeit ist keine Spur mehr vorhanden. Ihre Depression scheint sich in Luft aufgelöst zu haben.

Sieht so jemand aus, der des Lebens überdrüssig ist und sterben will? Welch reichhaltiger Fundus an Fähigkeiten kam bei dieser Frau zum Vorschein! Von den Gruppenmitgliedern erhält sie das Kompliment, amüsanter als eine berühmte Volksschauspielerin zu sein. „Ach ja, ich wollte immer Schauspielerin werden, aber meine Eltern wollten das nicht. So bin ich Sekretärin geworden. Steno hatte ich schon in der Schule gelernt. Die Gedichte habe ich dann auch immer in Steno geschrieben. Das musste sich ja auch reimen. Ich habe auch vorgesprochen bei vielen Theatern, aber man wollte mich nicht. Ich war 15 und gerade mit der Schule fertig. Die wollten jemand, der auch Ballett konnte. Dann war nur noch ein einziges Theater zum Vorsprechen übrig. Alle Bewerber standen in einer Reihe auf der Bühne. Die, die Ballett konnten, sollten vortreten und da dachte ich 'Jetzt kann ich eben auch Ballett' und trat vor. Was hatte ich zu verlieren. Ich bekam eine Rolle in 'Frau Holle' als einer der Zwerge. Es war nur wichtig, dass ich mit tiefer Stimme sprechen konnte *(macht es vor)* und man musste gar nicht Ballett können."

Eine gewisse Schlitzohrigkeit blitzt bei der alten Dame auf. Sie besitzt eine große Begeisterungsfähigkeit. Ihr Mut wird sichtbar, sich durchs Leben zu kämpfen, und wenn es sein musste, mit etwas Mogelei. Ihre Entschlossenheit, ein Ziel erreichen zu wollen, kommt hier zum Ausdruck. Sie schildert dann in amüsanten Anekdoten, wie sie sich entschlossen hatte, ihren zweiten Ehemann zu verlassen. „Er sprach bayerisch" und sie färbt ihre Schilderung in bayerischer Mundart ein. „Er spielte gerne, setzte mal auf Autos, mal auf Pferdchen, verprasste dabei mein schwer verdientes Geld. Das konnte nicht angehen. Auch hielt er es mit der Treue nicht ganz so genau. Ich bin dann eine Woche nach H. gefahren – er dachte, ich mache Urlaub – habe Zeitungsanzeigen durchgeguckt, telefoniert und schnell eine neue Stelle gefunden. Er hatte in der Zwischenzeit zu großes Interesse an zwei Damen gefunden. Die eine hatte er wohl auch 'angefasst', jedenfalls wurde er verhaftet. Damals war das so. Als ich ihn im Gefängnis besuchte, hat er auch viel geweint und Besserung gelobt. Der Polizist sagte, ich solle ihm sagen, dass ich ihm verzeihe und auf ihn warte, um ihm Hoffnung zu machen. Aber ich dachte 'Ich nutzte die Gelegenheit gleich, um reinen Tisch zu machen'. Mit ihm wäre ich sowieso auf keinen grünen Zweig gekommen." Sie würzt ihre Ausführungen wieder mit witzigen Einwürfen und mundartlichen Redewendungen. „Er hatte auch mein letztes Geld, was ich für die Fahrkarte gespart hatte, verspielt. So schnappte ich meine Sachen – ich hatte ja nicht viel – und meinen kleinen Sohn und ging zum Fernfahrertreff, fragte dort, ob die mich mit nach H. nehmen könnten. Der LKW-Fahrer ist dann später mein dritter Mann geworden."

Sie erzählt von einer wunderbaren Ehe. „Wir haben jetzt bald goldene Hochzeit, aber mein Mann ist jetzt im Pflegeheim, er hat Alzheimer, er kennt mich nicht einmal mehr." Sie fängt an zu weinen, klagt darüber, das alles nicht mehr so sei, wie früher.

Ohne Zweifel ist es wichtig, Trauer auch ausleben zu lassen. Da sie sich sehr intensiv in eine vorgestellte Situation hineinversetzen kann, wie sie soeben gezeigt hatte, schien es jedoch nicht der richtige Zeitpunkt zu sein, dieses Thema zu bearbeiten. Sie hatte ja die letzten Monate ohnehin in einer Art „Trauer-Trance" über den Verlust von Kontakten etc. zugebracht.

Das Anliegen der therapeutischen Intervention war es, ihre lebenbejahenden Ressourcen zu aktivieren wie Fröhlichkeit, Begeisterung und Lebendigkeit.

Der mühsame Prozess, einen Weg aus der Depression heraus zu finden, würde durch eine Fokussierung auf das vergangene Leid, wieder blockiert. Deshalb lenkte der Therapeut die Aufmerksamkeit auf andere Aspekte. Zudem dürfte sie schon hinreichend über den Verlust der Vergangenheit geklagt haben. Deshalb ist es sehr viel konstruktiver, neue Sichtweisen für die verbleibenden Jahre anzubieten und Möglichkeiten der Gestaltung zu eröffnen.

Der Therapeut unterbricht das Klagen über den Verlust der schönen Ehejahre und die Alzheimererkrankung des Ehemannes mit den Worten:

Th.: Sie hatten fünfzig wunderbare Ehejahre, wie Sie sagten. Wem auf dieser Welt ist schon so etwas Außergewöhnliches vergönnt. Wer kann auf eine so lange Zeit einer glücklichen Ehe zurückblicken? Ist das nicht etwas Einmaliges?

Pat.: Ja, wenn Sie das so sehen, da haben Sie eigentlich recht. *(Die Patientin wirkt nachdenklich und gleichzeitig zufriedener).*

Th.: Sie sagten, sie hätten über ihr Leben ein Gedicht verfasst?

Pat.: Ja, aber das interessiert doch keinen.

Th.: Mich und vielleicht auch die Gruppenmitglieder schon. Haben Sie vielleicht Lust, es vorzutragen?

Pat.: Meinen Sie wirklich? Nun gut. *(Und sie trägt 36 Zeilen ihres Gedichts höchst lebendig und fehlerfrei vor).*

Der Therapeut bietet einen Perspektivwechsel für die Betrachtung ihrer Lebenssituation an. Bisher sah die Patientin nur das, was sie früher hatte und heute so schmerzlich vermisste. Das bildete die Ausgangslage für ihren Kummer, für ihr fortwährendes Klagen und letztendlich wahrscheinlich auch für ihre Depression. Das ist aber der Lauf des Lebens, das sich Dinge verändern und man speziell im Alter auch von Vertrautem Abschied nehmen muss. Manchmal Abschied nehmen muss von Personen aber auch Abschied nehmen muss von Illusionen – von dem, was man in der verbleibenden Zeit nicht mehr verwirklichen können wird.

Frau C. sah nur die Verluste, würdigte jedoch nicht, welch ein reichhaltiges Leben ihr zuteil geworden war. Der Therapeut bot mit seiner Intervention einen neuen Bezugsrahmen an. Die Patientin nimmt diesen an und wirkt etwas mehr mit ihrem Schicksal versöhnt.

In diesem Fall wurde mit dem Rückgriff auf die Vergangenheit ein wertvoller Schatz gehoben. Längst Vergessenes belebt sogar die Gegenwart. Gleichzeitig gibt sie mit dem Gedicht und ihrer Art es vorzutragen sehr viel von ihren Fähigkeiten zu erkennen. Es sind Qualitäten, zu denen sie in der „Gefangenschaft der Depression" keinen Zugang hatte. Die Behauptung, über keine Fähigkeiten zu verfügen, mag sie in dem Moment so empfunden haben; sie hat sie aber an diesem Vormittag in der Gruppentherapie eindrucksvoll widerlegt.

Nachbemerkungen zur Gruppentherapie

In welcher Weise Frau C. in der Vergangenheit selbst dazu beitrug, ihren depressiven Zustand aufrecht zu erhalten, hat sie durch die Schilderung ihrer Einstellung, ihres Denkens und des Tagesablaufes eindrucksvoll unter Beweis gestellt. Sie suchte jedoch einen Schlüssel, um aus dem Gefängnis der Depression herauszukommen. Zu Hause wurde sie einmal im Monat zu ihrem Hausarzt gefahren. Eine Formulierung, die die Patientin in dieser Weise benutzte. Darin schwingt eine gewisse Tragik mit, aber auch, dass die Angehörigen sich damit entlasteten, indem sie sich sagen können, dass sie schließlich alles medizinisch Notwendige für Frau C. veranlasst hätten. Bei ihrem Hausarzt sprach sie verständlicherweise nur von ihrem Kummer und ihren Krankheiten, weil sie sonst über keine anderen Gesprächsinhalte mehr verfügte. Niedergelassene Ärzte werden wahrscheinlich zahlreiche ähnliche Fälle kennen.

An vielen Stellen dieser doch eher ungewöhnlichen Krisenintervention stellte sich für den Therapeuten die Frage, worauf er den weiteren Prozess fokussieren sollte. Trauer, Leid und Einsamkeit waren in den letzten Jahren ihre ständigen Begleiter gewesen. Geweint hatte sie in der Vergangenheit sehr häufig. Deshalb erscheint es unsinnig, diese Dinge in irgend einer Form aufzugreifen und „aufzuarbeiten". Auch die Gabe eines Antidepressivums hätte wahrscheinlich nicht sehr stimmungsaufhellend gewirkt, weil das, was die Patientin wirklich brauchte, nicht in Form von Tabletten erhältlich ist.

Ganz praktische Hilfe stand an erster Stelle. Deshalb war es das Ziel des Therapeuten, Frau C. eine ganz unmittelbare und zwar positive Erfahrung zu verschaffen, die als Ausgangspunkt für eine Verbesserung ihrer Stimmung und zur Steigerung ihres Selbstwertgefühls dienen sollte.

Der Aufenthalt in einer Klinik ist nicht für jeden per se eine Verbesserung seiner Situation. Für Frau C. jedoch war es nicht nur ein Milieuwechsel, der die erstarrten häuslichen Strukturen aufbrach, sondern er verschaffte auch hier wieder eine konkrete positive Gegenerfahrung. Zudem sind in der Klinik zahlreiche Personen, mit denen sie sprechen konnte, vom Personal bis hin zu den Mitpatienten. Auch in therapeutischer Hinsicht standen vielfältige unterstützende Angebote bereit: Kunsttherapie, konzentrative Bewegungstherapie, Schwimmen, Massagen, Einzel- und Gruppentherapie, betreute Freizeitangebote. Frau C. befand sich zu diesem Zeitpunkt erst zwei Tage in der Psychotherapieklinik und würde von diesem Angebot gut profitieren können. Darüber hinaus wird für die Zeit nach dem stationären Aufenthalt eine Veränderung der häuslichen Situation besprochen werden müssen.

In der ersten Gruppentherapiestunde wählte die Patientin den Einstieg in ihre Thematik zunächst wie gewohnt über eine Schilderung ihrer Gebrechen und die Klage über die Unverschämtheit des Doktors, der ihr das Schlaffmittel verweigerte. Aber durch den weiteren Verlauf der Therapiestunde wurde ihr eine lang vermisste Erlebnisqualität zurückgegeben. Sie erlebte sich wieder fröhlicher und schien in der Gruppe ein Geborgenheitsgefühl zu entwickeln. Sie erhielt Komplimente und große Anerkennung wurde ihr zuteil. Diese Krisenintervention mobilisierte ihre Selbstheilungskräfte.

Gedanken über das Fallbeispiel hinaus

Warum habe ich gerade dieses Beispiel einer Krisenbehandlung in dieses Buch mit aufgenommen? Zugegeben, die spektakuläre Veränderung der depressiven Symptomatik für sich genommen, ist schon bemerkenswert. Ich möchte jedoch den Fall von Frau C. auch zum Anlass nehmen, um einige zusätzliche Aspekte zur Sprache zu bringen.

In diesem Buch geht es vor allem um ungewöhnliche und kreative Lösungen für Krisensituationen. Sie sollen die Bandbreite der Interventionsmöglichkeiten aufzeigen, aber auch die Möglichkeit verdeutlichen, dass die

Bearbeitung von Krisen nicht grundsätzlich ohne Humor betrieben werden muss. Denn nicht nur die Wiedergewinnung der Handlungskompetenz ist ein zentralen Anliegen, sondern auch die Aspekte Lebendigkeit und Spaß am Leben.

Ein weiterer wichtiger Grund dieses Beispiel aufzugreifen, war, darauf aufmerksam zu machen, dass alte Menschen häufig durch das Raster unserer aller Wahrnehmung fallen. Nur, wenn wir uns einmal mit ihnen befassen und genauer hinschauen, werden wir auch ihre Fähigkeiten sehen und so manchen „verborgenen Schatz" heben können.

Mit suizidalen Äußerungen eröffnete Frau C. das Gespräch in der ersten Therapiegruppe. Nach kurzer Zeit jedoch heiterte sie mit ihrem Esprit ihrerseits andere Patienten auf. Zu Beginn der Gruppenstunde eine undenkbare Möglichkeit. Diese Wandlung vollzieht sich innerhalb eines Vormittages, ja innerhalb weniger Minuten – ohne Medikamente, ohne Elektroschocks oder sonstige medizinische Maßnahmen. Und dieses Wachwerden für das Leben selbst hielt auch die nächsten Wochen an. Diese fast 80-jährige depressive Frau verblüfft wahrscheinlich nicht nur die Mitpatienten und den behandelnden Therapeuten.

Damit ist auch gesagt, wie wichtig es ist, den **richtigen Zugang** zu einem Patienten zu finden. Bei aller Professionalität gibt es hierfür keine allgemeingültigen Regeln. Intuition, Erfahrung und therapeutischer Mut, – auch ungewöhnliche Dinge zu tun –, sind in dieser Hinsicht unschätzbare Ratgeber.

Zu Anfang des Buches wurde darauf hingewiesen, dass Krisenintervention eigentlich seit Jahrhunderten betrieben wird, ohne dass damals das Wort dafür geprägt war. Meistens leisteten Menschen aus der unmittelbaren Umgebung des Betreffenden diese Form der Hilfe. Die „therapeutischen Fähigkeiten", die bei der Unterstützung von Frau C. erforderlich waren, kann bis zu einem gewissen Grade eigentlich jeder Mensch praktizieren. Auch Therapeuten, die noch über keine speziellen Kenntnisse der Krisenintervention verfügen, können oft auf mehr eigene Ressourcen zurückgreifen, als sie meinen. Es sind im Grunde genommen ganz einfache, ganz natürliche Dinge, die oft große Wirkung zeigen.

Zudem sollte mit diesem Fallbeispiel das Augenmerk auch auf den Aspekt der Krisen-Prävention gelenkt werden. In vielen Fällen würde Krisenintervention überflüssig sein, würden Angehörige, Freunde oder Nachbarn ihren Umgang mit alten Menschen anders gestalten.

Wirkfaktoren

Was machte diese Intervention zu einer erfolgreichen, sodass sich die Stimmung aufhellte und die suizidalen Absichten verschwanden? Was waren die wichtigsten Elemente in diese Krisenintervention? Zunächst die unspezifischen Wirkfaktoren:

- **Verständnis** aufbringen – durch das Personal und die Mitpatienten in der Gruppe.
- **Mitmenschlichkeit** zeigen – eine Haltung des Mitgefühls, in der Trauer, aber auch in der Lebensfreude.
- **Kontaktmöglichkeiten** auf der Station.
- **Kommunikation** – zu Personal, Mitpatienten und in besonderer Weise in der Einzel- und Gruppentherapie zum Therapeuten.
- **Zeit** für jemanden haben – was heutzutage ein sehr kostbares Gut ist.
- einfach einmal **zuhören** – ohne Bewertungen und ohne sofort etwas ändern zu wollen.
- **Anerkennung** geben und **Wertschätzung** ausdrücken – was das ramponierte Selbstwertgefühl stärken kann.
- **Milieuwechsel** – eingefahrene Strukturen verlassen, um daraus neue Perspektiven auf die häusliche Situation zu entwickeln.
- **konkrete Anregungen** durch Therapieangebote – um Ideen zu fördern, aber auch um auf der Handlungsebene tätig zu werden.
- **Ablenkung** – um aus Denkschleifen herauszufinden.
- Mut zu unpopulären Maßnahmen, wie die Schlaftabletten abzusetzen. – Das unterbricht eingefahrene Muster und weckt dadurch die Lebendigkeit.
- Die **Gruppe als Therapeutikum** – gibt Rat, aber auch Halt.
- **Humor** des Therapeuten – der auch dadurch den Humor bei den Patienten weckte.

Das sind eigentlich keine übernatürlichen Talente und somit von jedermann zu praktizieren. Die Kunst ist es, diese auch als therapeutisches Tool einzusetzen. Sie bekommen dadurch einen sehr hohen Stellenwert. Eine professionelle Krisenintervention erfordert darüber hinaus ein reflektierendes und antizipierendes Denken, um einzelne Therapieschritte gezielt vorzubereiten und patientenorientiert schrittweise umzusetzen.

Anmerkungen zum Gruppen-Setting

Nicht jede Krisenintervention verläuft so schnell und so erfolgreich wie die hier beschriebene. Die Einweisung in eine Klinik ist manchmal die letzte Möglichkeit, die Krise einigermaßen in den Griff zu bekommen. Bisweilen kann sie auch der entscheidende Schritt zur Einleitung einer Veränderung sein. Wie auch bei der beschriebenen Patienten schafft diese Maßnahme etwas Abstand zum häuslichen Geschehen. Aber ein Milieuwechsel allein verändert in den seltensten Fällen die Bedingungen, die ursprünglich zur Krise geführt haben.

Das therapeutische Vorgehen in einer solchen Gruppentherapie sollte überwiegend emotional stützend geschehen. Bei den älteren Teilnehmern der Gruppentherapie war es wichtig, ein Gruppenklima zu etablieren, dass so etwas wie familiäre Vertrautheit vermittelte.

In der Therapie sollten jedoch keine Probleme „gewälzt" werden, sondern konstruktive und zukunftsorientierte Möglichkeiten im Vordergrund stehen. Die in diesem Alter fast zwangsläufig vorhandenen kleinen Unpässlichkeiten und Gebrechen bekommen einen zentralen Stellenwert, werden wie durch ein Vergrößerungsglas wahrgenommen, wenn keine anderen Lebensinhalte vorhanden sind.

Die rein medizinische Versorgung kann Linderung verschaffen, führt in solchen Fällen letztendlich zu keiner grundlegenden Verbesserung des Gesamtbefindens. Die körperlichen Symptome dieser Patienten scheinen in mancher Hinsicht auch ein nichtsprachlicher Ausdruck für den Wunsch zu sein, mehr beachtet und überhaupt von anderen wahrgenommen zu werden.

Ein wichtiger Punkt in diesem therapeutischen Setting ist, dass die alten Menschen aus ihrer Vereinsamung heraus kommen. Der Therapeut brachte den Patienten in besonderer Weise seine Wertschätzung entgegen, was erfahrungsgemäß ihr Selbstwertgefühl erheblich stärkte. Seine Aufgabe sah er auch darin, die „schlummernden" Fähigkeiten zu reaktivieren, Anerkennung zu geben und Verständnis zu vermitteln.

Auch ein Teil der Freizeitgestaltung wurde als therapeutische Aufgabe begriffen. Eine Therapieeinheit wurde deshalb mit dem Titel „Sport und Spaß" überschrieben. Sie beeinhaltete nicht nur die sportliche Bewegungskomponente, sondern eben auch die emotionale. Spaß und Lebensfreude sollten damit gefördert werden. Darüber hinaus wurde auch ein spezielles körperliches Training in der rhythmischen Gymnastik durchgeführt, wo jeder entsprechend seiner Fähigkeiten gefördert wurde.

Weiterhin war ein sogenannter „Spielkreis“ Bestandteil des Therapieprogramms. Dort wurden Gesellschaftsspiele gespielt, die in besonderem Maße die Konzentration, das Gedächtnis, die Hand-Augen-Koordination, die Reaktionsfähigkeit sowie die Feinmotorik spielerisch schulten. Zusätzlich vermittelte dieser Spielkreis den alten Menschen Geselligkeit und schuf einen Rahmen für Kommunikation. Das Ziel dieser Therapieeinheit war es, Anregungen auf ganz verschiedenen Ebenen zu geben sowie ein wenig Ablenkung von den Kümmernissen des Alltags zu schaffen.

Krisenintervention ist in den vielen Fällen keine einmalig stattfindende Handlung, sondern eher ein Prozess. In der ambulanten psychotherapeutischen Praxis wird sich eine Reihe von Gesprächen mit dem Klienten oder auch mit deren Angehörigen anschließen. In der Klinik bestehen zusätzliche Möglichkeiten, um ressourcenorientiert und lösungsfokussiert zu arbeiten. Das gesamte Setting kann hier als Ressource genutzt werden (siehe hierzu auch Kuhn 1998). Dabei ist eine gut aufeinander abgestimmte Teamarbeit unentbehrlich, um Informationen über die Patienten auszutauschen und weitere Therapieschritte zu koordinieren.

Vergnügliches zum Schluss

Eine kleine Begebenheit mit Frau C. am späten Nachmittag des Tages, an dem am Vormittag die „Wunderheilung“ in der Gruppe stattgefunden hatte, soll den Lesern nicht vorenthalten werden. Als der Therapeut am späten Nachmittag Feierabend macht und sein Büro verlassen will, steht Frau C. „ganz zufällig“ vor seiner Tür.

„Nanu, Sie sind gar nicht mit zum Schwimmen gegangen?“, wundert er sich. „Nein, ich habe mich erkundigt, das Wasser ist nur 1,30 Meter tief. Da kann man nicht richtig schwimmen.“. „Ach, ich denke aber schon“. „Nein, das muss richtig tief sein. Ich kann nämlich ziemlich gut schwimmen. – Warten Sie, ich komm noch ein Stückchen mit Ihnen mit bis zum Eingang“, frohlockt sie und hätte sich wohl am liebsten ganz vertraulich bei ihm untergehakt. „Soll ich Ihnen mal was sagen,“ sprudelt sie mit pfiffigem Augenaufschlag hervor, „ich bin schon mal ziemlich weit auf einen See raus geschwommen. Es war schon dunkel und da bin ich nackt schwimmen gegangen. Ich habe gerne nackt geschwommen, jeden morgen um 7:00 Uhr, wenn wir auf dem Campingplatz waren. Ich habe meinen Bademantel an einen Baum gehängt. Wenn ich aus dem Wasser wollte, und zufällig kamen Leute vorbei, bin ich noch ein Weilchen drin geblieben oder ich sah zu, dass ich vorher schnell zu meinem Bademantel rüberhuschen konnte.

Einmal bin ich nachts auf den See hinaus geschwommen. Am Ufer sah man die Lichter vom Campingplatz. Das sah ganz wunderbar aus. Ich bin so geschwommen, habe ein Liedchen gepfiffen, bin ganz zufrieden vor mich hingeschwommen, so in die tiefe Nacht hinein. Manchmal habe ich mich umgedreht, und dann sah ich die Lichter am Ufer. Ich bin noch weiter geschwommen und irgendwann war alles ganz schwarz um mich. Ich konnte keine Lichter mehr sehen. Da hatte ich zum ersten Mal in meinem Leben Todesangst, glauben Sie mir. Man konnte nicht an vielen Stellen ans Ufer gehen, weil das zugewachsen war und es gab auch an verschiedenen Stellen Wasserratten. Ich dachte, 'Nun musst Du Ruhe bewahren', ich bin so drauf los geschwommen und plötzlich sah ich wieder die Lichter. Ich weiß nicht, wie lange ich hätte so schwimmen können, aber ich muss wohl eine ziemlich gute Schwimmerin gewesen sein". „Das ist ja enorm. Da sind Sie ja automatisch in die richtige Richtung geschwommen. Ich denke auch hier in der Klinik werden Sie in die richtige Richtung gehen, die Ihnen gut tut und irgendwann, werden Sie auch wieder ein Licht am Horizont sehen." „Heute morgen mussten mich noch zwei Leute links und rechts stützen, damit ich gehen konnte und ..." – sagt sie stolz mit einer auf die Füße gerichteten Geste – „sehen Sie, jetzt laufe ich ganz sicher auf den Beinen. Ist das nicht eigenartig, Herr Doktor?"

Eine lebensbejahende Einstellung funkelt uns da entgegen. Ein spannendes und reichhaltig gefülltes Leben ist da zu erahnen mit einem Schatz an Lösungsmöglichkeiten für die vielen Herausforderungen des Lebens.

IV. Teil

Aus Krisen lernen

18. Beispiel einer Krise als Wendepunkt

Für den in Not geratenen Menschen ist die Krisensituation meist gleichbedeutend mit einer Katastrophe. Es scheint weder ein Vor noch ein Zurück zu geben und das Leben droht manchmal unter der Last der Probleme erdrückt zu werden. Der Betreffende möchte schnellstmöglich in den Status vor Ausbruch der Krise zurückkehren. Aber bei näherer Betrachtung lösten, wie in einigen Fallbeispielen deutlich wurde, diese Gegebenheiten die aktuelle Krise erst aus.

Nach der Bewältigung der Krise ist nicht mehr alles so wie vorher. Das gilt in besonderem Maße für schwere Krankheiten, Trennungen oder Todesfälle von Angehörigen. Hat ein Klient eine schwierige Situation wie die Krise überwunden, mag sich neben der Erleichterung unter Umständen auch ein gewisser Stolz einstellen. In einigen Fällen geht man sogar gestärkt aus ihr hervor. Fragen, die den Aspekt der Lernerfahrung betonen, sind folgende:

- Was haben Sie aus dieser Krise gelernt?
- Was meinen Sie, könnten andere Personen, die Sie längere Zeit nicht gesehen haben, neues an Ihnen feststellen?: äußerlich oder auch an Aktivitäten, Handlungen und Einstellungen?
- Welche neuen Fähigkeiten haben Sie bei der Bewältigung dieser Krise gelernt?
- Welche alt bekannten Fähigkeiten haben Sie für diese Krise wieder mobilisieren können?

Beeindruckt hat den Autor eine Patientin mit einer Krebserkrankung, die schon einmal in anderem Zusammenhang[12] kurz erwähnt wurde. Zehn Jahre nach der ersten Operation erkrankte sie erneut an einem bösartigen Brusttumor. Nach der ersten Operation hatte sie ihr Leben in vielen Bereichen umgestellt. Sie lebte fortan möglichst gesund und nahm deshalb auch manche Entbehrung auf sich. Für sie war es deshalb ein um so größerer Schock, als sie erneut an Krebs erkrankte. Sie verfiel in tiefe Depression und Apathie. Ein paar Monate nach der zweiten Operation sagte diese Frau nach dem Aufenthalt in einer psychosomatischen Klinik: „Durch so eine Krankheit lernt man ja auch viel für das Leben, man bekommt Reife." Hätte jemand anderes zu ihr diesen Satz gesagt, hätte es wie Zynismus geklungen. Die lebensbedrohliche Krise so zu verarbeiten, ist ein eindrucksvolles Zeugnis innerer Stärke.

[12] vgl.: 3. Phase: Bearbeitung der Krise. Siehe Abschnitt: Wie viel und welche Hilfe ist richtig?

„Ob eine Krise zu einer Chance für ein neues Erleben unserer Identität werden kann, ob wir aus einer Krise mit neuen Verhaltensmöglichkeiten, neuen Dimensionen des Selbst- und Welterlebens hervorgehen, vielleicht sogar mit neuen Sinnerfahrungen und mit dem Bewusstsein, kompetent geworden zu sein im Umgang mit dem Leben, diesem Leben also nicht länger einfach ausgeliefert zu sein: das hängt wesentlich davon ab, ob wir die Krise als eine Lebenssituation zu sehen vermögen, in der für unser Leben existentiell Wichtiges sich ereignet und entscheidet, oder ob wir die Krise nur als lästiges Beiwerk des Lebens sehen, das wir so rasch als möglich vergessen wollen“ (Kast, 2000, S. 14).

Eine Krise können wir auch als Wendepunkt bezeichnen. Manchmal leitet sie eine längst überfällige Veränderung im Leben ein. Auch wachsen dem Betreffenden Fähigkeiten zu, von denen er vorher wenig wusste. Die Krise bekommt hier den Aspekt einer Herausforderung für die Persönlichkeitsentwicklung. Dieses wurde auch in einigen Fallbeispielen deutlich. Trotzdem würden die meisten Menschen gerne auf diesen Entwicklungsanreiz verzichten, ihn zumindest nicht bewusst herbeiwünschen. Auch sei nochmals betont, dass nicht aus jeder Krise positive Aspekte abzuleiten sind.

Eine Krise zwingt den Betreffenden inne zu halten, umzudenken, neue Lösungen zu suchen und in gravierenden Fällen, sein Leben neu einzurichten. Erst im nachhinein erkennt man manchmal die positiven Aspekte, die selbst in einer Krise verborgen sein können. Ein solches Beispiel soll an den Schluss dieses Buches gestellt werden. Es ist entscheidend, welche Einsichten und Konsequenzen jeder selbst aus dieser schwierigen Lebenssituation zieht. Für den Leser des folgenden Beispiels mag es zunächst gar nicht so positiv klingen, was Dr. G., den der Autor zu diesem Thema interviewte, über die Folgen seiner tiefen Krise berichtete.

Vorinformationen

Dr. G., von dem nun berichtet werden soll, ist promovierter Naturwissenschaftler und war viele Jahre sehr erfolgreich in einem internationalen Konzern tätig. Er erlebte einen Karriereknick und sehr viel körperliches und psychisches Leid. Interessant ist jedoch, wie er selbst die lang anhaltende Krise im Rückblick einstuft. Er ist kein ehemaliger Patient des Autors und soll daher auch nicht als Klient oder Patient bezeichnet werden. Das Interview fand zehn Jahre nach Beginn seiner Krankheit, die sein Leben vollkommen veränderte, statt.

Dr. G. schildert seinen privaten und beruflichen Lebensweg, das einschneidende Erlebnis einer gesundheitlichen Krise und die veränderten Einstellungen der Krise und seinem Leben gegenüber.

Die hier gegebenen Informationen sind so weit wie möglich anonymisiert. Dr. G. geht mit diesen Dingen jedoch sehr offen um, so dass die geschilderten Fakten auch einem größeren Kreis bekannt sind. Er möchte durch diese Offenheit auch anderen Menschen, die sich in einer ähnlich schweren Krise befinden, ein Beispiel für eine neue Sichtweise der Dinge geben.

Die folgenden Passagen sind Auszüge aus einem zweistündigen Gespräch. Die verkürzte Schilderung des beruflichen Werdegangs ist wichtig, um die spätere Veränderung besser einordnen zu können. Darin klingen auch seine Entwicklungsmöglichkeiten und die Begeisterung für seine Tätigkeit an. Um so gravierender ist der Einschnitt in sein Leben, den eine schwere, nicht heilbare Krankheit verursacht.

Interview mit Dr. G.

„Wir waren vier Kinder, und zu dem Zeitpunkt, als mein Vater starb, war ich sieben Jahre alt. Er starb bereits mit 46 Jahren. Das war ein ganz frühes, prägendes Ereignis. Ich konnte jahrelang den Trauermarsch nicht mehr hören, der gespielt wurde von unserem Haus bis zum Friedhof. Ich musste da als Siebenjähriger mitmarschieren, ohne dass jemand darauf geachtet hätte, wie schlecht es mir eigentlich ging."

Nach dem Abitur und einem naturwissenschaftlichen Studium sei er bei einem internationalen Konzern angefangen in der Forschung und im Vertrieb.

„Aus dieser Position heraus bin ich für ein Jahr in die USA gegangen. Es war eine interessante Situation, als einziger Deutscher unter 270 Amerikanern. Und als ich dann von dort zurück kam, wurde ich für mehrere Jahre für die gesamte Auslandsproduktion auf meinem Gebiet zuständig, das hieß, dass ich also sehr viel zwischen USA, Japan und Lateinamerika hin und her pendeln musste. Was mich aber immer interessiert hat, war die kulturelle Vielfalt, die hinter den einzelnen Tochtergesellschaften steckte.

Und das habe ich sechs Jahre gemacht. Dann, – es ist jetzt 13 Jahre her, – wurde die Diagnose Parkinson gestellt. Ich hatte die Symptome schon etwa vier Jahre vorher richtig zugeordnet, nur hat man mir die Diagnose nicht geglaubt, weil ich zu jung war. Ich durfte kein Parkinson haben, das widersprach einfach der Lehrmeinung.

Dann kam der größte Einschnitt meines Lebens. Zu diesem Zeitpunkt hatte ich mich auf die Transferliste für Japan setzen lassen. Ich war also auf dem Sprung, für fünf Jahre nach Japan zu gehen von der Firma aus. Und das fiel natürlich dann aus. Einen Parkinson-Patienten schickt man nicht mehr in so einer Funktion nach Japan, wofür ich auch Verständnis hatte.

Ich habe dann noch eine Funktion übernommen, in der ich zwar auch noch mit Japan zu tun hatte, aber seltener. Mit dem Deutlicherwerden der Symptome und der Notwendigkeit der Aufdosierung der Medikamente waren so lange Flugreisen kaum noch möglich. Und dann musste ich auch die Besuchstätigkeit einstellen. (...)

Ich habe zwei Jahre gebraucht, bis ich meine Diagnose mitgeteilt habe. Ich habe also fünf Jahre mit dieser Diagnose gearbeitet. Es hat mich zunehmend beeinträchtigt aus zwei Gründen, sowohl psychisch als auch physisch: Von der Physis her brauchte ich ständig mehr Medikamente, und das war irgendwann nicht mehr geheim zu halten, auch vor den Kollegen nicht. Da schossen dann Gerüchte ins Kraut, wie ich sei Alkoholiker oder drogenabhängig. Und psychisch hat es mich beeinträchtigt, weil ich erst damit leben lernen musste. Mit der Chemie zu leben, beziehungsweise zu akzeptieren, dass ich nur noch auf Basis der Chemie so funktionieren konnte, wie ich es getan habe. Erst vor fünf Jahren bin ich wegen Berufsunfähigkeit in Rente gegangen. Seitdem bin ich in der Deutschen Parkinson-Vereinigung (DPV) tätig.

Dr. K[13].: War die Diagnose „Parkinson“ ein Wendepunkt in Ihrem Leben?

Dr. G.: Parkinson war sicher ein ganz wesentlicher Wendepunkt für mich, denn ich habe, als ich durch die Krankheit sehr abrupt ausgebremst wurde, mir schon die Frage gestellt: ‘Wie bin ich denn dazu gekommen?’ Ich habe mir dann selber eingestehen müssen, dass es vielleicht nicht unbedingt Parkinson hätte sein müssen, aber eine Krankheit von dem Kaliber brauchte ich, um zum Stehen zu kommen, um überhaupt wieder zur Besinnung zu kommen. Ich war auf dem besten Weg zum Workaholic. Das hatte auch familiäre Gründe. Meine Frau hatte eine Psychose, die immer wieder ausbrach und unter der die ganze Familie litt, auch die Kinder. Das waren einfach zu viele Belastungen auf einmal, und deswegen war ich in Gefahr, auszubrennen, vorzeitig, und bin durch den Parkinson noch gestoppt worden.

Dr. K.: Hätte es noch eine andere Möglichkeit gegeben, einen Wendepunkt herbeizuführen, oder Sie zu stoppen?

---

[13] Um deutlich zu machen, dass es sich bei diesem Beispiel nicht um ein therapeutisches Setting handelten, habe ich nicht die Bezeichnungen Therapeut bzw. Patient gewählt.

Dr. G.: Die Frage habe ich mir auch oft gestellt und ich glaube, ich musste es auf dem harten Weg lernen. Alles andere hätte ich versucht, durch noch mehr Arbeit zu kompensieren, oder zu umgehen. Und da führte eben an einer schweren Krankheit kein Weg vorbei. Das war das Entscheidende. Und dann habe ich an mir gearbeitet, um wieder in eine positive Richtung zu kommen.

Während der ersten Zeit mit Parkinson bin ich mit Reiki in Berührung gekommen. Das war sehr wichtig für mich, um wieder in Balance zu kommen. Und was man heute nicht mehr sieht von den Krankheitssymptomen, ist unter anderem auf das tägliche Reiki zurückzuführen.

Dr. K.: Sie sagten, Sie brauchten so ein hartes Kaliber, um irgend was zu lernen. Was genau haben Sie denn jetzt gelernt dadurch?

Dr. G.: Was ich gelernt habe dadurch, war zu aller erst einmal, mich von beruflichen Zielen zu lösen in der Erkenntnis: Da bin ich nicht unersetzlich. Da kommt morgen jemand anders und macht das weiter, und dann gibt es vielleicht irgendwann mal einen freundlichen Nachruf in irgend einer Todesanzeige, und das war es dann. Und ich habe dann in der Zeit auch durch den ersten Aufenthalt in einer Parkinson-Klinik wieder angefangen zu malen, was ich 20 Jahre nicht mehr getan hatte, nach dem Motto: im Beruf keine Zeit dafür. Jetzt hatte ich plötzlich die Zeit, und habe sie eben auch in der Form genutzt. Der Parkinson hat mich auf der einen Seite ausgebremst, auf der anderen Seite hat er mir aber auch Türen geöffnet.

Dr. K.: Haben Sie durch diese Erlebnisse oder durch diese Erkrankung auch Ihre Werte überdacht? Haben sich da neue Werte, neue Prioritäten ergeben in Ihrem Leben?

Dr. G.: Ja, ganz eindeutig. Ich habe vor allen Dingen gelernt, das Wichtige vom Unwichtigen besser zu trennen, nach dem Motto: Ich will nicht dem Leben irgend welche Jahre anhängen, sondern ich will die Jahre, die mir die Krankheit gibt, die will ich lebenswert gestalten. Das war die wesentliche Umkehr.

.... Und ich habe dann auch gelernt, dass das, was mir am beruflichen Wechsel am schwersten gefallen ist, nämlich auf die vielen Kontakte zu verzichten, die ich zu allen möglichen Ländern hatte, die kamen auf anderem Wege wieder, durch die Arbeit in der DPV. Dort habe ich wieder Leute kennen gelernt, die mindestens so interessant waren wie die anderen vorher.

Ich denke, dass ich heute mit der sorgfältigen Medikation, mit Reiki und mit allem, was dazu gehört, ich wieder mehr Spielraum in der Krankheit für mein Leben habe, als ich es damals vor 10 Jahren eigentlich noch für möglich gehalten hätte.

Dr. K.: Diese Sichtweise auf die Krankheit finde ich ganz ungewöhnlich. Also, die meisten Leuten würden sich doch fragen: 'Warum gerade ich?' Die würden vielleicht auch verbittert sein. Das höre ich so gar nicht heraus. Gab es da auch Zeiten, wo Sie mit dem Schicksal gehadert haben oder haben Sie gleich gesagt, die Krankheit bietet für mich auch eine Chance?

Dr. G.: Also ganz so schnell ging es nicht. Die Zeiten des Haderns mit dem Schicksal und Fragen wie: 'Warum gerade ich?', das alles habe ich natürlich auch durchlebt. Es vergingen zweieinhalb Jahre von der Diagnose bis zu einem Kuraufenthalt. Dort habe ich das Buch 'Krankheit als Weg' gelesen, das mir eine gute Freundin in die Klinik geschickt hatte. Es hat mir ganz wesentlich geholfen, zu sagen: 'Ja, ich habe diese Krankheit, aber ich mache das Beste daraus.'

Gestärkt aus der Krise

Die meisten Leser würden gerne die neu gewonnenen Einsichten und die Weisheit mit Dr. G. teilen, aber nicht den Weg, der ihn dorthin geführt hat. Er fällt ein hartes Urteil über sich selbst, nämlich, dass er so stark in den Strudel seiner Karriere geraten war, dass es einer „Krankheit dieses Kalibers“ bedurft habe, um einzulenken. Die Krankheit hat sehr viel Leid und Einschränkungen verursacht, aber vielleicht hat sie ihm auch das Leben gerettet. Sie hat dazu geführt, seine eigenen Werte zu überdenken und für sich herauszufinden, was Lebensqualität ist.

Erst in der Rückschau werden wir manchmal das ganze Ausmaß der Krise ermessen können, aber auch ihren Wert für unser Leben. Der Erkenntnisgewinn, den wir aus ihr ziehen, eröffnet uns vielleicht neue Perspektiven. Und die Wiedergewinnung der Handlungsfähigkeit erlaubt uns eine Einschätzung unserer Ressourcen, die wir eigentlich nicht zu haben glaubten. Insofern können wir mit Recht sagen, dass wir nach erfolgreicher Bewältigung der Krise gestärkt aus ihr hervorgehen.

Wer nicht gelitten,
hat nur halb gelebt,
wer nicht gefehlt,
hat wohl auch nicht gestrebt,
wer nie geweint,
hat halb auch nur gelacht,
wer nie gezweifelt,
hat wohl kaum gedacht.

Robert Burns

(1759-1796)

Literatur

Aguilera, Donna C.: Krisenintervention. Huber Verlag. Bern, Göttingen, Toronto, Seattle 2000

Brecht, Bertolt: Die unwürdige Greisin und andere Geschichten. Suhrkamp. Frankfurt am Main, 1990

de Shazer, Steve. Der Dreh. Carl Auer Verlag. Balve 1989a

de Shazer, Steve: Wege der erfolgreichen Kurztherapie. Klett Verlag. Stuttgart 1989 b

de Shazer, Steve: Die lösungsorientierte Kurztherapie. In: Hesse, Joachim (Hg.). Systemisch-lösungsorientierte Kurztherapie. Vandenhoeck & Ruprecht Verlag. Göttingen 1997, S. 55-73

Eberling, W. & Vogt-Hillmann, M.: Kurzgefaßt – Zum Stand der lösungsorientierten Praxis in Europa. borgmann publishing. Dortmund 1998

Egidi, Karin & Boxbücher, Marion (Hg.): Systemische Krisenintervention. DGVT Verlag. Tübingen 1996

Frasure-Smith, N., Lesperance, F., Juneau, M., Talajic, M., Bourassa, MG.: Gender, depression, and one-year prognosis after myocardial infarction. in: Psychosomatic Medicine, 61, 1999. pp 26-37

Grawe, Klaus; Donati, Ruth; Bernauer, Friederike: Psychotherapie im Wandel – Von der Konfession zur Profession. Hogrefe Verlag. Göttingen 1994

Grawe, Klaus: Research-informed psychotherapy. in: Psychothrapie Research, 7 (1), 1997. S. 1-19

Grawe, Klaus: Wie kann Psychotherapie noch wirksamer werden? in: Verhaltenstherapie und psychosoziale Praxis, 31 (2), 1999. S. 185-199

Grawe, K. & Grawe-Gerber, M.: Ressourcenaktivierung. Ein primäres Wirkprinzip der Psychotherapie. in: Psychotherapeut, 44 (2), 1999. S. 63-73

Hesse, Joachim: Systemisch-lösungsorientierte Kurztherapie. Vandenhoeck & Ruprecht Verlag. Göttingen 1997

Jung, C.G.: Briefe II, 1946-1955. Walter Verlag. Olten 1972

Jung, C.G.: Die Dynamik des Unbewussten. Walter Verlag, Olten (Schweiz) 1971

Kast, Verena: Der schöpferische Sprung. Walter Verlag. Olten 1987

Kast, Verena: Lebenskrisen werden Lebenschancen. Herder Verlag. Freiburg, Basel, Wien 2000

Kennedy, J.F.: Adress, United Negro College Fund Convocation, Indianapolis, April 12, 1959

Kuhn, Eckhard W.: Lösungsorientierte Gruppentherapie mit schizophrenen Patienten im Setting einer Psychosomatischen Klinik. In: Eberling, W. & Vogt-Hillmann, M., Kurzgefaßt – Zum Stand der lösungsorientierten Praxis in Europa. borgmann publishing. Dortmund 1998, S. 108-141

Lipchik, Eve: Die Hast, kurz zu sein. in: Zeitschrift für systemische Therapie, 12 (4), 1994. S. 228-235

Pfeiffer, W.: Wodurch wird ein Gespräch therapeutisch? Zur kulturellen Bedingtheit psychotherapeutischer Methoden. in: Psychotherapie, Psychosomatik, Medizinische Psychologie, 41 (3-4), 1991. S. 93-101

Ringel, Erich: Der Selbstmord. Klotz Verlag, Eschborn, 1999. (Erstauflage 1952)

Rogers, Carl: Die Entwicklung der Persönlichkeit. Klett-Cotta Verlag, Stuttgart 1987

Rüegg, Johann Caspar: Psychosomatik, Psychotherapie und Gehirn – Neuronale Plastizität als Grundlage einer biopsychosozialen Medizin. Schattauer Verlag. Stuttgart 2001

Verrier, RL & Mittleman, MA.: Life-threatening cardio-vascular consequences of anger in patients with coronary heart disease. in: Cardiol. Clinic 14, 1996. pp 289-307

Verrier, RL & Mittleman, MA.: The impact of emotions on the heart. in: Mayer EA., Saper CB. (eds). The Biological Basis for Mind Body Interactions. Progress in Brain Research, 122. Amsterdam: Elsevier Science B.V., 2000. pp 369-80

Personenverzeichnis

Stichwortverzeichnis

Z

Den Autor erreichen Sie unter folgender Adresse:

Dr. Eckhard W. Kuhn
Postfach 90 05 14
21045 Hamburg

dr-kuhn@gmx.de
Fax: 04105-65 08 11

www.persoenlichkeits-coaching.de